全本全注全译丛书

中华经典名著

王　珏　褚宏霞◎译注

明夷待访录
破邪论

中华书局

图书在版编目（CIP）数据

明夷待访录;破邪论/王珏,褚宏霞译注. —北京:中华书局,
2020.12（2025.3重印）
（中华经典名著全本全注全译丛书）
ISBN 978-7-101-14939-5

Ⅰ.明… Ⅱ.①王…②褚… Ⅲ.黄宗羲(1610~1695)-哲学
思想 Ⅳ.B249.3

中国版本图书馆 CIP 数据核字（2020）第 240807 号

书　　名	明夷待访录　破邪论
译注者	王　珏　褚宏霞
丛书名	中华经典名著全本全注全译丛书
责任编辑	周　旻
装帧设计	毛　淳
责任印制	韩馨雨
出版发行	中华书局
	（北京市丰台区太平桥西里 38 号　100073）
	http://www.zhbc.com.cn
	E-mail:zhbc@zhbc.com.cn
印　　刷	北京中科印刷有限公司
版　　次	2020 年 12 月第 1 版
	2025 年 3 月第 4 次印刷
规　　格	开本/880×1230 毫米　1/32
	印张 11¼　字数 240 千字
印　　数	19001-22000 册
国际书号	ISBN 978-7-101-14939-5
定　　价	29.00 元

目录

明夷待访录

明夷待访录

前言

《明夷待访录》为明末清初的著名思想家、史学家黄宗羲所著。该书创作开始于康熙元年（1662），完成于康熙二年（1663），共计二十一篇，所论涉及中国古代尤其是明朝以来的政治、经济、文化、军事等各方面制度。《明夷待访录》是一部杰出的政论专著，通过对古代中国的皇权专制制度进行深刻反思，从儒家政治哲学的新视角，为后世预置了社会改革的中肯建议。该书自流传开来以后，一直为政治家、学者广泛关注，并被奉为中国政治思想史的经典名著。

一 明朝遗老黄宗羲

黄宗羲（1610—1695），字太冲，号南雷，浙江余姚人，世称梨洲先生。黄宗羲"垂髫读书，即不琐守章句，年十四，补诸生，随学京邸。忠端公课以举业，公弗甚留意也，每夜分，秉烛观书，不及经艺"（全祖望《梨洲先生神道碑文》。按，凡引自此文者不再出注）。其父黄尊素（1584—1626）为万历年间进士，天启时曾为山东道监察御史。作为当时著名的东林党人，天启六年（1626），被魏忠贤等阉党所诬，不幸入狱，最后被酷刑折磨而死。崇祯帝即位后，黄宗羲"袖长锥，草疏入京颂冤"，以铁锥痛刺制造冤狱的酷虐官吏，击杀当时的狱卒。"狱竟，偕同难诸子弟，设祭于诏狱中门，哭声如雷，闻于禁中"。黄宗羲当时十九岁，他的快意恩仇与浩然正气震动朝野，崇祯皇帝知而叹曰："忠臣孤子，甚恻朕怀。"其孝名更是为世人所赞叹。

父亲冤狱平反后，黄宗羲便归乡师从著名思想家刘宗周，发愤读书，并加入江南士大夫致力政治改良的文学社团——复社，成为当时江南党社的活跃人物。但是不久，阉党一派即原依附魏忠贤的阮大铖又重新得势，于是黄宗羲在南京与一百四十个有志士子写了《南都防乱揭》，揭发阮大铖的各种罪状，但也遭到阮大铖一党的仇视与镇压。据全祖望《梨洲先生神道碑文》载：

> 方奄党之锢也，东林桴鼓复盛，慈谿冯都御史元飏兄弟，浙东领袖也。月旦之评，待公而定。而逾时中官复用事，于是逆案中人，弹冠共冀然灰，在廷诸臣，或荐霍维华，或荐吕纯如，或请复涿州冠带。阳羡出山，已特起马士英为凤督，以为援阮大铖之渐。即东林中人，如常熟亦以退闲日久，思相附和。独南中太学诸生，居然以东都清议自持，出而厄之。乃以大铖观望南中，作《南都防乱揭》。宜兴陈公子贞慧、宁国沈征君寿民、贵池吴秀才应箕、芜湖沈上舍士柱共议，以东林子弟推无锡顾端文公之孙杲居首，天启被难诸家推公居首，其余以次列名，大铖恨之刺骨。戊寅秋七月事也。

1644年，李自成率农民军攻破紫禁城，崇祯帝自缢于煤山，随后清军入关，李自成败走，清朝建立。明亡后，当时的凤阳总督马士英等拥立福王朱由崧在南京建立了南明弘光政权。马士英因为拥兵迎福王于江上有功，遂被任命为东阁大学士兼兵部尚书等，成为弘光朝首辅。而他在握有实权后，随即启用了对他有举荐之恩的阮大铖。马士英和阮大铖欲报复当年"公揭"参与者，黄宗羲于是避祸家中，时年三十五岁。清顺治二年（1645），清军南下，消灭了弘光政权，鲁王朱以海监国于绍兴。当时，黄宗羲立志抗清，招募同乡的子弟数百人组成"世忠营"举兵抗清，此后一直到顺治十年（1653），他都一直辗转从事抗清复明活动，但都失败了。全祖望的《梨洲先生神道碑文》记载得比较详细，我们可以再参考其年谱梳理出黄宗羲的抗清经历。

顺治二年（1645），年三十六岁。闰六月，黄宗羲和其仲叔两弟纠合黄竹浦子弟数百人，随诸军于江上，江上人呼之曰"世忠营"。十二月，其所作《监国鲁元年大统历》，颁之浙东。

顺治三年（1646），年三十七岁。五月，孙嘉绩以所部火攻营辛尽付黄宗羲。经整合，得军三千人。太仆寺卿陈潜夫、职方查继佐同其渡海，在坛山驻扎。黄宗羲"约崇德义士孙奭等为内应，会大兵已篆严，不得前，于是复议再举，而江上已溃"。六月兵溃败后，黄宗羲率众到四明山，结寨自固，剩余五百余人的兵力。在驻军杖锡寺后，黄宗羲微服潜出，探查监国消息，但因部下不能遵守节制，"山民畏祸，潜焚其寨，部将茅翰、汪涵死之"，黄宗羲只能与弟子到剡县暂住。

顺治六年（1649），年四十岁。黄宗羲"闻监国在海上，乃与都御史方端士赴之，晋左佥都御史，再晋左副都御史"，但是并不受重用，闲暇时则注《授时》《泰西》《回回》三历。此时清朝发布诏令"遗臣不顺命者，录其家口"，黄宗羲于是陈情监国，变姓名，归家。

顺治七年（1650），年四十一岁。黄宗羲之弟宗炎被捕，黄宗羲用计使其脱身。

顺治八年（1651），年四十二岁。夏秋之交，黄宗羲"遣间使入海告警，令为之备而不克"。

顺治十年（1653），鲁王去监国称号，复明基本无望，而当时清廷要抓捕其母，黄宗羲只得返乡。顺治十八年（1661），清廷统治愈加稳固，抗清运动也至尾声，当南明永历帝朱由榔被杀后，明朝遗老心中的复国之火熄灭了。黄宗羲回归乡里后，奉母课徒，潜心学问，隐居著述，屡拒朝廷征辟，康熙三十四年（1695），以八十六岁高龄辞世。

黄宗羲身处的明末清初社会大变局，加之自己曲折的身世，都对他的治学和思想产生了重大影响。其父黄尊素曾言："学者不可不通知史事，可读《献征录》。"黄宗羲"遂自明十三朝《实录》，上溯二十一史，靡不究心，而归宿于诸经。既治经，则旁求之九流百家，于书无所不窥者。愤科举之学锢人生平，思所以变之。既尽发家藏书，读之不足，则抄之同里世学楼钮氏、澹生堂祁氏，南中则千顷斋黄氏，吴中则绛云楼钱氏，穷年搜讨。游屐所至，遍历通衢委巷，搜鬻故书，薄暮，一童肩负而返，乘夜丹铅，次日复出，率以为常"。他广读书籍，博学多识，治学领域宽广，"上下古今，穿穴群言，自天官、地志、九流百家之教，无不精研"（《清史稿·儒林一·黄宗羲传》），在经史及天文、算术、乐律、释道等方面都取得了不俗的成就。

综合来看，黄宗羲在学术上成就最高的是在史学、哲学领域。在史学领域，黄宗羲主张论史注重史法，强调征实可信。他撰写了诸多史学著作，尤其对明史研究、文献整理有卓越的贡献。归乡授业课徒后，"以濂、洛之统，综会诸家，横渠之礼教，康节之数学，东莱之文献，艮斋、止斋之经制，水心之文章，莫不旁推交通，连珠合璧，自来儒林所未有也"。由此"凡受公之教者，不堕讲学之流弊"，一批优秀学者出自黄门，开创了"浙东史学"一派。而他较为著名的一部学术思想史专著《明儒学案》，梳理了有明一代的学术思想发展过程，并开创了一种新的史体，即学案体。此外，黄宗羲治学尚实，反对空谈和盲从，他为学涉猎广泛，并善于综合应用，在治史方面，主张经书史籍都要研读，其治学方法推崇不同领域的综合研究，提倡历法、地理、数学以及版本目录等跨学科互证，以广证博考、辨析史事、修改订正史书记载。他十分注重史学家在治史过程中的主体作用，要求在揭示历史本来面目的同时，以饱满的情感书写历史进程，彰显"寓褒贬于史"的情怀。而在哲学领域，他批判程朱理学，主张气一元论，认为天地之间只有气充斥，"一气之流行，无时而息"（《易学象数论》）；反对宋代儒学者的理气之论即"理在气先"，认为理不能离开气而为理，无气则无理，理为气之理；反对程朱理学的"天理"说，提出"盈天地皆心也"（《明儒学案序》），认为"心"具有天地万物之理。

除以上两点，黄宗羲还有一显著的成就，即在政治思想领域提出了民主启蒙思想，这主要体现在他的《明夷待访录》和《留书》中。他深刻批判君主专制制度，提出了"天下为主，君为客"的民主思想（《明夷待访录·原君》），主张废除君主"一家之法"，建立"天下之法"以限制君权（《明夷待访录·原法》）。黄宗羲的这些政治主张在当时实为振聋发聩之呼声，他抨击君主专制制度的诸多言论，对以后尤其清末民初的启蒙运动起了积极的推动作用。梁启超就曾在《清代学术概论》称赞黄宗羲的观点说："在二百六七十年前，则真极大胆之创论也。"正因如此，黄宗羲与顾炎武、王夫之、方以智并称为清初四大思想家，他被称为"中国思想启蒙之父"。

黄宗羲著述卷帙浩繁，成就卓异。在全祖望拟制的黄宗羲的碑文中，论断较为翔实，计有：

史学：《明儒学案》六十二卷，又辑《宋儒学案》《元儒学案》，欲重修《宋史》而未就，仅存《丛目补遗》三卷，辑《明史案》二百四十四卷，《赣州失事》一卷，《绍武争立纪》一卷，《四明山寨纪》一卷，《海外恸哭纪》一卷，《日本乞师纪》一卷，《舟山兴废》一卷，《沙定洲纪乱》一卷，《赐姓本末》一卷，《汰存录》一卷，《今水经》一卷。

经学：《易学象数论》六卷，《授书随笔》一卷，《春秋日食历》一卷，《律吕新义》二卷，《孟子师说》四卷。

历算：《授时历故》一卷，《大统历推法》一卷，《授时历假如》一卷，《西历》《回历假如》各一卷，《气运算法》《勾股图说》《开方命算》《测圜要义》诸书，共若干卷。

文集：《南雷文案》十卷，《外集》一卷，《吾悔集》四卷，《撰杖集》四卷，《蜀山集》四卷，《子刘子行状》二卷，《诗历》四卷，《忠端祠中神弦曲》一卷，后又分为《南雷文定》凡五集，晚年又定为《南雷文约》四十卷，《明夷待访录》二卷，《留书》一卷，《思旧录》二卷，《四明山志》《台宕纪游》《匡庐游录》《姚江逸诗》《姚江文略》

《姚江琐事》《补唐诗人传》《病榻随笔》《黄氏宗谱》《黄氏丧制》及
《自著年谱》共若干卷。辑有《明文案》，其后广之为《明文海》，共
四百八十二卷，《续宋文鉴》《元文抄》（未成）。

黄宗羲"始为党锢，后为遗逸，而中间陵谷崎岖、起军、乞师、从亡诸
大案，有为史氏所不详者"，这样的一生轨迹，对他的学术思想发展影响
甚大，而其晚年隐居所著，在中国思想史、史学史上都留下了浓重一笔，
为清代乃至后世思想家、史学家、文学家所赞誉。

二《明夷待访录》内容概述

《明夷待访录》是黄宗羲诸多著作中一部惊醒人心的奇书，始创作于
康熙元年（1662），第二年完成。黄宗羲生活在天崩地坼的明末清初社
会大变局中，明朝的衰亡与清军的入关，让诸多遗民痛心疾首。因此在
明末清初之际，士大夫们在痛心明亡时，最主要的任务之一就是剖析明
朝各种社会弊端，反思明亡的教训，同时为将来的社会治理提出改良措
施。黄宗羲的《明夷待访录》即是诸多反思著述中的一类。

对于《明夷待访录》一书的写作意图，黄宗羲曾在《破邪论》的题辞
中言道："余尝为《待访录》，思复三代之治。"如果在时代背景下，再结合
他的经历，该书的写作意图不难考察。清军入关后，黄宗羲就一直从事
反清复明活动，但时势比人强，所有的努力都以失败告终。在黄宗羲反
清斗争失败返乡后，清军统一步伐加快，在康熙元年（1662）发生的一系
列事件，让明朝遗老们痛切体会到复明希望越来越渺茫，甚至无望。当
年二月，郑成功部将陈霸叛降于清。吴三桂奏俘明永历帝及官员、兵丁
四千三百余名。四月，吴三桂害明永历帝及其太子，后妃、公主皆送北
京，明石泉王朱宜铬起兵攻叙州等地，败死。六月，李定国曾乞兵于暹
罗、车里，事未成而永历帝被害，至是悲愤而死。十一月，明鲁王死于台
湾。南明政权反清斗争的失败及覆亡，让在乡的黄宗羲深感悲痛，于是
在这一年愤而著述《明夷待访录》。且看当涂夏整刻本中的跋言："乱世

无法，盖取法必于王者，霸以下皆自《邠》也。又推胡翰所谓十二运以为'向后二十年交入《大壮》，始得一治'计。是录削笔于康熙癸卯，为圣祖仁皇帝御极之二年。是时郑氏方踞台湾，继以三藩之叛，用兵无虚岁，自真人应运，次第削平。吴氏之灭，以辛酉；郑氏之灭，以癸亥。于是薄海内外，悉隶版图，适交上元甲子，成一统之盛治。盖先生得《三易洞玑》之传于漳浦，其前知固非亿万矣。"由此可见，黄宗羲的写作初衷在于探究明亡之因，他在总结中国封建社会及明朝封建专制弊病的基础上，提出诸多政治、经济、军事、文化等方面的治国方略，期望为后世君主所采用，以改善皇权专制政体下的诸多痼疾与弊端，从而实现"三代之治"。在全祖望的《书〈明夷待访录〉后》中，万承勋也曾言黄宗羲"自壬寅前，鲁阳之望未绝，天南讣至，始有潮息烟沉之叹，饰巾待尽，是书于是乎出"。

对于该书的命名原委，自清末学界素存争议，有多种解释。书名中的"明夷"，学者们倾向性意见是来自《周易》的卦名，如《序卦》"明夷，利艰贞"；第三十六卦《明夷》卦，"坤上离下"，象征"光明殒伤"；六五爻辞"箕子明夷"。但对具体卦象的解释颇有差别，大意多解释是光明暂时被黑暗压制，但是终会化暗为明，前途是光明的。李慈铭在《越缦堂读书记》中言该书："自序谓据胡翰十二运之说，自周敬王甲子至今，皆在一乱之运，向后二十年交入《大壮》，始得一治，则三代之盛，犹未绝望，故条具为治大法，冀如箕子之见访。曰'明夷'者，以是录作于康熙癸卯，当在治运二十年之前，谓'如夷之初旦，明而未融也'，其自负固不薄矣。""待访"，出自周武王访箕子的故事。傅怀祖在《重刻黄梨洲先生〈明夷待访录〉序》中言："先生之作是书也，当玄黄再造之日，独卧空山，屡征不起。悲天悯人之志顾不能自休，遂损益百王宪章，研求尽善，深藏以待清问。其曰'明夷待访'者见箕子《洪范》之意，有王者作，援其道而审行之。"周武王伐灭商纣而建立周朝后，为更好地治理国家就去问计于商纣王的叔父箕子。箕子曾在前朝多次进谏纣王而未被采纳，在周武王来访时，就将治国之略陈述于周武王，武王虚心接受并予以实践，传之子孙，使周朝的统治延续了八百年。所以，黄宗羲所言"待访"是希望他提出的治国建议能被后来的明君采纳而付诸实践。而他所期待的"明君"是谁，也就是"待访"对象，学界曾有激烈的讨论，大致有清王朝皇帝、继清而后的"圣王"、能治理天下的豪杰等几种观点。如章太炎就曾批判黄宗羲的气节，认为他所说的"吾虽老矣，如箕子之见访"，是等待清朝皇帝的来访（《说林·衡三老》）。梁启超则在分析该书的写作时间以及黄宗羲的身世经历后，认为作为明朝遗老，黄宗羲等待的是"代清而兴者"，不可能是清朝皇帝（《中国近三百年学术史》）。钱穆在《中国近三百年学术史》中曾就黄宗羲著书动机作了评论，指出：

> 梨洲父尊素名隶东林，身死党狱。平日教子，亦以留心时政为重。故梨洲政治兴味，培养有素。明社既屋，兴复之望既绝，乃始激而为政治上根本改造之空想。此亦明末遗老一种共有之态度，而梨洲对政治理想之贡献，则较同时诸老为宏深。其时如顾亭林注重各种制度实际之措施，王船山注重民族观念之激励，而梨洲则着眼于政治上最高原理之发挥，三家鼎峙，而梨洲尤为尽探本穷源之能事。其议论备见于所为《明夷待访录》。

> 梨洲自序，谓"吾虽老矣，如箕子之见访，或庶几焉。岂因夷之初旦，明而未融，遂秘其言也"，近人章太炎以此深讥之。梁任公则谓《待访录》成于康熙元、二年，当时遗老以顺治方徂，光复有日，梨洲正欲为代清而兴者设法。今考全祖望跋云："是书成于康熙癸卯，年未六十，而自序称梨洲老人。万西郭为予言：征君自壬寅前，鲁阳之望未绝，天南讣至，始有潮息烟沉之叹，饰巾待尽，是书于是乎出。盖老人之称，所自来已。"其言与梁不同。按：《待访录》成于梨洲五十四岁，实为梨洲政治兴味最后之成绩。五十八岁重兴证人书院讲学，此后兴趣，则转入理学方面。全氏此说，颇为近是。又曰："黄肖堂与予读《明夷待访录》，曰：'是经世是文也，然而犹有憾。夫箕

子受武王之访，不得已而应之耳。岂有坚贞蒙难之身，而存一待之见于胸中者？则麦秀之恫荒矣。作者亦偶有不照也。'"谢山极称之，谓是"南雷之忠臣，天下万世纲常之所寄"。则章氏之论，昔人亦言之。惟考康熙己未，万季野至京师，梨洲送之，戒以勿上河汾太平之策。时已距《待访录》成书十五、六年。则梨洲之不可夺者不确如乎！此全氏答诸生问南雷学术帖子语。

亭林诗亦云："未敢慕巢由，徒夸一身善。穷经待后王，到死终黾勉。"亡国遗臣之不能无所待者，正见其处心之愈苦耳。……迄乎梨洲之时，则外族入主，务以芟薙为治，贤奸忠佞之辨无所用。一二遗老，留身草泽，惊心动魄于时变之非常，游神太古，垂意来叶，既于现实政治，无堪措虑，乃转而为根本改造之想，以待后人。此亦当时一种可悲之背景有以酿成之也。今读其书者，惊其立说之创辟，而忘其处境之艰虞，则亦未为善读古人书矣。

虽然诸多说法不一，但结合黄宗羲的经历来看，他所指的"待访"者并不是清王朝的皇帝。

第一，黄宗羲身世坎坷，在清军入关后还积极从事反清行动，只是在复国的希望破灭后才退隐著述。他一直以明朝遗民自居，且其后屡拒朝廷征召，一生没有仕清，可见他的明朝情结还是很深的，著其书以期清朝皇帝来访，可能性不大。所以其所言"如箕子之见访"并不是指清朝皇帝的来访，而是重建"三代"之治的"圣王"。孙宝山《〈明夷待访录〉的写作意图辩证》、张万春《黄宗羲与〈明夷待访录〉》、杨绪敏《论黄宗羲撰写〈明夷待访录〉》等均持此观点。

第二，从时间来说，顺治一朝，黄宗羲都在从事反清复明活动，辗转斗争，并没有仕清打算。而创作该书时，顺治朝刚结束，少年康熙帝刚登基，国家治理的盛世效果还未显现，黄宗羲所指的"圣王"自然不会是幼龄登基的康熙帝。

第三，清王朝入关后加快统一步伐，将近二十年里也采取多项政策恢复社会经济，但其统治还没有得到全部前明遗老的认可，一些汉族士大夫还存有光复明朝指日可待的想法，并在私底下进行反清抵抗。再者，清朝为巩固统治，兴起文字狱，在思想领域的钳制非常紧，士子文人稍有不慎则受牵连，这让诸多知识分子噤若寒蝉。该书完成不久，就发生了孙奇逢的《甲申大难录》案，当时有人控告该书是为明亡而纪，因而孙奇逢被押往北京受审。黄宗羲在文化高压政策下，反清意识并未消失，虽然在《明夷待访录》书中多探讨明亡之因，有批判君主专制之论，但也不敢过多地议论政治，有些隐晦之言也是难免。该书完成初期，被束之高阁，甚至被清朝列为禁书，可见，黄宗羲此书并不是迎合清朝统治者的著作。梁启超对章太炎的评语颇为不认同，认为："章太炎不喜欢梨洲，说这部书是向满洲上条陈，这是看错了。《待访录》成于康熙元、二年。当时遗老以顺治方殂，光复有日，梨洲正欲为代清而兴者说法耳。他送万季野北行诗，戒其勿上河汾太平之策，岂有自己想向清廷讨生活之理？"（《中国近三百年学术史》）

第四，该书中的篇章论述多以"三代""上古"为辞发表议论，对明朝专制制度的各种痼疾进行批评，可见黄宗羲构想的是"三代之治"的理想社会，并非当时的清王朝。另外在该书中的《建都》篇，黄宗羲主张"有王者起"应建都金陵，以避免明朝建都北京后而亡国不能复的悲剧。其时，清朝已定都在北京，自然不会有迁都之说，可见黄宗羲所指"王者"是能取代清王朝而兴起的新政权。

《明夷待访录》一书篇幅并不多，共有《原君》《原臣》《原法》《置相》《学校》《取士上》《取士下》《建都》《方镇》《田制一》《田制二》《田制三》《兵制一》《兵制二》《兵制三》《财计一》《财计二》《财计三》《胥吏》《奄宦上》《奄宦下》计二十一篇，涉及政治、法制、教育、经济、军事、人才选拔等各领域，每一篇或数篇围绕一个问题进行深入剖析，谈古论今，深切要害，并在最后提出相应的改革建议。从该书各篇章论述来看，所论的核心是君主地位问题，尤其在《原君》篇中，黄宗羲认为秦汉以后的君主已与三代时迥异，他们"以我之大私为天下之大公"，背离了作为君主的职责，因而他提出了"天下为主，君为客"的主张，并在《原臣》《原法》《置相》《学校》诸篇的论述中从君臣关系、法制、学校教育等方面进一步阐述了这一观点，这实际是对君主专政体制中君主占据绝对主导地位的传统观念的颠覆。自君主专制政体形成以来，伴随而来的各种弊端，如后宫干政、外戚专权、宦官祸患、藩王篡权、朋党之争等各种政治乱象层出不穷，而这些痼疾与弊病在明代基本都有所呈现，尤其到了明代后期，各种社会弊端交织在一起，最终将明朝推向了灭亡。黄宗羲身处明末清初的社会变化大局中，深感明朝灭亡之痛，欲在君主专制政体下挖掘明亡的根本原因，所以他通过对君、臣、相等地位及相互关系的分析，阐释了他的君道和臣道，重新定义了君与民、君与臣关系，提出了"天下为主，君为客"之论，并直言天下非一姓之天下，"天下之治乱，不在一姓之兴亡"，等等，这些立论实际已超越了传统君臣观，在当时实为极大胆之创论，强烈刺激了世人耳目，有着非凡的现实意义。与他同时代的王夫之、顾炎武也对传统的君权有所批评，认为君主专制实为社会大害。如顾炎武认为"国"与"天下"是两个概念，认为"易姓改号，谓之亡国；仁义充塞而至于率兽食人，人将相食，谓之亡天下"（《日知录·正始》），王朝兴替是君臣需要考虑的，而百姓关心的则是天下的兴亡。而王夫之也和黄宗羲一样，抨击君主一姓"家天下"，向往"不以一人疑天下，不以天下私一人"的理想社会（《黄书·宰制》）。可见，在明末清初，诸多的知识分子在明亡、清军入主中原的刺激下，对中国皇权制度进行了深刻批判，一反传统观念，探本究源，将矛头对准了君主专制。"明代政治最专制，又最腐化。天子视大臣如奴隶，而人民则陷于水深火热之中，而不能自拔。这种情况比之元代似有过之而无不及，方孝孺的学说就是产生于这种环境之中。哪知明自成祖以后，专制愈甚，暴政亦愈甚。明亡之后，黄宗羲就于清康熙二年（1663）发表《明夷待访录》。"（萨孟武《中国政治思想史》）黄宗羲作为这些明末清初诸多思想大家之一，也立于这股启蒙思想的潮头,站在时代前沿,对中国传统的君主专制、封建法制等进行猛烈抨击,并从思想自由的高度,鼓励知识分子参政议政,其思想主张具有明显的民主启蒙色彩。黄宗羲在这些论述中所阐述的民主思想,给政治思想界带来的启蒙意义为后世所认可与赞颂,康有为就曾评价说:"梨洲大发《明夷待访录》,本朝一人而已。梨洲为本朝之宗。"(《万木草堂讲义》)他的这本《明夷待访录》实是明末清初批判君主专制潮流中论述最为深刻、完备、犀利的杰出著作。

黄宗羲在批判封建君主专制的同时,也托古改制,在儒家治世思想下思考社会治理问题。他在《原君》《原臣》《置相》诸篇中,建议君主修行德政,确实以天下为主,而且在治理天下的前提下明确君臣关系,"天下不能一人而治,则设官以治之;是官者,分身之君也"(《置相》),二者是"名异而实同"(《原臣》)。在《置相》《学校》《方镇》《田制》《兵制》《财计》等篇中,在总结历史经验教训的基础上,他提出了自己的主张,贡献相应的变革之策。诸如,他主张设置宰相一人,"参知政事无常员"(《置相》),按六科给事中—宰相—君主的程序处理政事,以宰相之设约束君主权力,防止君主为政上的独断,避免君权过度膨胀,同时也可消除宦官掌权之祸患;号召君臣重视学校教育,延伸学校功能,使其具教育、议政、监督功能为一体,"必使治天下之具皆出于学校"(《学校》),在郡县各地普及学校教育,以育百姓而知礼,同时希望知识分子担起参政议政的责任,发挥矫正君主施政之弊的作用;在边疆重地设置方镇,稳定地方的同时对君主专权形成"山有虎豹,藜藿不采"(《方镇》)的威慑作用;在军事制度方面,按人口比例征兵,分民户以养兵,省军饷而汰老弱,达到富国强兵的目标;在吏治方面,建议以士人为吏,同时辅以淘汰选用之法,从而避免胥吏之害;为消除宦官专权之祸,限制人主之欲,减少后宫女子之数,从而减少守卫、服侍的宦官人数;以授田法、方田法恢复井田制以抑制土地兼并,使得耕者有其田;在赋税征收上,重定天下赋税,以下下为则,并且"任土所宜";在货币制度上,废金银而使用铜钱以改革币制，确保国家建立起信用体系，形成全国统一的货币制度，整顿市场而保障畅通，促使经济繁荣。

从黄宗羲所提的变革主张来看，他力图在国家治理涉及的政治、经济、军事、文化教育等各个方面恢复到三代之治。不过黄宗羲有些主张在当时的社会制度下并不具有可行性，例如主张实行方镇制度，以拱卫地方、保障国家安稳，其建议虽然一定程度上可以限制君权，但也会造成严重后果，其实并不能解决封建割据的弊端；其提出的解决土地兼并问题的主张，即恢复井田制，实际上是实行屯田，实践起来必遭遇诸多阻碍，也是一种不可能实现的空想；在赋税征收上，按土地出产征收，且废金银用铜钱，都是不切合实际经济发展情况的。这些改革建议多数停留在理论层面，将一些问题简单化了，这固然与他参与地方治理的经验不足有很大关系，更根本的是他在专制制度下试图以改革方式解决某些痼疾与弊端，没有认识到专制制度才是这些痼疾与弊端产生的根源。

黄宗羲治学长于史学，《明夷待访录》一书通过总结中国传统封建社会兴衰演变规律，反思历史经验教训尤其是明朝政治制度得失，深刻揭露了皇权专制社会不可调和的社会矛盾，凝结了黄宗羲对中国传统社会专制制度尤其是明朝政治制度的研究成果。总之，《明夷待访录》不仅是黄宗羲政治思想的集大成之作，更是中国政治思想领域的一部杰出专著。

三《明夷待访录》相关评价

从《明夷待访录》中的论述可见，黄宗羲托古改制，以期在儒家理想的三代治世光芒下，找到解决君主专制下社会发展弊病的方法，并希望后世明君能够采纳他的改革主张，以使国家富强，百姓富裕。该书刊印后，获得了当时与后世诸多称赞。

顾炎武途经北京，从黄宗羲门生处见到《明夷待访录》，"读之再三，于是知天下之未尝无人，百王之敝可以复起，而三代之盛可以徐还也。天下之事，有其识者未必遭其时，而当其时者或无其识。古之君子所以著书待后，有王者起，得而师之。然而《易》'穷则变，变则通，通则久'，圣人复起而不易吾言，可预信于今日也"（《与黄太冲书》）。

李慈铭在《越缦堂读书记》中赞曰："先生之学，卓绝古今，是《录》为先生王佐大略所以自见，乃转觉意过其通，千虑一失，末学后生妄加訾议，要何足当南雷舆隶乎！但他认为黄宗羲在书中：

> 多激于明季因循之习，颇泥古法，或高远难行。惟取士、胥吏两事，尚可采择以施久远，而取士条法，已太繁苛。至学校欲以政事之权归师儒，是非之议归诸生，是徒乱法制而无益于国者。乃谓东汉大学三万人危言高论，宋太学生伏阙留李纲，两事皆有合于古，则偏驳极矣。全谢山言先生未除党人习气，盖谓是也。建都必于金陵，则顾亭林已相驳难。方镇仅设于九边及云贵，犹可言也，至欲许以嗣世，则尾大不掉，其患靡已。……田制必欲复井田，亦迂阔之成见。

到了近代，黄宗羲所著的《明夷待访录》一时被广为宣传，而且评价颇高。

谭嗣同在其《仁学》中论及《明夷待访录》指出：

> 君统盛而唐虞后无可观之政矣，孔教亡而三代下无可读之书矣！乃若区玉检于尘编，拾火齐于瓦砾，以冀万一有当于孔教者，则黄梨洲《明夷待访录》其庶几乎！其次，为王船山之《遗书》，皆于君民之际有隐恫焉。

梁启超在《清代学术概论》中也坦陈，自己对于清初学者"最尊顾、黄、王、颜，皆明学反动所产也"。他在评价黄宗羲及其著作时指出："清初之儒，皆讲'致用'，所谓'经世之务'是也。宗羲以史学为根柢，故言之尤辩。其最有影响于近代思想者，则《明夷待访录》也。"对于黄宗羲关于君权的论述："由今日观之，固甚普通甚肤浅，然在二百六七十年前，则真极大胆之创论也。故顾炎武见而叹，谓'三代之治可复'。而后此梁启超、谭嗣同辈倡民权共和之说，则将其书节钞印数万本，秘密散布，于晚清思想之骤变，极有力焉。"而在《中国近三百年学术史》，梁启超则评价说：

> 梨洲有一部怪书，名曰《明夷待访录》，这部书是他的政治理想。从今日青年眼光看去，虽象平平无奇，但三百年前——卢骚《民约论》出世前之数十年，有这等议论，不能不算人类文化之一高贵产品。……的确含有民主主义的精神，虽然狠幼稚，对于三千年专制政治思想为极大胆的反抗，在三十年前，我们当学生时代，实为刺激青年最有力之兴奋剂。我自己的政治运动，可以说是受这部书的影响最早而最深。此外书中各篇，如《田制》《兵制》《财计》等，虽多半对当时立论，但亦有许多警拔之说。……虽在今日或将来，依然有相当的价值。

萧公权认为黄宗羲所著《明夷待访录》"最为有关政治思想之名著"。他在《中国政治思想史》中指出：

> 盖梨洲所深恶者，空疏之心性与躁进之事功，而其所欲讲求者，修身治世之实学。……梨洲不汲汲于致用，而其《待访录》所陈之政治理想则为其学术中最精彩之一部分，在亡明遗老中殆可首屈一指。顾炎武与梨洲书谓"读之再三，于是知天下之未尝无人，百王之弊可以复起，而三代之盛可以徐还也"，其推崇可谓至极。清廷不能采用其说，施诸政事，至清末维新运动之时，梁启超与谭嗣同辈倡民权共和之说，则将其书节钞，印数万本，秘密散布，于晚清思想之骤变，极有力焉。其实际上之影响，殆亦空前所未有。
>
> ……
>
> 梨洲贵民之政治哲学，就上述者观之，诚首尾贯通，本末具备，为前此之所罕觏。夫专制之威至明而极，故专制之害至明而显。梨洲贵民之古义，不啻向专制天下之制度作正面之攻击。使黄氏生当清季，其为一热烈之民权主义者，殆属可能。然而吾人细绎《待访录》之立言，觉梨洲虽反对专制而未能冲破君主政体之范围。故其思想实仍蹈袭孟子之故辙，未足以语于真正之转变。抑又有进者，

黄氏躬与反清复明之运动，而于民族大义则未有坚确之认识。故《待访录》序文以箕子自命，颇遭后世之讥弹。

萧公权对黄宗羲所述的总评是："本此贵民之原理，参照明政之经验，发为制度改造之计划。以今日之眼光观之，其言不脱君主政体之范围，实际上无多价值。然其抨击专制之短，深切著明，亦自具有历史上之重要意义。"

《明夷待访录》原本应该不止二十一篇，全祖望在《书〈明夷待访录〉后》中有合理推测："原本不止于此，以多嫌讳弗尽出，今并已刻之板亦毁于火。征君著书兼辀，然散亡者什九，良可惜也。"该书在清末以前并没有被广泛流传，晚清时政局变动，遂为时人所重视，一度成为改革维新的催化剂而被爱国志士大力宣传。现存关于该书的抄本和刻印本很多，最早的本子应该是乾隆年间浙江慈溪二老阁初刻本《黄梨洲先生明夷待访录》，后来刊行的版本基本据此为底本。道光年间有海山仙馆丛书本，咸丰时曾就粤东潘氏海山仙馆新刊本对勘出版过新校本，同治年间有小石山房丛书本。光绪时，其族孙黄承乙曾整理出版，"国朝征遗献不就，著书数十种，其中《明夷待访录》尤平生经济所寄。当时有二老阁梓本，后又刊入《海山仙馆丛书》。迩来二老阁板片久不存，丛书刻于粤东，卷帙繁重，购之颇艰。承乙曾祖石泉公考藏书籍至五万余卷，筑五桂楼储之，而于邑人著述尤加意搜求。逮承乙四世保守弗失。曩年与同邑朱镇夫孝廉商将虞世南《北堂书钞》、赵考古《六书本义》及梨洲公著述，集资汇刻，藏板试院，会镇夫殁而止。承乙尘网羁牵，榰书废读，永惟先人聚书之意，取《待访录》先行校梓，将来遇有同志如镇夫者，再将邑人著述如虞氏《书钞》诸书逐一刊枣，未始非劝学之一助也。公是书成于康熙癸卯，迄今己卯，历二百十六年。二老阁本附刊公所著《思旧录》，可以考见当时盍簪之盛"（《〈明夷待访录〉跋》）。20世纪80年代，中华书局出了点校本的《明夷待访录》，1985年浙江古籍出版社出版的《黄宗羲全集》中收有该本，较具有代表性，之后也出现了一些单行本。

　　此次《明夷待访录》的注译主要以二老阁初刻本为底本，参校现行刊本进行整理，篇前以题解方式进行评论，订正讹误；注释除对繁难字词的注音、释意外，尤注重对制度、典故的解释；译文以白话直译为主，力求简洁明了地表达文意，方便阅读者参考。《明夷待访录》在注释和译文时尽量在还原历史语境下解释文意，但因水平有限，关于古史中政治、经济制度的解说难免有不妥之处，注释、译文或有错漏，敬请方家批评指正。

王　珏

2020年9月

题辞

【题解】

　　"题辞",文体名。置于书卷之首,其体制犹如经籍的序文。或标明全书要旨,并对作品进行评价,表示赞许;或叙述读后感想。该文体大概滥觞于东汉的《孟子题辞》,作者赵岐云:"《孟子题辞》者,所以题号孟子之书本末指义文辞之表也。"东汉末年刘熙《释名》云:"书称题。题,谛也,审谛其名号也。"唐代张镒则直道:"题辞即序也。赵注尚异,故不谓之序,而谓之题辞。"关于题辞,随着时代发展而不断演变,早期多用韵文体裁。《明夷待访录》的题辞实为作者自序,陈说写作缘起和成书过程,抒发心忧天下和期待治世的情感。

　　黄宗羲遭逢乱世,亲睹山河破碎,空怀投笔从戎的书生报国之情。在心灰意冷之下,闭门索居,以著书立说自遣,其间又逢火灾,手稿几毁。幸好在儿子的请求下,坚持完成《明夷待访录》。"夷之初旦,明而未融",在黎明前的黑暗中等待曙光,这是隐藏在文字里的悲壮基调。作者看到数千年中国史,只有一治一乱的循环往复,而无根本性的变革。题辞开宗明义,第一句就痛心疾首地发出质问:"余常疑孟子一治一乱之言,何三代而下之有乱无治也?"

　　余常疑孟子一治一乱之言^①,何三代而下之有乱无治也？乃观胡翰所谓十二运者②，起周敬王甲子以至于今③，皆在一乱之运，向后二十年交入"大壮"，始得一治，则三代之盛犹未绝望也。前年壬寅夏④，条具为治大法⑤，未卒数章，遇火而止。今年自蓝水返于故居⑥，整理残帙，此卷犹未失落于担头舱底，儿子某某请完之。冬十月，雨窗削笔⑦，喟然而叹曰：昔王冕仿《周礼》，著书一卷，自谓"吾未即死，持此以遇明主，伊、吕事业不难致也"⑧，终不得少试以死。冕之书未得见，其可致治与否，固未可知。然乱运未终，亦何能为"大壮"之交！吾虽老矣，如箕子之见访⑨，或庶几焉。岂因"夷之初旦，明而未融"⑩，遂秘其言也！

　　癸卯，梨洲老人识。

【注释】

①孟子一治一乱之言：《孟子·滕文公下》："天下之生久矣，一治一乱。"基于对历史运行特征的观察，孟子认为自有人类社会以来，总是时治时乱，每逢治世之后，接着会有乱局。

②胡翰所谓十二运者：胡翰（1307—1381），字仲子，一字仲申，金华（今属浙江）人。洪武年间参与纂修《元史》。胡氏著有《衡运论》，将自商王武乙二年（前1197）甲子以后的11520年视作一个历史单元，并"纪之以十二运，统之以六十四卦"，每一卦中的阳爻当36年，阴爻当24年。计有：1.天地否泰之运（含乾、坤、否、泰四卦，720年）；2.男女交亲之运（含震、巽、恒、益、坎、离、既济、未济、艮、兑、损、咸十二卦，2160年）；3.阳晶守政之运（含大壮、无妄、需、讼、大畜、遁六卦，1008年）；4.阴毳权衡之运（含观、升、晋、明夷、革、临六卦，1008年）；5.资育还本之运（含豫、复、比、师、剥、谦六卦，936年）；6.造化符天之运（含小畜、姤、同

人、大有、夬、履六卦，1224年）；7.刚中健至之运（含解、屯、小过、颐四卦，672年）；8.群愚位贤之运（含家人、鼎、中孚、大过四卦，768年）；9.德义顺命之运（含丰、噬嗑、归妹、随、节、困六卦，1080年）；10.惑妒留天之运（含涣、井、渐、蛊、旅、贲六卦，1080年）；11.寡阳相搏之运（含謇、蒙二卦，336年）；12.物极元终之运（含睽、革二卦，384年）。

③周敬王甲子：周敬王四十三年，前477年，此年干支纪年为甲子。周敬王，姬姓，名丐，一作"匄"，也称"子丐"。春秋时东周君主。前519—前476年在位。今：此指写作这篇"题辞"的康熙二年，1663年，即文末所记的癸卯年。

④前年壬寅：指康熙元年，1662年，此年干支纪年为壬寅。

⑤条具：分条开列，分条陈述。大法：基本法则。

⑥蓝水：集镇名。在今江西宜黄县城南部，中港乡政府驻地。因二水合于东南，名合陂。因其水四季清莹如蓝，又称蓝溪。故居：黄宗羲故居在今浙江余姚。现当地地名即为梨洲街道。尚存黄氏家庙东金忠丞庙。黄宗羲墓在余姚城东南十公里的化安山下龙山东南麓，有其著书处龙虎草堂。

⑦削笔：删改定稿。

⑧"昔王冕仿《周礼》"几句：事见宋濂《王冕传》。王冕（1287—1359），字元章，号煮石山农、食中翁、梅花屋主等，浙江诸暨枫桥人。元朝著名画家、诗人、篆刻家。伊、吕，伊为伊尹，夏末商初人，辅助商汤打败夏桀，被拜为尹（丞相）。吕为吕尚，商末周初人，姜姓，吕氏，字子牙，因被西伯侯姬昌拜为"太师"，又名太公望，周武王即位后，尊称"师尚父"。中国古典兵学奠基者。辅佐周文王、武王打败商纣建立周朝。

⑨箕子之见访：箕子，商朝末人，殷纣王的叔父，官太师，封于箕（今山西太谷东北）。周武王灭商后，曾向箕子征询治国安邦之道。

书名中"待访"概出于此。据《尚书·洪范》载,周武王向箕子咨询为政之道,箕子告以"洪范九畴",即九条为政大法:"初一曰五行,次二曰敬用五事,次三曰农用八政,次四曰协用五纪,次五曰建用皇极,次六曰乂用三德,次七曰明用稽疑,次八曰念用庶征,次九曰向用五福、威用六极。"

⑩夷之初旦,明而未融:意谓在新的时代将要来临之际。语出《后汉书·党锢列传》:"不谓夷之初旦,明而未融,虹霓扬辉,弃和取同。"大意为不料天刚要亮却受了伤害,天要亮却还没亮,霓虹色彩纷乱,贬弃君子任用小人。《周易》六十四卦中第三十六卦为《明夷》,卜问艰难之事则有利。本卦下为离,离为日,上为坤,坤为地。太阳没入地中,或太阳在地平线下将要升起,皆为其卦象。书名中的"明夷"应源自此卦象。融,大明,大亮。《左传·昭公五年》:"《明夷》之《谦》,明而未融,其当旦乎。"杜预注:"融,朗也。"孔颖达疏:"明而未融,则融是大明,故为朗也。"

【译文】

我时常怀疑孟子"一治一乱"的论断,为什么夏商周三代以来只见乱局却没有治世呢?于是翻查胡翰所说的"十二运"观点,从周敬王甲子年直至今日,同处于一个混乱的运数,再过二十年将转入以"大壮"起首的新运,开始迎来善治的时代,那么重新看到三代时那样的兴盛,还存有希望。前一年壬寅的夏天,我动笔分条撰述治国的基本法则,还没有完成几章,就因遭遇火灾不得不中止。今年从蓝水返回旧居,整理残存的书稿时,发现这卷书并没有在搬迁途中失落于担头舱底。儿子某某请求我继续完成全部书稿。到了农历冬十月,在雨窗下删改定稿,禁不住心生感叹:从前王冕模仿《周礼》著书一卷,自言"如果在我有生之年,凭着这部书得遇明主,那么成就一番伊尹、吕尚那样的事业也是不难达到的"。可惜其寿不永,最终也没有一试其能。王冕的书我没能看到,它是否真的能够带来治世,已经难以知晓。然而乱运还没有结束,又如何能够迎来"大壮"的降临！我虽进入暮年,像商朝旧臣箕子那样得到周武王拜访的情景,也许有幸可以躬逢。我怎么会在新的时代将要来临之际,而隐藏自己向往治世的主张啊！

癸卯年,梨洲老人题记。

原君

【题解】

《原君》居于《明夷待访录》首篇，承接《题辞》的设问："余常疑孟子一治一乱之言，何三代而下之有乱无治也？"

原，推论其本原。原君，意为从根本上推究为君之道。文章首先托古：古代贤君，以千万倍之勤劳为天下兴利除弊，而自己却不享其利。继之论今：后世之君，利尽归于己，害尽归于人；为博一人之产业，为奉一人之淫乐，反客为主，"屠毒天下之肝脑"，"敲剥天下之骨髓"，"离散天下之子女"，使"天下之无地而得安宁"。正因为古今为君之道不同，所以结果也就两样：古人爱戴其君，比之如父如天；今人怨恶其君，视如寇仇，名之独夫。而小儒死守所谓"君臣之义"，枉传无稽，视万姓血肉有如腐鼠。黄宗羲认为，此与孟子"民贵君轻"思想，迥然相悖。而明太祖废孟删书，皆导源于小儒。最后，从帝王自己身家利害的角度告诫：若"不明乎为君之职分"，结局必然是血肉崩溃的悲剧，"远者数世，近者及身"。南朝宋顺帝痛哭发愿"后身世世勿复生帝王家"，崇祯皇帝亲手砍杀女儿长平公主，已为先鉴，若后世之君再以俄顷淫乐易无穷之悲，那就是愚不可及了。

萧公权曾指出"《待访录》之最高原理出于《孟子》之贵民与《礼运》之天下为公。其政治哲学之大要在阐明立君所以为民与君臣乃人民公仆之二义。"他论列道：

梨洲认为君乃勤劳之义务而非享乐之权利。上古之人深知此旨，故恶劳者不为。而为之者必尽其公天下之心，以致万众之福利。三代以后，此旨不明。始为利众之义务者，转而为自私之权利。为君者本末倒置，认识错误，"以为天下利害之权皆出于我，我以天下之利尽归于己，以天下之害尽归于人，亦无不可。使天下之人不敢自私，不敢自利。以我之大私，为天下之公。始而惭焉，久而安焉。视天下为莫大之产业，传之子孙，受享无穷。汉高帝所谓某业所就孰与仲多者，其逐利之情不觉溢之于辞矣"。

古今为君者之观点既不相同，则古以得君而利者今乃因以致祸。"古者以天下为主，君为客。凡君之所毕世而经营者，为天下也。今也以君为主，天下为客。凡天下之无地而得安宁者为君也。是以其未得之也，屠毒天下之肝脑，离散天下之子女，以博我一人之产业，曾不惨然，曰：我固为子孙创业也。其既得之也，敲剥天下之骨髓，离散天下之子女，以奉我一人之淫乐，视为当然，曰：此我产业之花息也。然则为天下之大害者，君而已矣。向使无君，人各得自私也，人各得自利也。呜呼！岂设君之道固如是乎"？

夫人君以利民为职分。能尽职者民从之，不能尽者民叛之。抚我则后，虐我则仇。古训所指，实属至当至确。"而小儒规规焉以君臣之义无所逃于天地之间，至桀纣之暴犹谓汤武不当诛之，而妄传伯夷、叔齐无稽之事。乃兆人万姓崩溃之血肉，曾不异夫腐鼠。岂天地之大，于兆人万姓之中独私其一人一姓乎"？不宁惟是。后世之君私天下以利己，视之为产业而欲其长保。然而"既以产业视之，人之欲得产业，谁不如我。摄缄滕，固扃鐍，一人之智力不能胜天下欲得之者之众。远者数世，近者及身，其血肉之崩溃在其子孙矣。……"？由此观之，人君不明乎为君之职分，不徒害及百姓，终亦自祸其家。两败俱伤，可哀弥甚。梨洲长于史学，深考秦汉迄明二千年中之事实,而对于君主专制政体,有此悲观之结论,其意义重大远过于鲍敬言、无能子等之"无君",殆无可疑。(《中国政治思想史·黄宗羲》)

《原君》是一篇非常之文。在漫长的皇权专制时代,完全可以称得上是一声振聋发聩的呐喊。梁启超说:"真极大胆之创论也,……于晚清思想之骤变,极有力焉。"(《清代学术概论》)"实为刺激青年之最有力之兴奋剂"(《中国近代三百年学术史》)。

　　有生之初①,人各自私也,人各自利也;天下有公利而莫或兴之②,有公害而莫或除之。有人者出,不以一己之利为利,而使天下受其利;不以一己之害为害,而使天下释其害③。此其人之勤劳,必千万于天下之人。夫以千万倍之勤劳,而己又不享其利,必非天下之人情所欲居也④。故古之人君,量而不欲入者⑤,许由、务光是也⑥;入而又去之者⑦,尧、舜是也;初不欲入而不得去者,禹是也⑧。岂古之人有所异哉?好逸恶劳,亦犹夫人之情也。

【注释】

①有生:有生命,有生机。此指人类文明初见之时。

②莫或:没有什么人。

③释:免除。

④居:居其位,处于那个地位,引申为接受。

⑤量而不欲入:经过权衡而不愿就位。

⑥许由、务光:传说时代的两位高士。许由,唐尧要把天下相让与,许由不受,隐居箕山(今河南登封境)中。务光,又作瞀光。商汤要把天下相托付,务光极力拒绝,终负石投水自杀。典故出自

《庄子·让王》，据载："尧以天下让许由，许由不受。""汤又让瞀
光曰：'知者谋之，武者遂之，仁者居之，古之道也。吾子胡不立
乎？'瞀光辞曰：'废上，非义也；杀民，非仁也；人犯其难，我享其
利，非廉也。吾闻之曰：非其义者，不受其禄，无道之世，不践其
土。况尊我乎！吾不忍久见也。'乃负石而自沉于庐水。"

⑦入而又去之：此指自己就任而不传给子孙而是让与他人。

⑧初不欲入而不得去者，禹是也：此指舜去世将天子之位禅让给禹，
禹初避舜子商均，后天下人皆不朝商均而朝禹，禹方才就天子之
位。他死后将王位传给了儿子启。

【译文】

　　文明社会开启之初，人都是自私的，也是自利的。对天下公众有利
的事无人兴办它，出现对公众有害的事也无人去铲除它。有这样的人站
出来，他不以自己一人的利益作为利益，却让天下人得到他带来的利益；
不以自己一人的祸患作为祸患，却让天下人免受祸患。那个人付出的勤
苦辛劳，必定是天下人的千万倍。拿出千万倍的勤苦辛劳，而自己却又
不享受利益，这必然不是天下常人之情所愿意接受的。所以对于古时的
君主之位，思量后而不愿就位的，是许由、务光这样的人；自己就任而后
禅让的，是尧、舜这样的人；起先不愿就任而最终却将王位传给子孙的，
是大禹这样的人。难道说古代人有什么不同吗？喜好安逸，厌恶劳动，
也与常人情形一样啊。

　　后之为人君者不然，以为天下利害之权皆出于我，我以
天下之利尽归于己，以天下之害尽归于人，亦无不可。使天
下之人不敢自私，不敢自利，以我之大私为天下之大公。始
而惭焉，久而安焉，视天下为莫大之产业，传之子孙，受享无
穷。汉高帝所谓"某业所就，孰与仲多"者①，其逐利之情，

不觉溢之于辞矣。此无他，古者以天下为主，君为客，凡君之所毕世而经营者，为天下也。今也以君为主，天下为客，凡天下之无地而得安宁者，为君也。是以其未得之也，屠毒天下之肝脑^②，离散天下之子女，以博我一人之产业，曾不惨然^③，曰："我固为子孙创业也。"其既得之也，敲剥天下之骨髓^④，离散天下之子女，以奉我一人之淫乐，视为当然。曰："此我产业之花息也^⑤。"然则为天下之大害者，君而已矣！向使无君，人各得自私也，人各得自利也。呜呼！岂设君之道固如是乎？

【注释】

①某业所就，孰与仲多：我的产业所达到的成就，与二哥比，究竟谁更多？语出《史记·高祖本纪》。刘邦登基后，在他父亲刘太公面前自夸道："始大人常以臣无赖，不能治产，不如仲力，今某之业所就，孰与仲多？"业，家业。仲，刘邦的二哥，被称为刘仲。

②屠毒：杀害，毒害。肝脑：肝与脑，借指身体和生命。

③曾：乃，竟。

④敲剥：敲诈剥削。骨髓：比喻人民最后一点财富。

⑤花息：利息。

【译文】

后代做君主的并非如此。他们认为天下的利害大权都牢牢掌握在自己手中，那么将天下的利益都归于自己，将天下的祸患都归于别人，也就没有什么不可以的。让天下的人不敢得到自己想要的东西，不敢得到自己应得的利益，将自己最大的私利视作天下最大的公平。开始时对此还觉得惭愧，时间一久也就心安理得了，甚至将天下看作广大的私人产业，把它传给子孙，享受无穷。正如汉高祖所说的"我的产业所达到的成就,与二哥相比,究竟谁多呢",他追逐利益的心态,不知不觉已流露于言辞了。这没有其他原因,古时将天下百姓看成是主,将君主看作是客,凡是君主穷尽一生精力所经营的,都是为了天下百姓。现在将君主看作主,将天下百姓看作是客,全天下没有一处地方能够得到安宁,全是为了君主们的私利。所以说,当君主尚未得到天下时,残害天下百姓的生命,拆散天下百姓的子女,用以增多自己一个人的产业,对此并不感到心中惨痛,还说:"我本来就是为子孙创业呀。"当君主已经得到天下后,就敲诈剥夺天下百姓的最后一点财富,拆散天下百姓的子女,用以供奉自己一人的荒淫享乐,把这视作理所当然,说:"这些都是我产业的利息呀。"既然这样,作为天下最大的祸害,唯有君主而已! 当初假使没有君主,人们都能得到自己想要的东西,人们都能得到自己应得的利益。唉! 难道设立君主的道理本来就应该如此吗?

　　古者,天下之人爱戴其君,比之如父,拟之如天,诚不为过也。今也天下之人怨恶其君,视之如寇仇①,名之为独夫②,固其所也。而小儒规规焉以君臣之义无所逃于天地之间③,至桀、纣之暴④,犹谓汤、武不当诛之,而妄传伯夷、叔齐无稽之事⑤,乃兆人万姓崩溃之血肉⑥,曾不异夫腐鼠。岂天地之大,于兆人万姓之中,独私其一人一姓乎⑦! 是故,武王,圣人也;孟子之言,圣人之言也。后世之君,欲以如父如天之空名,禁人之窥伺者⑧,皆不便于其言,至废孟子而不立⑨,非导源于小儒乎?

【注释】

①视之如寇仇:看他如同强盗、仇敌。语出《孟子·离娄下》:"君之视臣如土芥,则臣视君如寇仇。"寇仇,强盗,仇敌。

②名之为独夫：称呼他为独夫。《孟子·梁惠王下》："残贼之人，谓
　之一夫。"独夫，众叛亲离、极端孤立的人。

③小儒：浅陋的儒者。规规焉：浅陋拘泥、惊恐自失的样子。逃：弃置。

④至：甚至于。

⑤伯夷、叔齐无稽之事：伯夷、叔齐的事迹，《论语·公冶长》《吕氏
　春秋·诚廉》《史记·伯夷列传》均有所载。伯夷、叔齐是殷朝孤
　竹君的两个儿子。伯夷、叔齐曾极力劝阻周武王伐纣，认为臣不
　能伐君。殷覆亡后，伯夷、叔齐隐居首阳山，不食周粟，采薇充饥，
　终至饿死。黄宗羲认为其事无从查考。稽，考核，查考。

⑥崩溃之血肉：破碎的尸体。崩溃，碎裂。徐陵《为梁贞阳侯与王
　太尉僧辩书》："羌虏无厌，乘此多难，虔刘我南国，荡覆我西京，奉
　闻惊号，肝胆崩溃。"

⑦私：偏爱。

⑧窥伺：指暗中找机会夺取君位。

⑨至废孟子而不立：洪武五年（1372）明太祖朱元璋曾下诏取消孔
　庙中孟子的配享之位，虽在第二年予以恢复，但仍下令编《孟子
　节文》，将《孟子》中如"民为贵，社稷次之，君为轻""君之视臣如
　土芥，则臣视君如寇仇"等反映民本思想的八十五条全部删掉，
　要求"自今八十五条之内，课士不以命题，科举不以取士"（刘三
　吾《孟子节文题辞》）。

【译文】

　　古时候，天下百姓都爱戴自己的君主，把他比作父亲，比作青天，实
在是不算过分。如今天下百姓都怨恨他们的君主，将他看成强盗、仇敌
一样，称他为"独夫"，这本来就是他应该得到的下场。但见识浅陋的儒
生死守旧义，认为君臣间的关系存在于天地之间，无论如何不可弃置，甚
至像夏桀、殷纣那样残暴的帝王，竟然还说商汤、周武王不应杀他们，并
且还编造出伯夷、叔齐不食周粟这样无从查考之事，把千千万万老百姓

破碎的尸体，看成与死老鼠没有什么两样。难道天地这样大，却在千千万万的百姓之中，就只偏爱君主一人一姓吗？所以说周武王是圣人，孟子的话，是圣人的言论啊。后世那些想要凭着君主如同父亲一般、如同上天一般的空名，禁止别人窥测君位的皇帝，都感到孟子的话对自己不利，甚至直接废除孟子配祀孔子的地位，这难道不是来源于见识浅陋的儒生们的纵容吗？

虽然，使后之为君者，果能保此产业，传之无穷，亦无怪乎其私之也。既以产业视之，人之欲得产业，谁不如我？摄缄縢，固扃镭①，一人之智力，不能胜天下欲得之者之众。远者数世，近者及身，其血肉之崩溃，在其子孙矣。昔人愿世世无生帝王家②，而毅宗之语公主，亦曰："若何为生我家！"③痛哉斯言！回思创业时，其欲得天下之心，有不废然摧沮者乎④？是故明乎为君之职分，则唐、虞之世，人人能让，许由、务光非绝尘也⑤；不明乎为君之职分，则市井之间，人人可欲，许由、务光所以旷后世而不闻也。然君之职分难明，以俄顷淫乐⑥，不易无穷之悲，虽愚者亦明之矣！

【注释】

①摄缄縢，固扃（jiōng）镭（jué）：紧紧地捆好，牢牢地锁好。语出《庄子·胠箧》："将为胠箧探囊发匮之盗而为守备，则必摄缄縢，固扃镭。"摄，收紧。缄，封固。縢，绳子。扃，门闩。镭，箱子上安锁的环状物。借指锁。

②昔人愿世世无生帝王家：南朝宋顺帝刘准被逼禅位于齐，"泣而弹指曰：'愿后身世世勿复生天王家！'宫中皆哭"。事见《资治通鉴·齐纪一》。

③"而毅宗之语公主"几句:《明史·长平公主传》载,李自成军攻破京城,崇祯帝"入寿宁宫,主牵帝衣哭。帝曰:'汝何故生我家?'以剑挥斫之。断左臂"。毅宗,明崇祯皇帝朱由检,庙号思宗,后改为毅宗。

④废然:灰心丧志,失望的样子。摧沮:犹沮丧气馁。摧,悲痛,哀伤。

⑤绝尘:犹超脱尘俗。

⑥俄顷:片刻,很短的时间。

【译文】

虽然如此,如果后代做君主的,果真能保住这产业,把它永远传下去,也不怪他将天下当作私有了。既然将它看作产业,旁人想得到这份产业的念头,有谁不像自己那样迫切呢? 于是用绳捆紧,用锁加固,但一个人的智慧和力量,并不能战胜天下众多想要得到这份产业的人。远的不过传几代,近的就在自身,他们的粉身碎骨,就应在子孙的身上了。过去南朝宋顺帝发愿以后世世代代都不要投生到帝王之家,而明崇祯帝对长平公主所讲的话音犹在耳:"你为什么要生在我家啊!"这话是多么令人痛惜啊! 回想他们祖上创业之时,志在占据天下的雄心,两相对比哪能不让人灰心失望、垂头丧气呢? 因此明白作为君主的职责,那么唐尧、虞舜的时代,人人都能推让君位,许由、务光也并非超尘绝俗的人;如果不明白作为君主的职责,那么市井之间的每一个人就都会想得到它,后世也就再也听不到许由、务光那种高洁之行了。但即使君主的职分难以明了,也不值得用片刻的荒淫享乐换取无穷的悲哀,即使是愚蠢的人也能明白这一道理。

原臣

明朝灭亡之后,黄宗羲总结历史经验教训,在思想方面发生了很大变化,他通过对历史的深刻反思,从探索封建社会兴衰演变的角度,猛烈抨击了君主专制主义,《原臣》篇即是代表之作。

《原臣》篇接续前《原君》篇,主要论述为"臣"的职责,即讨论"臣"的本原道理,思维路径也承续《原君》。在本篇中,黄宗羲首先分析了"臣道"。什么样的人才能称为"臣"?黄宗羲认为,只有那些以关心"万民之忧乐"为己任的官员才是真正的"臣"。臣出仕是"为天下,非为君也;为万民,非为一姓也",真正为民服务的,才是真的臣。对君主的"无形无声之嗜欲"而"视之听之"的,不过是宦官和宫妾;不顾自身安危,为君主"死之亡之"的,也不能称之为臣,只能算作君主宠幸的人。这些人都不能坚守为臣之道。

接着,黄宗羲又发表了对君臣关系的直透本质的见解。他指出:"不以天下为事,则君之仆妾也;以天下为事,则君之师友也。"君主治理天下是为万民服务,但"天下之大,非一人之所能治,而分治之以群工",也就是说,天下的事务烦琐,仅靠君主一人难以应付,所以才需要设置"臣"来分担。这说明"臣"是为治理天下而设的,职责是"为天下,非为君也;为万民,非为一姓也"。可以说,君臣治理天下都以"万民"为服务对象。

那么君臣关系最好的状态又如何呢？黄宗羲将其类比为师友关系，"出而仕于君也，不以天下为事，则君之仆妾也；以天下为事，则君之师友也"，只有"以天下为事"的"臣"才是君主的"师友"。从黄宗羲的角度来看，君臣只有为了天下事而平等相处，才能称之为良师益友。尤为值得关注的是，为了更形象地分析君臣职责的相互关系，强调为臣者若"轻视斯民之水火，即能辅君而兴，从君而亡"，仍然违背了真正的"臣道"。而为君者，若心存"视天下人民为人君囊中之私物"的妄念，必将导致民生憔悴，最终使得国家衰亡。黄宗羲将治理国家比作拉木头，君与臣如果"手不执绋，足不履地"，则国家无法治理。这些都说明，黄宗羲认为君臣平等相处，共同以治理好天下为目标才能使得国家强盛，反之如果违背了设"臣"的初衷，则导致国家动乱。为更深入地探讨君臣关系，黄宗羲区分了君臣关系与父子关系，认为二者不能相提并论：父子之间属血缘关系，难以改变；但在一定程度上讲，君臣关系则是可以改变的。

黄宗羲提出的这种区别于以往的新的君臣关系论，是通过总结历代兴衰而得出的，而他梳理的这种君臣关系凸显出君臣共治天下的治权平等思想，一言以蔽之，臣的义务是与君主共同管理天下，而并非是为侍奉皇帝这一家一姓。

黄宗羲的这种为"臣"论以及关于君臣关系的分析充分体现了他反对君主专制，主张民主、民权的思想。萧公权认为黄宗羲关于君臣关系之论，"其立言亦悉依孟子，一扫专制天下'君为臣纲'之传统思想。……昔李卓吾论史，谓齐王建之降秦饿死与冯道之历事多君皆有大利于民。梨洲倘闻其说，殆可许为同调。抑又有进者，自梨洲观之，君尊臣卑，名位虽有差别，而职分均在利民。故'君之与臣，名异而实同'。臣所以佐君为治，而非以奉君之身。'夫治天下犹曳大木然。前者唱邪，后者唱许。君与臣，共曳木之人也'，若后者不致力于曳木，惟承前者之喜怒，而曳木之职荒矣。"

萨孟武也对黄宗羲的臣论有中肯评价：

古人所谓忠臣，梨洲皆否认其价值。而"忠"之观念，儒家本来只视为君臣的相对义务，后儒乃变之为绝对义务，梨洲连相对义务也否认了，而谓"忠"不是忠于君，忠于一姓，而是忠于天下，忠于万民，这确是吾国思想一大变转。但是思想单单到此为止，倘不能再创一种制度以救其弊，则篡夺之事仍无已时，这就是天下安定之后，梨洲思想又归消沉的理由。(《中国政治思想史》)

有人焉，视于无形，听于无声^①，以事其君，可谓之臣乎？曰：否！杀其身以事其君，可谓之臣乎？曰：否。夫视于无形，听于无声，资于事父也^②；杀其身者，无私之极则也^③。而犹不足以当之，则臣道如何而后可？曰：缘夫天下之大，非一人之所能治，而分治之以群工^④。故我之出而仕也，为天下，非为君也；为万民，非为一姓也。吾以天下万民起见，非其道，即君以形声强我，未之敢从也，况于无形无声乎！非其道，即立身于其朝，未之敢许也，况于杀其身乎！不然，而以君之一身一姓起见，君有无形无声之嗜欲，吾从而视之听之，此宦官宫妾之心也^⑤；君为己死而为己亡，吾从而死之亡之，此其私昵者之事也^⑥。是乃臣不臣之辨也。

【注释】

①视于无形，听于无声：指以对待父母的态度来对待君主。语出《礼记·曲礼上》："为人子者，……听于无声，视于无形，不登高，不临深，不苟訾，不苟笑。"其意是指作为人子，在侍奉父母时，应在父母还没有说出来或表现在脸上时，就已经明白父母的意思。

②资于：用于。

③极则：最高程度。

④群工：群臣。工，官吏，执事。

⑤宫妾：宫女。

⑥"君为己死而为己亡"几句：语出《左传·襄公二十五年》："若为己死而为己亡，非其私昵，谁敢任之？"私昵，亲近，宠爱。

【译文】

如果有这样的人，在对方还没有做出表情或说话之前，就已经体察到对方的心意，用这样的方式来侍奉君主，可以称为臣吗？答：不可以。如果有人甘愿牺牲自己的生命来侍奉君主，可以称作臣吗？答：不可以。因为在对方没有做出表情或说话之前就能体察到对方的心意，那是子女侍奉自己父亲的态度；愿意牺牲自己的生命，那是无私的最高程度。做到这两样还不能称作人臣，那么为臣之道究竟是怎样的呢？答：在我看来，天下太大了，并非一个人所能治理的，所以应该设群臣分工治理。因此，臣之所以出仕当官，是为了天下，而不是为了君主一人；是为了天下万民，而不只是为了君主一姓。我为天下和万民的缘故才当官，如果不是合理的事情，即使君主以严词厉色强迫我，我也不能听从，更何况体察君主还没有表现出来的意图呢！如果是为了不合理的事情，即使在朝为官，我也不会答应，更何况要牺牲自己的生命呢！如果不是这样，只是为了君主一人一姓的缘故，我就要去揣摩君主还没有明确显露出来的嗜好和欲望，并愿意服从，那是宦官和宫女的心态；君主为了他一己之私而死或逃亡，我也跟着去死或逃亡，那是受君主私下宠爱之人的态度。这就是分辨是不是真正的臣的标准。

世之为臣者昧于此义①，以谓臣为君而设者也。君分吾以天下而后治之，君授吾以人民而后牧之②，视天下人民为人君橐中之私物③。今以四方之劳扰，民生之憔悴④，足以危吾君也，不得不讲治之牧之之术。苟无系于社稷之存亡，则四方之劳扰，民生之憔悴，虽有诚臣⑤，亦以为纤芥之疾也⑥。

夫古之为臣者,于此乎,于彼乎?

【注释】

①昧:愚昧,糊涂。

②牧:统治。

③橐(tuó):袋子。

④憔悴:困顿。

⑤诚臣:忠臣。

⑥纤芥:细微。

【译文】

世上那些做臣下的人不明白这个道理,还认为臣就是为君主而设置的。他们认为是君主把天下分享给我去治理的,是君主把人民交给我去管理的,把天下和人民都看作君主的橐中私有之物。现在各地的劳苦烦扰,民生的困顿,足以危及我的君主,所以我才不得不研究统治管理的方法。如果还没有威胁到国家的存亡,那么各地的劳苦烦扰,民生的困顿这些事,即使在忠臣那里,也不过是无足轻重的小问题而已。古代那些为臣之人,是这样的吗?还是另有那个时代应有的样子?

盖天下之治乱,不在一姓之兴亡,而在万民之忧乐。是故桀、纣之亡,乃所以为治也;秦政、蒙古之兴①,乃所以为乱也;晋、宋、齐、梁之兴亡②,无与于治乱者也。为臣者轻视斯民之水火,即能辅君而兴,从君而亡,其于臣道固未尝不背也。

【注释】

①秦政:秦始皇嬴政(前259—前210)。他在为秦王时,任用尉缭

和李斯等，推行统一战略，前后经过十年，最终于前221年灭六国，实现了大一统。建立秦朝后，自称皇帝，并进行了一系列改革措施，加强君主专制，为后世所延续。秦始皇是中国古代封建社会第一位皇帝，史称千古一帝。

②晋、宋、齐、梁：汉唐之间所建立的短命王朝。晋，此指西晋和东晋两个时期（265—420），西晋为大统一王朝之一，东晋则属于六朝之一，共一百五十五年。宋、齐、梁、陈朝是南朝的四个王朝，上接魏晋时期，下启隋朝，起止时间大概为420—589年。这几个王朝虽然政权存在时间较短，但在统治南方的时期，将中原地区先进的文化和技术广泛传播到秦岭淮河以南的地区，促进了南方社会经济的发展、繁荣。

【译文】

天下的治乱，并不在于一家一姓的兴亡，而在于万民的忧愁与欢乐。所以，夏桀、商纣的灭亡，是意味着天下得以大治；秦始皇、元朝的兴起，则意味着天下扰乱；晋和南朝的宋、齐、梁几朝的兴亡，影响不到天下的治乱。为臣者，如果无视百姓的灾难困苦，即使他能辅助君主取得天下，跟随君主去死，他对于为臣之道也是背离的。

夫治天下犹曳大木然①，前者唱邪，后者唱许②。君与臣，共曳木之人也。若手不执绋③，足不履地，曳木者唯娱笑于曳木者之前④，从曳木者以为良，而曳木之职荒矣⑤。

【注释】

①曳：牵引。

②前者唱邪（yé），后者唱许（hǔ）：邪、许，集体劳动时的号子声。《淮南子·道应训》："今夫举大木者，前呼邪许，后亦应之，此举重劝力之歌也。"

③绋（fú）：大绳。

④娱笑：嬉笑。

⑤荒：荒废，弃置。

【译文】

治理天下就像拖曳大木头，喊着号子，前后呼应，一起努力。君与臣，就是共同拉木头的人。如果有人手里不拿着绳索，脚也不在地上站稳，前面拉木头的人只在后面拉木头的人面前嬉笑玩乐，后面拉木头的人还认为这样挺好，那么拉木头的工作也就荒废了。

嗟乎！后世骄君自恣①，不以天下万民为事。其所求乎草野者②，不过欲得奔走服役之人。乃使草野之应于上者，亦不出夫奔走服役，一时免于寒饿，遂感在上之知遇，不复计其礼之备与不备，跻之仆妾之间而以为当然③。

【注释】

①恣：放纵，肆意而为。

②草野：民间。

③跻：置身。仆妾：泛指奴仆婢妾。

【译文】

唉！后世那些骄横的君主们恣意放纵，不关心天下百姓的事情。他们从民间选拔人才，只不过是想得到为他们驱使效劳的人而已。而从民间出来到朝廷做官的人，也不过是为君主奔走效劳，一时免于寒冷和饥饿，于是就感激起君主的赏识与任用，不再去思考君主对自己的所作所为是不是符合礼制，置身于奴仆婢妾之间也认为理所当然了。

万历初，神宗之待张居正①，其礼稍优，此于古之师傅未能百一^②。当时论者骇然居正之受无人臣礼。夫居正之罪,正坐不能以师傅自待^③,听指使于仆妾,而责之反是,何也? 是则耳目浸淫于流俗之所谓臣者以为鹄矣^④。又岂知臣之与君,名异而实同耶?

【注释】

①神宗:明神宗朱翊钧(1563—1620),年号万历(1573—1620),常被称为万历帝。张居正(1525—1582):字叔大,号太岳,湖北江陵人,明代著名的政治家、改革家,死后谥号文忠。少年聪慧,二十三岁即考中了进士。隆庆元年(1567),任吏部左侍郎并兼东阁大学士。后入阁为宰辅。万历初,取代高拱成为首辅,随后职掌明朝政务十余年,期间采取了一系列改革措施,在财政方面,一条鞭法是其改革的重要一项。在万历帝年幼时,张居正辅佐,万历帝尊其为帝师,称"元辅张少师先生""太师张太岳先生"。但随着万历帝的掌权,对其擅权越来越不满。在其死后,万历帝借宦官构陷,籍没其家,到天启、崇祯年间才恢复了名誉。

②古之师傅:周礼中的太师、太傅,皇帝的老师。

③坐:缘于。自待:看待自己。

④鹄(gǔ):箭靶的中心,指目标。

【译文】

明代万历初期,神宗皇帝对待张居正的礼遇只是稍有些恭敬,与古代君主对待老师的礼遇相比较还不到百分之一。可是当时的人就很惊骇,指责张居正所接受的礼遇不符合为人臣子的身份。其实张居正的过错,恰恰是因为不能以天子的师傅自居,而是像奴仆婢妾一样听从皇帝的指使,现在却反过来指责他,这是为什么呢? 这是因为长期耳濡目染世俗所谓的为臣之道,以为那样才是为人臣的标准。他们怎么能知道臣子对于君主,名称虽然不同,但实质是一样的呢?

  或曰：臣不与子并称乎？曰：非也。父子一气，子分父之身而为身。故孝子虽异身，而能日近其气，久之无不通矣；不孝之子，分身而后，日远日疏，久之而气不相似矣。君臣之名，从天下而有之者也。吾无天下之责，则吾在君为路人。出而仕于君也，不以天下为事，则君之仆妾也；以天下为事，则君之师友也。夫然，谓之臣，其名累变①，夫父子固不可变者也。

【注释】

①累：多次。

【译文】

  有人说：臣与子不是并称臣子吗？答：不是。父亲和儿子一气相连，儿子的身体是从父亲的身体中分出来的。所以孝顺的儿子，虽然与父亲是两个人，但能每天接近父亲的气息，久而久之，父与子就声气相通了；不孝的儿子，自从与他父亲的身体分开后，一天比一天疏远，久而久之，父与子的气就不相似了。君与臣的概念，是由于有了天下才出现的。如果我没有治理天下的责任，那么我对君主来说就是陌生人。出来做官，而不将天下的事情当作责任，那么就只能是君主的奴仆婢妾；如果将天下的事情作为自己的责任，那么就是君主的老师、朋友。只有这样做才是真正的臣。臣的名称是不断变化的，父与子的名分原本是不可变的。

原法

《原法》承接前两篇,主要论述法的本质。作为关于法律制度的专论,此篇不仅对法的本义追根溯源,还讨论了关于法律制度本质的几个重大问题。

法,在此篇中有法律的意思,也有制度之义。关于法的设置,黄宗羲指出:"三代以上有法,三代以下无法。"三代以上的"法"是为实现天下的目的而设置的,其特征为"未尝为一己而立","藏天下于天下",即公天下,可称之为"天下之法"。夏商周三代以后,"后之人主,既得天下,唯恐其祚命之不长也,子孙之不能保有也,思患于未然以为之法"。所以后世的"法"与三代的"法"相差甚大,其目的是为了满足君主的私欲,将天下之公权掌控在一人一家的手中,其特征为"藏天下于筐箧",即私天下,可称之为"一家之法"。后世的法因其私利属性,可归为"非法之法"。这就是说,"法"因其需要而产生出两种截然不同的性质,即公天下之法和一家之私法,本质就是公私之别。在黄宗羲看来,后世之法虽密而乱愈生,不能使天下大治。萧公权说:"三代以下无法者非无制度也。其制度本于私天下之一念,大背贵民之旨,故不足以比三代之法耳。抑就另一方面观之,三代公天下而法因以疏,后世私天下而法因以密。疏者近于无法,密者适成非法。"(《中国政治思想史·黄宗羲》)对黄宗羲的论点进行了补充。

如何看待"非法之法"的统治，黄宗羲认为只有改变，而改变的方向就是恢复三代的法度。虽然代代有法，后世子孙以为法祖是为孝，但自夏商周三代以后的法都是君主为满足自己私欲所设的"非法之法"，所以后人不必遵循。如果要改变"非法之法"，就要看所设之"法"出于公心还是出于私利，只有充分了解设立法制的本意，为天下立法，才能治理好国家，使百姓得以安居乐业。

对于"治人"与"治法"，黄宗羲认为"有治法而后有治人"，认为"非法之法"桎梏了人们的手脚，即便有能治之人，也不免受到"非法之法"的限制和牵累，无法施展才能。有了"治法"的存在，才会出现"治人"，统治者为贤明之主，才不会实行严刑峻法，在法的约束下，更好地执行法律，从而实现国家大治的目标。萨孟武在《中国政治思想史》中对此补充说：

> 梨洲以为有治法而后有治人。但是吾人须知法治须以分权为前提，即制法者是一个机关，行法者又是另一个机关，而后才不会发生问题。否则将如韩非所说："利在故法前令，则道之；利在新法后令，则道之。"（《韩非子》第四十三篇《定法》）质言之，即如杜周所说："三尺安出哉，前主所是著为律，后主所是疏为令，当时为是，何古之法乎。"（《汉书》卷六十《杜周传》）法由人主决定，势只有增加人主的专制。这是古人主张法治者未曾注意之点。

应该承认，在《原法》中，黄宗羲所提出的关于"法"的观点，表达了他倡导民主、立公法，反对封建专制的民主思想，在今天看来仍然具有启发和借鉴意义。

三代以上有法，三代以下无法。何以言之？二帝、三王知天下之不可无养也①，为之授田以耕之；知天下之不可无衣也，为之授地以桑麻之；知天下之不可无教也，为之学校以兴之，为之婚姻之礼以防其淫，为之卒乘之赋以防其乱②。此三代以上之法也，固未尝为一己而立也。后之人主，既得天下，唯恐其祚命之不长也③，子孙之不能保有也，思患于未然以为之法。然则其所谓法者，一家之法，而非天下之法也。是故秦变封建而为郡县④，以郡县得私于我也；汉建庶孽⑤，以其可以藩屏于我也⑥；宋解方镇之兵⑦，以方镇之不利于我也。此其法何曾有一毫为天下之心哉？而亦可谓之法乎？

【注释】

①二帝：指帝尧、帝舜。三王：指夏商周三代之君夏禹、商汤、周文王、周武王。《穀梁传·隐公八年》"盟诅不及三王"，范宁注："三王，谓夏、殷、周也。"

②卒乘：卒指步兵，乘指兵车，这里指军队。《左传·隐公元年》"缮甲兵，具卒乘"，杜预注："步曰卒，车曰乘。"

③祚命：指上天所赐的福运。此指皇位，国统。

④秦变封建而为郡县：封建，分邦建国，君主将土地分给宗室和功臣。此制始于周代，到秦朝建立后，为巩固统治，废除封建制，在全国设立郡县，并派官员治理。《史记·秦始皇本纪》："丞相绾等言：'诸侯初破，燕、齐、荆地远，不为置王，毋以填之。请立诸子，唯上幸许。'始皇下其议于群臣，群臣皆以为便。廷尉李斯议曰：'周文武所封子弟同姓甚众，然后属疏远，相攻击如仇雠，诸侯更相诛伐，周天子弗能禁止。今海内赖陛下神灵一统，皆为郡县，诸子功臣以公赋税重赏赐之，甚足易制。天下无异意，则安宁之术也。置诸侯不便。'始皇曰：'天下共苦战斗不休，以有侯王。赖宗庙，天下初定，又复立国，是树兵也，而求其宁息，岂不难哉！廷

尉议是。'分天下以为三十六郡,郡置守、尉、监。"

⑤汉建庶孽:指汉朝建立后,大力分封刘姓子弟为诸侯王。庶孽,指
庶子,原指妃妾所生之子。《公羊传·襄公二十七年》:"执铁锧,
从君东西南北,则是臣仆庶孽之事也。"何休注:"庶孽,众贱子,
犹树之有孽生。"

⑥藩屏:捍卫。

⑦宋解方镇之兵:方镇,即藩镇。唐代初年在重要各州设都督府,睿
宗时设节度大使,玄宗天宝初年又在边境设有九节度使,一经略使。
通称"藩镇"。各藩镇掌管一个地区的军政,后来权力逐渐扩大,兼
管民政、财政,掌握全部军政大权,形成地方割据,常与朝廷对抗。
宋朝建立后,吸取唐、五代之经验教训,采取"杯酒释兵权"的办
法,解除了武将兵权,并削减了地方兵力,集军事大权于皇帝之手。

【译文】

三代以前有法,三代以后没有法。为什么这样说呢? 尧、舜二帝和
夏禹、商汤、周文王、武王知道天下百姓需要养活自己,于是分配田地给
他们耕种;知道天下百姓不能没有衣服穿,于是分土地给他们种植桑麻;
知道天下百姓不能不进行教化,于是设置了学校,让百姓接受教育;又制
定了婚姻制度,以防止男女淫乱之事发生;又设立为满足军队之需的赋
税制度,以防止动乱出现。这是三代以上的法,从来不是为了一己之私
而设立的。后世的君主,得到天下之后,唯恐帝王之位不能维持长久,唯
恐子孙后代不能继续统治天下,于是为了防患于未然而制定了法。这样
一来那么他们所谓的法,只是君主一家一姓之法,而不是从百姓之利益
出发制定的天下之法。所以,秦朝废除封建制而改为郡县制,是因为郡
县制对于君主私人有利;汉代初期大力分封同姓诸侯王,是因为这些诸
侯可以保障皇室的安全;宋代初期解除方镇的兵权,是因为方镇威胁到
了君主统治。这些所谓的法哪里有一丝一毫为天下百姓着想呢? 这能
称之为法吗?

三代之法，藏天下于天下者也^①：山泽之利不必其尽取，刑赏之权不疑其旁落^②；贵不在朝廷也，贱不在草莽也。在后世方议其法之疏，而天下之人不见上之可欲，不见下之可恶，法愈疏而乱愈不作，所谓无法之法也。

【注释】

① 藏天下于天下：即公天下。

② 旁落：落在别人手中。

【译文】

三代的法，是为天下百姓着想而设立的法：山川、河泽之利不会尽数攫取，刑狱赏罚的权力也不用担心会落于别人之手；不因为身在朝廷就变得尊贵，也不会因为身处民间就变得低贱。到后世，有人议论三代之法粗疏，但是当时天下的百姓并不认为在上的高官有什么好处，帝王将相也不觉得下层百姓有什么不好，法越简单越没有动乱发生，这就是所谓的无法之法。

后世之法，藏天下于筐箧者也^①；利不欲其遗于下，福必欲其敛于上。用一人焉则疑其自私，而又用一人以制其私；行一事焉则虑其可欺，而又设一事以防其欺。天下之人共知其筐箧之所在^②，吾亦鳃鳃然^③，日唯筐箧之是虞^④，故其法不得不密。法愈密而天下之乱即生于法之中，所谓非法之法也。

【注释】

① 藏天下于筐箧：即私天下。筐、箧，均是盛物的竹器。

② 筐箧之所在：这里比喻天下之利都藏于帝王之处。筐箧，喻天下

之利。

③鳃鳃（xǐ）然：恐惧的样子。

④虞：忧虑，担心。

【译文】

后世之法，是把天下当作君主的私产，将天下之利收于自己的私囊，不想将利益分享给天下百姓，想要将所有福分都敛归君主一人。任用了一个人就怀疑他谋求私利，于是就又任用另一人来监督；实行一个政策又怀疑其中有可被欺诈之处，于是又实行另一个政策来防止。天下之人都知道天下之利藏于君主之处，君主也日夜为自己的私利而忧虑，于是不得不制定严密的法令。然而法越严密，天下的动乱就越多，这就是所谓的非法之法。

论者谓一代有一代之法，子孙以法祖为孝①。夫非法之法，前王不胜其利欲之私以创之，后王或不胜其利欲之私以坏之。坏之者固足以害天下，其创之者亦未始非害天下者也。乃必欲周旋于此胶彼漆之中②，以博宪章之余名③，此俗儒之剿说也④。

【注释】

①法祖：效法、仿效祖宗。指后代君主遵循前代君主的治国之策。

②此胶彼漆：指拘泥于祖宗的成法，不知变通。胶、漆均是有黏性的物质。

③博：获取。宪章：效法。

④剿（chāo）说：抄袭别人的言论为己说。《礼记·曲礼上》："毋剿说，毋雷同。"郑玄注："剿，犹揽也。谓取人之说，以为己说。"剿，抄取，袭取。

【译文】

有人说，一代有一代的法，后世子孙以效法祖宗为孝。其实这些"非法之法"是前代君主为了实现私欲而创立的，后代的君主又为了满足自己的私欲而破坏前代君主之法。破坏前代君主之法当然会对天下有害，但前代君主创制的法也未尝就没有祸害天下。如果一定要拘泥于祖宗之法而博取"法祖"的名声，这只能是庸俗的儒生抄袭别人的言论。

即论者谓天下之治乱不系于法之存亡。夫古今之变，至秦而一尽，至元而又一尽。经此二尽之后，古圣王之所恻隐爱人而经营者荡然无具①。苟非为之远思深览，一一通变②，以复井田、封建、学校、卒乘之旧，虽小小更革，生民之戚戚终无已时也③。

【注释】

①恻隐：同情，怜悯。经营：规划营治。

②通变：犹变通。不拘常规，适时变动。

③戚戚：忧惧、忧伤的样子。《论语·述而》："君子坦荡荡，小人长戚戚。"何晏集解引郑玄曰："长戚戚，多忧惧。"

【译文】

又有人说，天下的太平与否与法的存亡无关。观察古今之变，古代圣王出于恻隐之心、爱护人民而制定的法，到秦代被破坏了一部分，到元代又被破坏了一部分。经过这两次破坏，古代圣主贤君所提倡的恻隐爱人之心，在后世君主身上已荡然无存了。如果不经过深思远虑，不拘常规地适时变动，恢复井田制、分封制以及学校、兵役赋税的原有制度，那么即便有小小的变革，百姓的忧惧也永远不能结束。

即论者谓有治人无治法①，吾以谓有治法而后有治人。

自非法之法桎梏天下人之手足②，即有能治之人，终不胜其
牵挽嫌疑之顾盼③，有所设施，亦就其分之所得，安于苟简④，
而不能有度外之功名⑤。使先王之法而在，莫不有法外之意
存乎其间⑥。其人是也，则可以无不行之意⑦；其人非也，亦
不至深刻罗网⑧，反害天下。故曰有治法而后有治人。

【注释】

①有治人无治法：有能够使天下大治的人，但是没有可以治理好天下
　的法。语出《荀子·君道》："有乱君，无乱国；有治人，无治法。"

②桎梏：刑具，脚镣手铐。引申为束缚。

③牵挽：牵制。顾盼：向左右或周围看来看去，观望。

④苟简：草率而简略。

⑤度外：法度之外。指不按常法或不遵常礼。功名：功业和名声。

⑥法外之意：指前文所谓"非法之法"的意识。存乎其间：存在于治
　理国政之人的心中。

⑦无不行之意：没有不能达成的意愿。

⑧深刻：指刑罚严厉。罗网：捕捉鸟兽的器具。这里比喻法网。

【译文】

又有人认为，有能够治理好天下的人，而不存在能够治理好天下的
法。我认为存在能够治理好天下的法之后才有能够治理好天下的人。
自从非法之法束缚了天下人的手脚，即便有善于治理天下的人，也终究
摆脱不了它所带来的牵制嫌疑而左右观望，即使有所作为，也不过谨守
本分，安于草率简略，不能建立非法之法束缚之外的事业。如果先王之
法依然存在，就不会有非法之法的意念存在于治理天下之人的心中。这
样一来，如果有合适的人在位，就可以施展政治理念，做到心想事成；如
果这个人不适合当政，也不至于实行严刑酷法，反而危害天下。所以说，
先有能够治理好天下的法，然后才会出现能够治理好天下的人。

置相

本篇是黄宗羲关于相权的专论。宰相一职,在朝廷上总领百官,实为群臣之首。但是作为帝王之下最重要的大臣,宰相的权力对皇权威胁也是最大的。在《原臣》篇中,黄宗羲已经论述了关于"臣"的职务,指出君臣都是治理天下的人,只是职位高低不同,此篇更说:"天下不能一人而治,则设官以治之;是官者,分身之君也。"如此说来,君主和宰相也只是等级不同而已。

宰相一职,在春秋战国时已经出现,秦朝时被正式确立官名——丞相,起到节制皇权的作用。此后宰相之职权不断发生变化,总体而言,自汉代以后,一直到唐宋,相权日渐式微,最终在明初被废除。伴随宰相地位下降、终至于罢黜的,则是皇权的逐步加强。宰相的设立与发展,乃至最后被废除,都是由历史时势所决定的;宰相权力和地位的不断衰落也是社会演变的趋势使然。皇权和相权的矛盾,是中国古代政治史中的重要考察环节。

明朝初期,沿袭元制,在中央设立中书省、大都督府、御史台,分管全国的政治、军事、监察工作。中书省,明太祖承前制而设,置左、右丞相,正一品,总理全国政务,下设吏、户、礼、兵、刑、工六部。中书省大权在握,丞相总理百官,臣下奏章,先由丞相加以综合整理,再分轻重缓急签署意见,报皇帝裁决。在天下大定后,明太祖朱元璋开始加强皇权,对丞相权力过大以及中书省、大都督府的政治体制很不满,认为不利于皇权的集中。于是他采取了一系列措施加强中央集权。洪武十三年(1380),朱元璋通过胡惟庸案,撤销了中书省,废除了宰相,并严令后世不得再设宰相,由皇帝统领六部,原来分散的权力集中到皇帝手中。这样皇权得到了强化,相权被彻底侵夺。

　　黄宗羲对于宰相一职的被废相当痛心。在他看来,因为宰相是任贤而不世袭的,所以宰相是传贤不传子的"公天下"禅让制消亡后仅有的一点补救措施,而废除了宰相,则意味着"公天下"的精神彻底丧失了。对他的这一观点,萨孟武在《中国政治思想史》中评价说:

　　　　照他说,古者天子之位不传子而传贤,到了后来,天子传子,而自宰相以下无不传贤。天子之子不皆贤,可赖宰相传贤以补之,宰相地位不安定,可赖天子传子以补之。即梨洲欲于政府之内,分别两种机关:其一传子,其他传贤。传子者地位安定,传贤者随时更迭。政府既能够新陈代谢,中枢又不至发生动摇。……

　　　　此言也,似有理由,然在古代,天子有择相之权,没有一个权力机关可以牵制天子。天子既不皆贤,则其所择宰相,谁能保证其必贤。故其结果必如韩非所说"燕子哙贤子之而非孙卿,故身死为僇,夫差智太宰嚭而愚子胥,故灭于越"(《韩非子》第三十八篇《难三》)。这样,虽置宰相,而亦无补于天子之不贤。

　　萨孟武的意见可以说一针见血地说中了黄宗羲观点的缺陷,在皇权专制制度下,只要宰相任免的决定权由君主掌握,相权就总是从属于皇权的。

　　但是有宰相终究对皇权有一定的制约,对政府的正常运作起到一定的掌控作用。宰相之职撤销后,朝廷政务复杂,皇帝一人无法处理时,各种弊端就出现了。明成祖时,让翰林儒臣入文渊阁参与政务,称为内阁。内阁之设,是辅助部门,主要是发挥顾问、参谋职责,而所有政务都由皇帝最终裁定。但明宣宗时，出现票拟制度，即阁臣草拟对奏章的处理意见，用小票书写，贴在奏章封面，由皇帝审定，用红笔批示，称作批红。后来皇帝怠政，开始让太监代为批红。这种制度对明朝政治产生了恶劣影响，为明朝宦官干政创造了条件。后来太监的批红之权越来越大，肆意弄权，使得内阁权力被架空，导致明朝政治越来越黑暗。所以明朝的宦官之祸尤为严重，为史家所诟病。

《明史·职官志》言："至世宗中叶，夏言、严嵩迭用事，遂赫然为真宰相，压制六卿矣。然内阁之拟票，不得不决于内监之批红，而相权转归之寺人。于是朝廷之纪纲，贤士大夫之进退，悉颠倒于其手。伴食者承意指之不暇，间有贤辅，卒龃目而不能救。"针对明朝宦官乱政这一痼疾，黄宗羲认为都是废除宰相一职造成的："吾以谓有宰相之实者，今之宫奴也。盖大权不能无所寄，彼宫奴者，见宰相之政事坠地不收，从而设为科条，增其职掌，生杀予夺出自宰相者，次第而尽归焉。"要解决这一问题，就应该恢复宰相制度，尊崇相权，以之制约君主的权力。具体措施是：设宰相一人，其下设参知政事若干。朝廷政务的处理，通过给事中——宰相——天子的步骤完成，如果天子精力不济，则由宰相负责，由六部实施。如此就可以有效地防止宦官窃取朝政大权了。

朱一新在评《置相》篇时认为："宰相亦贵有其实耳，使徒有相之名，而无其实，则虽有如无。"并评曰：

> 明代虽废丞相，而中叶以后丞相之实仍未废也。谢迁、刘健之徒固进退以礼矣，焦芳、严嵩、魏广微辈行倒行逆施，独非大学士乎？……此中驾驭，全在主德清明，徒于法制求之，抑末矣。梨洲之言，意固甚盛，然必人皆皋、夔、稷、契而后可。皋、夔、稷、契不世出，而宰相则不可一日悬缺，以待贤奸杂进，知人其难，乃欲使世主寄国命于一二权臣之手，措置安能悉当也？总之，治天下当务实政，不在此等虚文，因时制宜，亦无成迹可泥。君不失道，则置丞相可，罢丞相亦可。不然，无一而可。（《无邪堂答问》）

萨孟武则说：

> 天子不能一人独治，须设百官以治之，而总百官者则为宰相。关于天子与宰相的关系，梨洲之言实为前人之所未言。……然皆不能说破阉宦弄权的根本原因。盖在专制时代，人臣能否取得政权，乃取决于天子；凡事取决于天子者，不能不献媚于天子。天子身居九重之内，朝夕所见者不过宫嫔宦官。宫嫔宦官可用单言片语，移转人主之意，所以献媚于天子者，又不能不诌事宫嫔，勾结宦官。吾人读唐明历史即可知之。何况东汉以后，天子疑人而又疑事，"用一人焉，则疑其自私，而又用一人以制其私。行一事焉，则虑其可欺，而又设一事以防其欺"（《明夷待访录·原法》），所以专制不予消灭，纵令置相，甚至废除宦官之制，天子大权亦必傍落于宫中奴婢。（《中国政治思想史》）

皇权和相权之争，其实就是皇权专制制度不断加强的过程，随着中央集权制的发展，相权自然被皇权所挤压，退出历史舞台也是中央专制集权制发展的趋势使然。在此篇中，黄宗羲主张恢复宰相之职，是鉴于明代宦官之祸的教训而提出的，表达出通过相权的恢复来制约君权的良好愿望。

有明之无善治，自高皇帝罢丞相始也①。

【注释】

①高皇帝罢丞相：明初承袭元制，中央设中书省，置左右丞相。洪武十三年（1380）胡惟庸等以谋反罪被诛杀，朱元璋罢中书省，废丞相等官，并改大都督府为中、左、右、前、后五军都督府，设承宣布政使司、提刑按察使司、都指挥使司三司分掌权力，由此大大加强了君主专制。高皇帝，明太祖朱元璋（1328—1398），濠州钟离

（今安徽凤阳东北）人。幼名重八，后改名元璋，字国瑞。朱元璋幼时贫穷，曾入皇觉寺出家。元至正四年（1344），二十五岁时参加郭子兴领导的抗元起义军红巾军。朱元璋击破各路农民起义军后，1368年在应天府称帝，建立大明，年号洪武。洪武三十一年（1398），朱元璋在应天病逝，葬南京明孝陵，庙号太祖，史称明太祖。

【译文】

明代的政治乏善可陈，应该是从高皇帝朱元璋罢免丞相开始的。

原夫作君之意①，所以治天下也。天下不能一人而治，则设官以治之；是官者，分身之君也。孟子曰："天子一位，公一位，侯一位，伯一位，子男同一位，凡五等。君一位，卿一位，大夫一位，上士一位，中士一位，下士一位，凡六等②。"盖自外而言之③，天子之去公，犹公、侯、伯、子、男之递相去；自内而言之④，君之去卿，犹卿、大夫、士之递相去。非独至于天子遂截然无等级也。昔者伊尹、周公之摄政⑤，以宰相而摄天子，亦不殊于大夫之摄卿，士之摄大夫耳。后世君骄臣谄，天子之位始不列于卿、大夫、士之间，而小儒遂河汉其摄位之事⑥，以至君崩子立，忘哭泣衰绖之哀⑦，讲礼乐征伐之治，君臣之义未必全，父子之恩已先绝矣。不幸国无君长，委之母后，为宰相者方避嫌而处⑧，使其决裂败坏⑨，贻笑千古，无乃视天子之位过高所致乎？

【注释】

①作君：设立君主。《尚书·泰誓》："天佑下民，作之君，作之师，惟其克相上帝，宠绥四方。"

②"天子一位"几句：语出《孟子·万章下》。赵岐注："公谓上公九
　　命及二王后也。自天子以下，列尊卑之位，凡五等。诸侯法天子，
　　臣名亦有此六等，从君下至于士也。"

③自外而言之：从天下的范围来说。外，此指从天子角度，全天下的
　　范围。

④自内而言之：从诸侯国内部来说。内，此指从一个诸侯国的角度。

⑤伊尹、周公之摄政：伊尹、周公二人都曾"摄行政当国"，待时机
　　成熟则还政，退居臣位。伊尹在商汤去世后，历相外丙、仲壬、太
　　甲。太甲立三年，暴虐而乱汤法，他遂放逐太甲，并摄国政。三年
　　后，帝太甲悔过自责，乃复迎太甲复位。周公在周武王去世后，成
　　王年幼，他摄政七年，然后归政成王。具体见《史记·殷本纪》和
　　《史记·周本纪》。摄政，代国君处理国政。欧阳修《春秋论中》：
　　"所谓摄者，臣行君事之名也。"摄，代理。

⑥河汉：比喻荒诞，不着边际。转指不相信或忽视（某人的话）。
　　《庄子·逍遥游》："肩吾问于连叔曰：'吾闻言于接舆，大而无当，
　　往而不反，吾惊怖其言，犹河汉而无极也。'"成玄英疏："犹如上
　　天河汉，迢递清高，寻其源流，略无穷极也。"

⑦衰绖（cuī dié）：丧服。古代，在丧礼时所穿的丧服，胸前当心处缀
　　有长六寸、广四寸的麻布，名衰，因而此衣名为衰。围在头上的散
　　麻绳为首绖，缠在腰间为腰绖。衰、绖都是丧服的主要部分。借
　　指居丧。

⑧方：却，反而。表示语气转折。

⑨决裂：毁坏，败坏。

【译文】

　　推究设置君主的本意，是为了治理天下的。天下的事务君主一人不
能完全胜任，于是设置百官与君主共同治理天下，所以百官就是君主的
分身。孟子说："在天下的范围内，天子是一级职位，公是一级职位，侯是

一级职位,伯是一级职位,子男同为一级职位,共分为五个等级。在各诸侯国范围内,君是一级职位,卿是一级职位,大夫是一级职位,上士是一级职位,中士是一级职位,下士是一级职位,共分为六个等级。"自天下而言,天子与公的关系就像是公、侯、伯、子、男之间职位依次递减的关系;自诸侯国内而言,国君与卿的关系就像是卿、大夫、士之间职位依次递减的关系,并非到了天子的级别就界限分明地不在等级之内了。以前,伊尹、周公都曾摄政当国,以宰相的身份来代理天子之职,就和大夫代理卿、士代理大夫的道理一样。后世君主骄横、朝臣诌媚,天子的级别才开始不再和卿、大夫、士列于一处,甚至一些见识浅陋的儒生也跟着无视伊尹、周公摄位之事。以至于君主崩逝、其子被立为新国君时,完全忘记了居丧期间应哭泣哀痛,反而忙于处理礼乐征战等政务,君臣之义尚难维持,父子之间的恩情已先完全断绝了。更不幸的是,国家即位的不是成年的君主,国家大权操纵于皇太后手中,做宰相的却为了避嫌而放弃自己的本职,听任朝政败坏,贻笑千古,这难道不是因为把天子之位看得过高造成的吗?

　　古者君之待臣也,臣拜,君必答拜①。秦汉以后,废而不讲,然丞相进,天子御座为起,在舆为下②。宰相既罢,天子更无与为礼者矣。遂谓百官之设,所以事我③,能事我者我贤之,不能事我者我否之。设官之意既讹④,尚能得作君之意乎?古者不传子而传贤,其视天子之位,去留犹夫宰相也。其后天子传子,宰相不传子。天子之子不皆贤,尚赖宰相传贤足相补救,则天子亦不失传贤之意。宰相既罢,天子之子一不贤,更无与为贤者矣,不亦并传子之意而失者乎?

【注释】

　　①臣拜,君必答拜:先秦时期的礼仪规定,臣子拜见君主时,君主

需要回拜臣子。《礼记·曲礼下》："大夫见于国君，国君拜其
辱。""君于士，不答拜也；非其臣则答拜之。"《逸周书·克殷》：
"武王答拜，先入适王所。"答拜，回拜。

②舆：车。

③事：侍奉，服侍。

④讹：差错。

【译文】

在上古时代，君主对待臣子的礼节，臣子拜见君主，君主也需要予
以回拜。秦汉以后，这种礼仪被废除了，然而当丞相觐见天子的时候，如
果天子坐着，也要站起来；如果天子乘车，也要下车。宰相被废除后，天
子就更加不受什么礼法制约了。所以天子就认为百官的设立是用来侍
奉我的，如果侍奉得令我满意，就认为他是贤能的；如果侍奉得令我不满
意，就认为他是不称职的。既然设置百官的初衷被扭曲了，还能指望设
立君主的本意能得到实现吗？古代的天子不传位于其子，而传位给贤能
之人。他们把君主之位的去留看作和宰相之位的去留一样。后来，天子
传位于子，而宰相之位不传位于子；天子之子并不全部都是贤明的，但
还可以依赖贤能的宰相来进行补救，这样天子传位于子也还不失传贤之
意。宰相被废除后，天子的儿子如果不贤能的话，那就更没有贤明之人
加以辅佐、补救了，这样不就连天子传位于子的世袭之意也失去了吗？

　　或谓后之入阁办事①，无宰相之名，有宰相之实也。
曰：不然。入阁办事者，职在批答②，犹开府之书记也③。其
事既轻，而批答之意，又必自内授之而后拟之④，可谓有其
实乎？吾以谓有宰相之实者，今之宫奴也⑤。盖大权不能无所
寄，彼宫奴者，见宰相之政事坠地不收，从而设为科条⑥，增
其职掌，生杀予夺出自宰相者，次第而尽归焉⑦。

【注释】

①入阁办事：明初罢中书省，废除宰相后，为帮助皇帝处理全国事务，设殿阁大学士，以顾问参谋的身份帮助皇帝。成祖时拣选解缙、胡广等入文渊阁，参与机务，其权势慢慢愈来愈大。

②批答：皇帝批复官员奏章的文辞，此指票拟。明代内阁负责处理奏章，拟出意见后将意见用小票书写贴在奏章上，供皇帝裁决，称为票拟。

③开府：原指成立府署，辟置僚属。汉代时，只有三公可以开府，汉末董卓等以将军开府，魏晋以后开府的逐渐增多，有"开府仪同三司"的名号。唐宋时，成为文散官的最高等级，明清也称督抚为开府。书记：从事公文、书信工作的人员。

④内：宫内，禁中，此指皇帝。拟：拟定，起草，撰写。

⑤官奴：宦官。

⑥科条：法令条文。

⑦次第：逐渐。

【译文】

有人说，后来实行入阁办事，阁臣虽然没有宰相之名，却拥有宰相的实权。我认为不是这样的。入阁办事的阁臣，职责在于撰拟对奏章的批答意见，相当于府署之内掌管文字事务的书记。他们的事权并不重要，而且批答又必定是自君主授意然后再加以拟定，最后由皇帝裁决，这可以说是有宰相的实际权力吗？我认为，拥有宰相实际权力的人，是如今的宦官。大概宰相之大权不能无所寄托，宦官们看见原来由宰相处理的政事无人接管，于是趁机设立法令制度，增加自身职权，于是原来由宰相掌握的生杀大权，就渐渐都归宦官掌握了。

有明之阁下，贤者贷其残膏剩馥①，不贤者假其喜笑怒骂②，道路传之，国史书之，则以为其人之相业矣。故使宫奴有宰相之实者,则罢丞相之过也。阁下之贤者,尽其能事则曰法祖③,亦非为祖宗之必足法也,其事位既轻,不得不假祖宗以压后王,以塞宫奴④。祖宗之所行未必皆当,宫奴之黠者又复条举其疵行⑤,亦曰法祖,而法祖之论荒矣⑥。使宰相不罢,自得以古圣哲王之行摩切其主⑦,其主亦有所畏而不敢不从也。

【注释】

①贷:借。其:指宦官。残膏剩馥:残留的油脂和香气。此指剩余的、零碎的权力。

②喜笑怒骂:此指宦官的态度、意图。

③尽其能事则曰法祖:指打着"法祖"的旗号竭尽所能办事。

④塞:遏制,约束。

⑤黠:狡猾。疵行:过失,缺点。

⑥荒:亡,败亡。

⑦摩切:切磋琢磨,指规劝之意。

【译文】

明朝的阁臣大学士,贤良的从宦官手里借得一点权力;不贤的,借着宦官的嬉笑怒骂的意图而行事,百姓对之口耳相传,国史也将之载入史册,都把这当作是他们的宰相事业。所以说,使宦官拥有宰相的实权,这一过错就是废除宰相造成的。内阁中的贤能者,只能打着"效法祖宗"的旗号尽其所能办事,其实也并不是因为祖宗之法就值得效仿,而是他们权势职位分量轻,不得不假借祖宗之名来压制皇帝,以遏制宦官的嚣张气焰。但祖宗所做的事、实行的政策并不一定都合理,于是又有狡猾的宦官逐条指出其中的瑕疵,也声称是"效法祖宗",这样效法祖宗的理论就失去意义了。如果不废除宰相的话,宰相会以古代圣主贤君的事迹来勉励、劝导君主，君主也会有所顾忌，而不敢不从了。

　　宰相一人，参知政事无常员①。每日便殿议政②，天子南面，宰相、六卿、谏官东西面以次坐③。其执事皆用士人④。凡章奏进呈，六科给事中主之⑤，给事中以白宰相，宰相以白天子，同议可否。天子批红。天子不能尽，则宰相批之，下六部施行。更不用呈之御前，转发阁中票拟，阁中又缴之御前，而后下该衙门，如故事往返，使大权自宫奴出也。

【注释】

①参知政事：即副宰相。原是临时差遣性质的，唐代以中书令、侍中、尚书令为宰相，有其他官职位于宰相之列、同参国政的，称之为参知政事。宋代在宰相之外，另设参知政事作为常设官职，作为宰相的副职，以削弱相权。明代洪武九年（1376）废除。

②便殿：皇帝用于休息的别殿。

③六卿：泛称朝廷重臣。隋、唐后亦用以称吏、户、礼、兵、刑、工六部尚书。谏官：负责指陈得失、劝谏皇帝的官员。

④执事：在左右侍候的人。

⑤六科给事中：明代的给事中已经成为一个独立机构，在六部设给事中分掌，称为六科给事中，负责拾遗补缺，规谏。六科的长官都给事中，正七品。具体人员设置及品级见《明史·职官志三》："吏、户、礼、兵、刑、工六科，各都给事中一人，正七品，左、右给事中各一人，从七品。给事中，吏科四人，户科八人，礼科六人，兵科十人，刑科八人，工科四人，并从七品，后增减员数不常。……六科，掌侍从、规谏、补阙、拾遗、稽察六部百司之事。凡制敕宣行，大事覆奏，小事署而颁之；有失，封还执奏。凡内外所上章疏下，

分类抄出，参署付部，驳正其违误。"

【译文】

宰相只设置一人，参知政事则没有定额。每天在便殿商议朝政之时，天子南面而坐，宰相、六卿、谏官在东西两面按次序依次落座。凡侍从的人员都由读书人担任。所有进呈给天子的奏章，都先由六科给事中统一处理，给事中禀告给宰相，宰相再报告给天子，共同商议处理意见。天子对奏章进行批红。如果天子处理不完，则由宰相处理，然后下发六部具体执行。这样就不需要和从前一样把奏章送到天子案前，再转发内阁票拟，内阁又呈送给天子，最后送交各衙门执行。正是经过了上面的往返多次，大权才旁落至宦官手中。

宰相设政事堂①，使新进士主之，或用待诏者②。唐张说为相③，列五房于政事堂之后：一曰吏房，二曰枢机房，三曰兵房，四曰户房，五曰刑礼房，分曹以主众务，此其例也。四方上书言利弊者及待诏之人皆集焉，凡事无不得达。

【注释】

①政事堂：唐宋时宰相的总办公处。唐初始有此名，设在门下省，后迁到中书省。开元十一年(723)改称中书门下，因宰相名义上即为中书门下省长官之故。下设吏、枢机、兵、户、刑礼五房。北宋就中书内省设政事堂，简称中书，与枢密院分掌政、军，号称"二府"。元丰改制后，遂以尚书省的都堂为宰相办公所在，因也称都堂为政事堂。

②待诏：官名，以待诏命之意。汉代时，征优秀人才在金马门待诏。北齐时设置了文林馆，将文学人士安排在里面，称为待诏。唐玄宗时，设翰林待诏，后改为翰林供奉，明清时期翰林院属官有待诏，从九品，是较为低级的官员。

③张说（667—730）：字道济，一字说之，河南洛阳（今属河南）人，唐朝政治家、文学家。张说科举入仕，曾任太子校书、左补阙、右史、内供奉、凤阁舍人、工部侍郎、兵部侍郎、中书侍郎等，前后三次拜相，封燕国公，深受唐玄宗宠信。卒后追赠太师，谥号文贞。

【译文】

宰相开设政事堂，由新登科的进士掌管，或用翰林院待诏掌管。唐代张说为宰相的时候，在政事堂后面设立了五房，即吏房、枢机房、兵房、户房、刑礼房，五房各司其职，分管不同事务，这就是一个例子。凡是各地上书言政务利弊的人及待诏都在这里聚集，如此就没有什么事不能传达到上面了。

学校

【题解】

　　本篇是黄宗羲关于学校及其作用的专论。萧公权曾言"梨洲反对专制之意,于其论学校选举中尤为明显"(《中国政治思想史·黄宗羲》)。学校,在古代是政府设立的官学,主要用于培养和储备人才。西周时,学校称为辟雍,是贵族读书的场所。后来,场所和受教育者逐渐增多,学校之名有了庠、序、学、校、塾等称谓。西汉时,学校有了中央和地方两种性质,中央的太学是国家最高学府,而地方上则称为学官。隋唐时期,因为科举制度的创建、发展,学校教育非常繁盛,分类也更为细致,并为以后历代所采纳。明清时期,由于科举制度的发展和八股取士之风的兴起,学校功能下降,成为科举制度的附庸。清末,由于新式学堂的发展,学校教育逐渐兴盛。辛亥革命后,学堂改称学校,一直沿用到今。

　　黄宗羲认为,上古时代的学校不仅仅是培养人才的场所,而且"古之圣王,其意不仅此也,必使治天下之具皆出于学校,而后设学校之意始备"。意思是说,学校还是"公是非"——监督和改善政治舆论的机构。在中国古代专制社会,普通民众甚至一般知识分子都没有议论国家政务的权力,更没有监督君权和政府行使权力的权力,所以"三代以下,天下之是非一出于朝廷"。而黄宗羲指出,是非的判断标准不在君主或朝廷,"天子之所是未必是,天子之所非未必非",因此要改变这种状况,需要

"公其非是于学校","必使治天下之具皆出于学校"。黄宗羲的这种主张可以说是对君主专制的一种否定。对此萧公权评曰：

> 梨洲讥斥以往政治家对于学校认识之错误。彼以为学校之用不仅在于"养士"，而亦在于培养健全之舆论。学校除作育人材外，尤须监督批评政府，务使免有过失。故学校之目的在"使朝廷之上，间阎之细，渐摩濡染，莫不有诗书宽大之气。天子之所是未必是，天子之所非未必非。天子亦遂不敢自为非是，而公其非是于学校"。（《中国政治思想史·黄宗羲》）

黄宗羲非常重视学校教育，主张扩大受教育群体。但在专制社会，能接受学校教育的人并不多。为了扩大教育面，黄宗羲提出在全国广设学校的主张。他主张，在中央由推选出的当世大儒作为太学祭酒，地位尊崇："其重与宰相等，或宰相退处为之。每朔日，天子临幸太学，宰相、六卿、谏议皆从之。祭酒南面讲学，天子亦就弟子之列。政有缺失，祭酒直言无讳。"黄宗羲所言的祭酒具有评议政策的权力。地方上的学校，可以不论出身和地位选择一名饱学宿儒主持郡县之学。讲学时，郡县官和弟子一同听讲，对"郡县官政事缺失，小则纠绳，大则伐鼓号于众"。从中可见，黄宗羲所主张的学校之设，须深入参与国家、社会运转，不再是朝廷的附庸。其文还指出郡县学官，若"其人稍有干于清议，则诸生得共起而易之"，"郡县官少年无实学，妄自压老儒而上者，则士子哗而退之"。对此朱一新则持有异议，他认为：

> 梨洲但知清议之出于学校，不知横议之亦出于学校也。但知陈东、欧阳澈之为太学生，不知为贾似道颂功德者，亦太学生也。学校之习一坏，则变乱是非之说多出乎其中。故三代时但以六德、六行、六艺教士，而未尝使之游乡校以议执政。明之季年，台谏哗于朝，士哗于野，虽其中非无一二贤哲为之倡，而声气党援，士习之嚣，古所未有。梨洲乃溺其中，而不悟习俗之移人甚矣哉！（《无邪堂答问》）

在陈述朝廷和学校的关系后，黄宗羲指出，在广设学校的同时，应普遍形成儒学之风。具体措施是：其一，除官方设立的学校外，寺庙、道观、庵堂等，无论城野皆可依据规模改为学院或小学。僧人、道士中品行优秀的可以纳入学校。其二，广选人才，按专取材，规范考核流程。其三，整肃社会习气，空洞无用的著作，不得刻印，已经刻印的时文、小说等要追板烧毁。其四，民间婚丧之礼，都要按朱子《家礼》行事。其五，郡县的名胜古迹和先贤陵墓祠堂等都由学官负责，一切淫祠都要毁禁，纠正社会风习。

从《学校》篇所论可见，黄宗羲极其重视学校功能，主张建设学校并扩大其作用，不仅要将学校建成教书育人、研究学问的场所，也要赋予其议政和监督政府权力运行的实务，此外，还要将学校塑造成美化社会风气的重要地方。

学校，所以养士也。然古之圣王，其意不仅此也，必使治天下之具皆出于学校，而后设学校之意始备。非谓班朝①，布令②，养老，恤孤，讯馘③，大师旅则会将士④，大狱讼则期吏民⑤，大祭祀则享始祖⑥，行之自辟雍也⑦。盖使朝廷之上，间阎之细⑧，渐摩濡染⑨，莫不有诗书宽大之气。天子之所是未必是，天子之所非未必非，天子亦遂不敢自为非是，而公其非是于学校。是故养士为学校之一事，而学校不仅为养士而设也。

【注释】

①班朝：在朝的位置次序。《礼记·曲礼上》："班朝治军，莅官行法，非礼威严不行。"郑玄注："班，次也。"孔颖达疏："朝，朝廷也。次，谓司士正朝仪之位次也。"

②布令：发布命令。

③讯馘（guó）：指古代战争中俘虏和杀死的敌人。《礼记·王制》："出征执有罪。反，释奠于学，以讯馘告。"讯，审讯战争中抓获的俘虏。馘，在古代战争中杀死敌人割其左耳以计数请功。

④师旅：古代军队编制单位，一般以五百人为旅，二千五百人为师。此处指兴兵作战。

⑤大狱讼则期吏民：审理诉讼案件则召集官员和百姓。《周礼·秋官·大司寇》："凡诸侯之狱讼，以邦典定之。凡卿大夫之狱讼，以邦法断之。凡庶民之狱讼，以邦成弊之。"期，集会。

⑥享：献祭，上供。

⑦辟（bì）雍：据《礼记·王制》："大学在郊，天子曰辟雍，诸侯曰泮宫。"可见，其为西周天子所设大学，校址呈圆形，而诸侯所设的大学为泮宫。又据《白虎通》："天子立辟雍何？辟雍，所以行礼乐、宣德化也。辟者，璧也，象璧圆，以法天也。雍者，壅之以水，象教化流行也。"可见，辟雍所设的目的，主要是为了天子进行宣传礼乐教化。东汉以后，历代都设有辟雍，成为尊崇儒学、举行重要典礼的地方。明清时期，辟雍设在国子监。辟，通"璧"。

⑧间阎：古代平民所居住的地方，借指里巷，泛指民间或平民。间，里巷的大门。阎，里巷的内门。

⑨渐摩：浸润，教育感化。语本《汉书·董仲舒传》："渐民以仁，摩民以谊。"颜师古注："渐谓浸润之，摩谓砥砺之也。"濡染：沾染，受熏陶。

【译文】

学校是用来培养士子的地方。然而，古代圣君贤主设立学校的用意并不只培养士子这一项，而是要使治理天下所具备的手段都出自学校，这样设立学校的用意才得到完全实现。这并不是要让朝廷会议、颁布命令、尊养老人、抚恤孤儿、杀敌论功、出兵征伐时检阅将士、审理诉讼案件时召集吏民、举行重要祭祀时进享始祖等活动，都在辟雍举行。这样是为了朝廷上下、市井百姓都能够经过教育感化、耳濡目染，无不在潜移默化中具有诗书中所蕴含的宽厚之气。天子认为对的未必正确，天子认为不对的未必是错误的，于是，天子也不敢以自己的判断来断定是非，而是在学校公议判断是非。所以，培养士子是学校的一大职责，但学校的设立并不仅仅是为培养士子。

　　三代以下，天下之是非一出于朝廷。天子荣之，则群趋以为是；天子辱之，则群擿以为非①。簿书、期会、钱谷、戎狱②，一切委之俗吏③。时风众势之外④，稍有人焉，便以为学校中无当于缓急之习气。而其所谓学校者，科举嚣争⑤，富贵熏心，亦遂以朝廷之势利一变其本领⑥，而士之有才能学术者，且往往自拔于草野之间⑦，于学校初无与也⑧，究竟养士一事亦失之矣⑨。

【注释】

①擿（tī）：挑剔，指摘，揭发。

②簿书：官署中的文书簿册。期会：谓在规定的期限内实施政令。多指有关朝廷或官府的财物出入。《汉书·王吉传》："其务在于期会簿书，断狱听讼而已，此非太平之基也。"钱谷：钱财、粮食，此指赋税。戎狱：指军事和司法。

③俗吏：平庸的官吏。

④时风：当时或当代的社会风气。

⑤嚣争：喧哗争吵。

⑥本领：本业，原来的行业。

⑦草野：乡野，民间。

⑧无与：无关。

⑨究竟：毕竟，到底。

【译文】

　　三代以后，天下的是非对错全由朝廷判断。天子以之为荣的事，则天下就附和以为都是对的；天子以之为耻的事，则天下群起指摘，认为是错误的。处理文书、发布政令、征缴赋税、军事和司法，这些都交给平庸的官吏去处理。在这种社会风气和势力之外，偶然出现有才干的人，也认为学校对于处理重要事务没什么要紧。而他们所说的学校，不过是为了科考成名而喧嚣争闹，富贵熏心，于是学校也因为朝廷的权势和利益而改变了原来的本业，那些真正有才能、有学问的士子，往往从民间自行崛起，与学校无关，最后，学校连培养士子的这一功能也丧失了。

　　于是学校变而为书院①。有所非也，则朝廷必以为是而荣之；有所是也，则朝廷必以为非而辱之②。伪学之禁③，书院之毁④，必欲以朝廷之权与之争胜。其不仕者有刑⑤，曰："此率天下士大夫而背朝廷者也。"其始也，学校与朝廷无与；其继也，朝廷与学校相反。不特不能养士，且至于害士，犹然循其名而立之何与？

【注释】

　　①书院：中国古代的教育机构。书院最早出现在唐代，兴盛于宋代，延续在元明清三朝。书院一般建在环境优美之地，有学田收租来补充经费。在书院中，师生讲论经籍、探讨义理或者学习举业，其学风浓厚，具有讲学、藏书、供祀的功能，是古代文化传播的重要场所。书院主要分官府设立或私人创办两种形式。宋代书院的数量和规模都有很大发展，出现了许多著名的书院，如岳麓书院、白鹿洞书院、嵩阳书院等，众多的儒学大师在书院进行讲学，传播

学术思想。明清时期，书院以学习举业者为多，而且趋于官方化。明朝时，书院讲学论辩之风兴盛，且议政的倾向明显，多针砭时政，裁量人物。到明代后期，有不少气氛活跃的书院，如东林书院，士子议论政治，针砭时弊，形成强大的舆论力量，为朝廷所忌恨。

②"有所非也"几句：此指朝廷与学校针锋相对的情况。参见《明儒学案·东林学案一·端文顾泾阳先生宪成》："娄江（王锡爵）谓先生（顾宪成）曰：'近有怪事知之乎？'先生曰：'何也？'曰：'内阁所是，外论必以为非；内阁所非，外论必以为是。'先生曰：'外间亦有怪事。'娄江曰：'何也？'曰：'外论所是，内阁必以为非；外论所非，内阁必以为是。'相与笑而罢。"

③伪学之禁：禁止伪学，虚假不实的学问。南宋宁宗庆元年间，韩侂胄当政，凡与他意见不合者都被称为"道学之人"，后又斥道学为"伪学"，禁毁理学家的"语录"一类书籍。科举考试中，稍涉义理之学者，一律不予录取。明代中叶，阳明之学初兴，因为倡"心即理"，不融于流俗，亦被官方正统之学诬为"伪学"。

④书院之毁：明朝因书院中学子议论政治，形成对统治不利的舆论之风，曾经多次禁毁天下书院。嘉靖十六年（1537），嘉靖帝以书院倡邪学为由，禁毁天下私人创立的书院，十七年（1538）又以影响官学的秩序，以及书院多建耗费资材、扰民不安等原因而禁毁天下书院；万历七年（1579），张居正为控制思想，请万历帝下诏毁天下全部六十四所书院，改为公廨；天启五年（1625），魏忠贤为报复，毁东林书院，进而殃及其他。

⑤有刑：处罚，治罪。

【译文】

于是，学校变成书院。书院认为错误的，朝廷一定认为是正确的，并进行表彰；书院认为正确的，朝廷却一定认为是错误，并进行侮辱。所谓"伪学"的禁止，书院的废毁，这都是朝廷用政治权势与书院争夺舆论控制权的表现。甚至不肯入仕为官的，朝廷也要论罪，还说："这种行为是率领天下的士大夫背离朝廷。"最初，学校与朝廷各不相干；后来，朝廷与学校处处相反。朝廷不仅不能利用学校培养士人，反而加害学校中的士人，但仍然还要沿袭旧制在名义上设立学校，这是为什么呢？

东汉太学三万人，危言深论，不隐豪强，公卿避其贬议①。宋诸生伏阙捶鼓，请起李纲②。三代遗风，惟此犹为相近。使当日之在朝廷者，以其所非是为非是，将见盗贼奸邪慑心于正气霜雪之下③，君安而国可保也。乃论者目之为衰世之事，不知其所以亡者，收捕党人④，编管陈、欧⑤，正坐破坏学校所致，而反咎学校之人乎？

【注释】

①"东汉太学三万人"几句：东汉中叶以后，外戚宦官专权，朝政混乱，太学诸生三万余人，议论朝政，臧否人物，自公卿以下，都非常畏惧，由此形成了强大的舆论力量。《后汉书·党锢列传》："太学诸生三万余人，郭林宗、贾伟节为其冠，并与李膺、陈蕃、王畅更相褒重。学中语曰：'天下模楷李元礼，不畏强御陈仲举，天下俊秀王叔茂。'又渤海公族进阶、扶风魏齐卿，并危言深论，不隐豪强。自公卿以下，莫不畏其贬议，屣履到门。"危言，谓不畏危难而直言。《论语·宪问》："子曰：邦有道，危言危行。"隐，掩蔽，退避。

②宋诸生伏阙捶鼓，请起李纲：北宋靖康元年（1126），金兵南下侵宋。宰相李邦彦等主张弃城，而兵部侍郎、尚书右丞李纲竭力主战。但宋钦宗惧怕金兵之势，偏信了投降派，并罢免李纲之职。太学生陈东等人带领几百名太学生到皇宫宣德门外，"明纲无罪。军民不期而集者数十万，呼声动地，志不得报，至杀伤内侍。帝亟

召纲,纲入见,泣拜请死。帝亦泣,命纲复为尚书右丞,充京城四壁守御使"(《宋史·李纲传》)。李纲(1083—1140),字伯纪,邵武(今属福建)人。政和进士。宣和七年(1125)冬,金兵南下,进逼汴京,他上御敌五策,并请传位钦宗。靖康元年(1126)金兵围城,坚主迎战,反对迁都。遂以尚书右丞任亲征行营使,团结军民,击退金兵,不久即被耿南仲等所排斥。次年,高宗即位,用为相,主张用两河义军收复失地,未被采用,在职七十余日,又被黄潜善、汪伯彦排斥。后任湖广宣抚使。多次上疏,陈说抗金大计,都未被采纳。卒赠少师,谥忠定。

③慑心:心生畏惧。霜雪:喻高洁的情操。

④收捕党人:指东汉的党锢之祸。东汉共发生两次党锢之祸,即东汉桓帝延熹九年(166)、汉灵帝建宁元年(168)。当时,宦官专权,朝政混乱,世家大族等联合太学生抨击朝政。但两次反宦官的行动都失败了,太学生等被残酷镇压。宦官等人以"党人"罪名禁锢士人,即使释放后也被要求终身不得为官。具体见《后汉书》中的《党锢列传》等。

⑤编管陈、欧:此指宋高宗、黄潜善等杀进言抗金除佞的陈东、欧阳澈之事。陈,即陈东(1086—1127),字少阳,润州丹阳(今属江苏)人。出身儒学世家,声名早著。在蔡京、王黼专权时,只有陈东敢于指责,后以贡士入太学。当宋徽宗时,童贯等"六贼"把持朝政,为非作歹。陈东和太学生等联合上书请求诛杀,于是"六贼"及其死党在宋钦宗时被解决。在金兵南侵宋时,陈东和太学生请愿成功,宋廷复李纲职。高宗即位,至南京(今河南商丘南),陈东又三次上书,斥黄潜善、汪伯彦误国,为高宗所杀。三年后平反。绍兴四年(1134)被追赠承事郎、秘阁修撰。欧,即欧阳澈(1191—1027),字德明,抚州崇仁(今属江西)人。靖康初以布衣身份应诏上疏,奏论朝廷弊政三十余事,陈安边御敌十策。

金兵南侵,徒步赴行在,伏阙上书,力诋和议。建炎元年(1127)八月,伏阙上封事,极诋用事大臣黄潜善等,与陈东一同被杀。三年后平反,绍兴四年(1134)被追赠承事郎、秘阁修撰。编管,在宋代,官吏因罪除去名籍贬谪州郡,编入该州郡户籍,并由地方官吏进行管束,称为"编管"。按,据《宋史·忠义传》所载,陈东、欧阳澈最后都被杀害,并非被编管。

【译文】

东汉时太学有学生三万人,他们敢于发表正直的言论,面对豪强权势也毫不退避,公卿们都非常畏惧,纷纷躲避他们的议论。宋代时太学生们聚集在宫阙门外,捶鼓上书请愿,请求起用李纲。对于三代时的遗风,只有这两个事件还与之较为接近。假使当时的朝廷以太学生的是非为是非,那将会看到盗贼奸邪之徒为社会的高洁正义之气所慑服,如此君主可以高枕无忧,国家得以保全。但是有论者却认为,太学生干预政事是衰世的表现,他们不知道东汉所以灭亡,是因为大肆搜捕党人,宋所以灭亡是因为"编管"陈东、欧阳澈,这正是朝廷破坏学校所导致的后果,怎么能反过来追究学校的责任呢?

　　嗟乎! 天之生斯民也,以教养托之于君。授田之法废,民买田而自养,犹赋税以扰之;学校之法废,民蚩蚩而失教[1],犹势利以诱之。是亦不仁之甚,而以其空名跻之曰"君父,君父"[2],则吾谁欺!

【注释】

①蚩蚩:无知,敦厚。

②跻:登,升。此处指标榜,抬高之意。

【译文】

唉! 上天孕育了百姓,将教化、培养的任务委托给了君主。授田的法制废除之后，百姓只能自己买田耕种养活自己，但君主却征收赋税来骚扰他们；学校的制度废除以后，敦厚的百姓失去了教化，君主还用权势、利益去引诱他们。这样做实在是太不仁爱了，还没有任何意义地美其名曰"君父，君父"，这是欺骗谁呢？

郡县学官①，毋得出自选除②，郡县公议③，请名儒主之。自布衣以至宰相之谢事者④，皆可当其任，不拘已未仕也。其人稍有干于清议⑤，则诸生得共起而易之，曰："是不可以为吾师也。"其下有五经师⑥，兵法、历算、医、射各有师⑦，皆听学官自择。凡邑之生童皆裹粮从学⑧，离城烟火聚落之处士人众多者，亦置经师⑨。民间童子十人以上，则以诸生之老而不仕者充为蒙师⑩。故郡邑无无师之士，而士之学行成者，非主六曹之事⑪，则主分教之务，亦无不用之人。

【注释】

①学官：指古代主持学务的官员和官学教师。

②选除：选拔任用。

③公议：公众的议论。

④谢事：指辞官或者退休。

⑤干：冒犯，冲犯。清议：公众的评论，古代在乡里或学校对官吏的评论。这里主要指在士大夫中间形成的社会舆论。

⑥五经：即五部儒家经典，《诗》《书》《礼》《易》《春秋》。

⑦历算：天文历法和算术。

⑧生童：生员和童生。生员通称秀才，是国学及州、县学在学学生。后指经本省各级考试取入府、州、县学学习者。童生是习举业而未考取秀才的读书人。裹粮：携带干粮。

⑨经师：汉代传授经学的学官，也称为"经师"。后来也称传授经学
　　的学者。

⑩诸生：明清时，称考取秀才入学的生员为诸生。蒙师：蒙童的教
　　师，启蒙的老师。

⑪六曹：官职名。东汉尚书分六曹治事，后逐渐发展，到隋唐时发展
　　为兵、刑、工、礼、户、吏六部。此处指地方政府的六房，即兵曹、刑
　　曹、工曹、礼曹、户曹、吏曹。

【译文】

郡县的学官，不要通过上级官员选拔委用，应由地方郡县公众议论
推荐，请有名望的儒生来主持。从布衣百姓，到已经辞官或退休的宰相
都可担任，不必拘泥于其人是否做过官。如果学官稍有行为不端受到舆
论指责，那么生员们可群起而要求撤换他，并说："他不可以作为我们的
老师。"学官之下还设有教授五经的老师，兵法、历算、医学、射术各方面
也都配备专门的老师，并都听任学官自行选拔。凡地方县邑的秀才、童
生都要携带粮食来入学，远离县城的村落，如果士人较多，也可以设置讲
授经学的老师。民间的儿童达十人以上，就可以用资格比较老而未出仕
的秀才来当启蒙老师。如此，郡县所有的士人都有老师来教授，而士人
中学问品行学有所成者，不是掌管地方政府的事务，就是从事教书育人
的事务，这样就人尽其用了。

学官以外①，凡在城在野寺观庵堂②，大者改为书院，经
师领之，小者改为小学③，蒙师领之，以分处诸生受业④。其
寺产即隶于学⑤，以赡诸生之贫者。二氏之徒⑥，分别其有学
行者⑦，归之学宫，其余则各还其业。

【注释】

①学宫：官方设立的学校。

②寺观庵堂：泛指佛寺、道观、尼姑庵等宗教场所。

③小学：对儿童、少年实施初等教育的学校。我国西周即有小学，此前则名曰下庠、西序、左学等，其后亦名称不一。官学如四门小学、内小学，私学如书馆、乡塾。

④受业：跟随老师学习。《国语·鲁语下》："士朝而受业，昼而讲贯，夕而习复，夜而讨过无憾，而后即安。"

⑤寺产：寺观庵堂的产业。

⑥二氏之徒：指佛教和道教的信徒，出家人。

⑦学行：学问品行。

【译文】

除了学校之外，凡是那些在城内、乡间的寺庙、道观及庵堂，规模较大的改为书院，由经师主管；规模较小的改为小学，由蒙师管理，分别安排学生前来从师学习。寺庙、道观及庵堂的产业全部归学校所有，以救济家境贫寒的学子。对于僧侣、道士，挑选其中品行学问突出的人，留在学校，其余的让他们回归自己的本业。

太学祭酒①，推择当世大儒，其重与宰相等，或宰相退处为之。每朔日②，天子临幸太学，宰相、六卿、谏议皆从之。祭酒南面讲学③，天子亦就弟子之列。政有缺失，祭酒直言无讳。天子之子年至十五，则与大臣之子就学于太学，使知民之情伪④，且使之稍习于劳苦⑤，毋得闭置宫中，其所闻见不出宦官宫妾之外，妄自崇大也⑥。

【注释】

①太学祭酒：太学主官，亦为国子监长官的别称。太学，是中国古代政府所设的最高学府。祭酒，官名。西汉有博士祭酒，为博士之首。

西晋设国子祭酒,隋唐后称为国子监祭酒,为国子监的主管官。

②朔日:农历每月初一日。

③南面:古代以面向南为尊,所以帝王的位置也是南向,称为南面。
亦泛指居尊位。

④情伪:真假,虚实。

⑤稍:逐渐。习:熟悉,通晓。

⑥妄自崇大:自高自大。

【译文】

太学祭酒,应当选拔当世有声望的大儒来担任,其地位与宰相相当,或者就由退休的宰相担任。每月初一,天子率领宰相、六卿、谏议等大臣要亲临太学。祭酒南面而坐,开始讲学,天子也在弟子的行列就座受业。国家的政教有缺失,祭酒要直言不讳。天子的儿子年满十五岁后,就应与大臣的儿子一起入太学学习,使他们能够体察民情真伪,并使他们逐渐熟悉百姓的劳苦,不能将他们关闭在宫中,让他们的所见所闻等同于宦官宫女,因而妄自尊大。

郡县朔望①,大会一邑之缙绅士子。学官讲学,郡县官就弟子列,北面再拜。师弟子各以疑义相质难②。其以簿书期会不至者罚之。郡县官政事缺失,小则纠绳③,大则伐鼓号于众④。其或僻郡下县,学官不得骤得名儒⑤,而郡县官之学行过之者,则朔望之会,郡县官南面讲学可也。若郡县官少年无实学,妄自压老儒而上之者,则士子哗而退之⑥。

【注释】

①望:指月亮最圆的一天,一般指农历每月的十五。

②质难:质疑问难,互相驳辩以探究义理。这是儒家一种重要的学

习方式。《陈书·儒林传·戚衮》:"又尝置宴集玄儒之士,先命道学互相质难,次令中庶子徐摛驰骋大义。"

③纠绳:纠察矫正。

④伐鼓:敲鼓。号于众:当众宣布。号,宣扬。

⑤骤:立刻,马上。

⑥哗而退之:群起议论指责让其退位。哗,喧哗。此指众人一起议论指责。

【译文】

郡县每逢初一和十五之日,召集县邑之内的全部缙绅士子到学校学习。学官讲学时,郡县官也在弟子之列就位,并且朝北面行师生再拜之礼。老师、弟子就各自有疑义的地方辩论而互相请教。郡县官有借口处理文书、政务而不能来的要予以责罚。郡县官的政教有缺失,如果是小事就对之纠察、矫正,如果是大的事情就击鼓聚众,向民众公布。偏远地区的郡县,如果一时间找不到有名望的儒生,而其郡县官的学问人品都不错的,也可以在初一和十五的大会上南面讲学。如果郡县官年纪轻而且学问不好,却妄自欺压年老德高的宿儒并自己上堂主讲的,那么士子们可以群起喧哗指责将他轰下来。

择名儒以提督学政①,然学官不隶属于提学,以其学行名辈相师友也。每三年,学官送其俊秀于提学而考之②,补博士弟子③;送博士弟子于提学而考之,以解礼部④,更不别遣考试官。发榜所遗之士,有平日优于学行者,学官咨于提学补入之⑤。其弟子之罢黜,学官以生平定之,而提学不与焉。

【注释】

①提督:提调监督。学政:官名,管理学政的人。宋代,在各路设提举学事司,掌管一路州县的学政,简称为提学。明代设立了提学

道。清代，在各省设提督学政，管理地方学校和考试事务，属钦差
官，简称"学政"或"提学"。

②俊秀：在明代，科举制度中平民依据生员之例，纳粟入监的称为
俊秀。《明史·选举志一》："庶民亦得援生员之例以入监，谓之民
生，亦谓之俊秀。"

③博士弟子：由博士官所教授的学生。汉武帝时设五经博士，为博
士官置弟子五十人。同时令郡国从民间选拔优异者，以补充博士
弟子，每年进行考课。以后遂成制度，人员数也随时而变。唐代
以后也称生员为博士弟子。博士，在中国古代，指专精一艺的职
官名。宋代时废除。

④解：送入。

⑤咨：征询，商议。

【译文】

选拔有名望的大儒管理学政担任提学，但是学官并不隶属于提学，
而是根据他的学问、品行、辈分，以师友相称。每三年，学官选送生员俊
秀到提学那里进行考核，优秀的晋补博士弟子；还要选送博士弟子到提
学那里考核，考试通过后选送至礼部，不再派遣其他的考试官。发榜之
后，对于那些没有考中的博士弟子，如果有平日里品学兼优的，学官可以
与提学商量，实行补入。学生弟子的罢黜，由学官根据其平日言行举止、
所作所为来加以评定，提学不得干涉。

学历者能算气朔①，即补博士弟子。其精者同入解额②，
使礼部考之，官于钦天监③。学医者送提学考之，补博士弟
子，方许行术④。岁终，稽其生死效否之数⑤，书之于册，分
为三等：下等黜之；中等行术如故；上等解试礼部，入太医院
而官之⑥。

【注释】

①气朔：节气和朔望，此指基本的历算知识。

②解（jiè）额：进士名额。唐制，进士举于乡，给解状有一定名额，故称解额。

③钦天监：官署名。明清时掌管观察天象、推算节气历法的机构，有监正、监副等官。

④行术：行医。

⑤稽：考核，核查。

⑥太医院：中国古代专门服务于皇室的医疗机构，同时掌管全国有关医药的政务。秦汉时，设太医令丞，隋朝置太医署，宋朝时设太医局，元明清朝改称太医院。不同时期，太医院的职能、官员品级等略有不同。

【译文】

学习历法的，如果能测算节气朔望，就可以补入博士弟子。其中比较精通的可以给予进士名额，由礼部进行考核，分到钦天监为官。学习医术的，送到提学那里进行考核，通过后补博士弟子，才能允许行医。到了年底，考核其医治病患是否有效的人数，并记录入册。考核分为三等：下等的罢黜，中等的允许其继续行医，上等的则送至礼部考核，通过的进入太医院为官。

凡乡饮酒①，合一郡一县之缙绅士子。士人年七十以上，生平无玷清议者，庶民年八十以上，无过犯者，皆以齿南面②，学官、郡县官皆北面，宪老乞言③。

【注释】

①乡饮酒：即"乡饮酒礼"，周代盛行的宴饮风俗，举办的目的主要是为了向国家推荐人才。按照周礼的规定，乡学中德行道艺优异

者，由乡大夫荐于诸侯，临行时设酒宴，以宾礼相待，谓之“乡饮酒礼”。后来演变为地方官按时在儒学举行的尊贤敬老仪式。

②以齿：按照年龄顺序排列。

③宪老乞言：向年老而有德的人请求善言。宪，效法。乞言，古代帝王及其嫡长子养一些德高望重的老人，以便向他们求教，叫乞言。《礼记·文王世子》：“凡祭与养老乞言、合语之礼，皆小乐正诏之于东序。”郑玄注：“养老乞言，养老人之贤者，因从乞善言可行者也。”泛指请求教言。

【译文】

凡是乡间举行饮酒礼时，要集合全郡全县的缙绅士子。士人年纪七十岁以上，且生平没有污点的，平民年纪八十岁以上，且没有什么过失的，都按年龄顺序依次坐北朝南，学官和郡县官则北面而立，向那些德高望重的老者讨善言以供效法。

乡贤名宦①，毋得以势位及子弟为进退。功业气节则考之国史②，文章则稽之传世，理学则定之言行。此外乡曲之小誉③，时文之声名④，讲章之经学⑤，依附之事功⑥，已经入祠者皆罢之⑦。

【注释】

①乡贤：乡里中德行高尚的人。名宦：居官而名声地位显赫者。

②国史：官方编纂的史书。

③乡曲：家乡，故里。誉：称赞。

④时文：流行于一时期的文体。这里指明清时科举考试所用的应试八股文。

⑤讲章：为了应付科举考试而编写的关于四书五经的讲义。

⑥依附之事功：指依傍他人而取得的事功。

⑦祠：此指乡贤祠和名宦祠，是由国家、地方政府、民间设立的官方祠庙。乡贤祠祭祀地方有学行的先贤，名宦祠则祭祀有政绩的官员。一般设于文庙东西两侧，与官学相邻而为一体，在地方上具有崇德报功、教化民众的意义。

【译文】

评选乡贤和名宦，都不许因其权势地位或其子弟关系来确定。人选的功业气节可根据国史的记载来进行考察，其文章可根据传世流布情况来进行考察，其理学造诣则可依其言行来考察。此外，只有乡里小小赞誉，或者写作八股文而获得声名，或者经学造诣只限于为应付科举而编的四书五经的讲义，或者只有依傍他人而取得的事功，这样的人而进入乡贤祠和名宦祠的，都要全部罢黜。

凡郡邑书籍，不论行世藏家，博搜重购。每书抄印三册，一册上秘府①，一册送太学，一册存本学。时人文集，古文非有师法②，语录非有心得③，奏议无裨实用④，序事无补史学者⑤，不许传刻。其时文、小说、词曲、应酬代笔⑥，已刻者皆追板烧之⑦。士子选场屋之文及私试义策⑧，蛊惑坊市者⑨，弟子员黜革⑩，见任官落职，致仕官夺告身⑪。

【注释】

①秘府：古代皇宫中收藏图书秘籍的地方。

②古文：原指先秦两汉以来用文言写的散文，相对于骈体文而言。这里指科举考试的应试八股文和应用文字之外的文章。师法：指经过师承有序的传授和训练。

③语录：言论的摘录或辑录。明清时多特指讲授理学的记录。

④无裨：无助于。

⑤序事：即叙事，记录事实。

⑥代笔：代人撰写的诗文、书信。

⑦追板：收缴刻板。追，收缴。板，印刷书画的印板。

⑧场屋：举行科举考试的地方，又称科场。这里指科举考试。私试：非国家正式的科举考试，由翰林院或书院进行的临时考试。义：经义。科举考试科目之一。宋代以经书中文句为题，应试者作文阐明其义理，故称。明清沿用而演变成八股文。策：对策。古时就政事、经义等设问，由应试者对答，称为对策。自汉代起作为取士考试的一种形式。

⑨蛊惑：诱惑。

⑩弟子员：即博士弟子员。

⑪告身：授官的凭证。

【译文】

凡是郡县中的书籍，不管是在市井流行的，还是收藏在私家的，都应该广为搜集，重金收购。每种书都要抄录或印制三册，一册上交朝廷秘府，一册送至太学，一册存入本县的官学。至于当代人所写的文集，不是师承有序的传授和经过严格训练的古文，没有任何心得体会的语录，无益于实际问题解决的奏议，无补于史学之用的叙事文章，都不允许传播刊刻。而对于那些已经刊刻的八股文、小说、词曲、应酬之作及应酬代笔的诗文、书信，都要收缴刻板一律烧毁。士子如果擅自选刻科考文章及私试义策，在市场上诱惑人购买，一经发现后，若是生员的就要黜革，现任官员要罢免官职，退休的官员要收回委任官职的凭证。

民间吉凶①，一依朱子《家礼》行事②。庶民未必通谙③，其丧服之制度④，木主之尺寸⑤，衣冠之式，宫室之制⑥，在市肆工艺者⑦，学官定而付之；离城聚落，蒙师相其礼以革习俗⑧。

【注释】

①吉凶：逢喜事和凶事而举行的喜庆和哀悼的仪礼。此指各类礼仪。

②朱子《家礼》：南宋朱熹著有《家礼》五卷，附录一卷，分为通礼、冠、昏、丧、祭五部分，是朱熹根据当时社会习俗并对古礼斟酌损益之后，制定的家庭礼仪。明清时代该书对于社会日常礼俗影响极大。

③通谙：通晓熟悉。

④丧服：哀悼逝者时所穿的衣服或服丧的期限。

⑤木主：木制的神位，书写死者姓名以供祭祀，又称神主，俗称牌位。

⑥宫室：房屋的通称。

⑦市肆：市场。工：从事。艺：技艺。

⑧相：主持，教导。

【译文】

凡是民间的婚丧等一切礼仪，都要按照朱子的《家礼》来举行。但是老百姓不一定熟知，对于丧服的制度、木主的尺寸、衣冠的样式、房屋的建造规格，学官应该对这些做出明确的规定，交付市场上从事此类工艺的工匠们执行；偏远山村，由蒙师主持以标准的礼仪来改革当地原有的习俗。

　　凡一邑之名迹及先贤陵墓祠宇，其修饰表章①，皆学官之事。淫祠通行拆毁②，但留土谷③，设主祀之。故入其境，有违礼之祀，有非法之服④，市悬无益之物，土留未掩之丧⑤，优歌在耳⑥，鄙语满街⑦，则学官之职不修也。

【注释】

①修饰：通过整理完善，让其更为美观。表章：表扬，彰显，也作表彰。

②淫祠：凡非官方礼仪而滥设的祠庙，概称淫祠。

③土谷：土地神和五谷神。此指土谷祠,祭祀土地神和五谷神的祠庙。

④非法之服：不合规范、不遵礼制的服装。

⑤土留未掩之丧：明清时,在丧葬上极重风水。所以有的人家为了寻觅风水好的坟地,多将先人灵柩长久搁置,待找到风水好的地方再下葬。

⑥优歌：优伶所唱的歌曲。

⑦鄙语：粗鄙的语言。

【译文】

凡是县邑里的名胜古迹及先贤的陵墓祠堂,修缮、宣传事务都由学官负责。不合礼仪而建的祠庙要全部拆毁,只留土谷祠,内设木主,进行祭祀。因此进入县邑之境,如果看到有不合礼制的祭祀,有不遵规范的穿着,市面上出售无用之物,还有未掩埋的死者,到处听到优伶的歌声,大街小巷充斥着鄙俗的言语,这就说明学官没有尽到责任。

取士上

【题解】

取士，即选取人才。黄宗羲分上下两部分，主要论述士人的选拔。

在中国传统社会，最重要的人才选拔制度就是科举制度，前后延续了一千三百余年。科举制之前，人才的选拔制度主要有汉代的察举制和三国魏晋时期的九品中正制。这两种制度都是由地方官向中央推荐人才，其公平、公正性难以保证。尤其是九品中正制，由于负责推荐人才的中正官都是由门阀世族担任，他们重视门第，寒门子弟即使有才能也难以获得被推荐出仕的机会，逐渐形成了"上品无寒门，下品无士族"的局面，其选拔人才的功能几乎名存实亡；而且士家大族也由此垄断了官员选拔，形成势力集团，甚至对皇权产生了一定的威胁。

隋朝统一后，为选拔人才，也为将选官吏的权力收归中央，加强中央集权，遂废除九品中正制，采用考试的方法来选取人才。隋文帝时，以有德和有才两科选拔人才。隋炀帝时，开设了进士科，主考时务，即有关国家政治的议论文，为试策。此种分科取士的方法虽属于草创，但已经开了科举制度的序幕。唐朝，科举制度得到进一步发展。考试分为常科和制科两类。常科，每年分期举行，包括进士、明经、秀才、明法等，进士科最为重要，明经、进士科是常科的主要考试科目。制科，专指由皇帝下诏临时举行的考试，主要是朝廷特选人才的一种方式。唐代武则天时期，还开创了武举,由兵部主考。到宋代时,科举制度发展得更为完备,分为常科、制科、武举。相比唐代,宋代常科的科目减少了很多,但仍然以进士科最为重要。宋代的科举放宽了录取的范围,进士分为三等,录取名额相比唐代增加了很多。在考试时间上,确立了三年一次,每逢辰、未、戌、丑年举行。同时,确立了三级考试制度,即解试(州县级考试)、礼部试(省试)、殿试(由皇帝在殿廷主持的复试)。为了确保考试的公平性,宋代实行了锁院、糊名、誊录制度,以防止徇私舞弊。在考试内容上,宋代沿袭唐代,但进士科考帖经、墨义和诗赋;明经则注重强记博诵。因此从考试内容来看,弊病很多。王安石任参知政事后,曾对科举考试的内容进行过改革,取消诗赋、帖经、墨义,专以经义、论、策取士。元代,也是以科举制度取士,期间几次废止。明朝建立后,科举制度发展到鼎盛阶段。洪武十五年(1382),朱元璋将科举制度确定下来,并颁布了考试细则。明代的科举考试主要分为乡试、会试、殿试。乡试,属于地方考试,由南北直隶和各布政使举行,每三年即逢子、卯、午、酉年举行一次,又叫乡闱。因考期在秋季八月,故又称秋闱。考试的试场称为贡院。考中的名为举人,第一名为解元。会试,由礼部举行,在乡试的第二年即逢丑、辰、未、戌年举行。因考期在春季二月,故称春闱。考中的名为贡士,第一名称会元。殿试在会试的当年举行,贡士在殿试中都不会落榜,只是由皇帝重新安排名次。录取者分为三甲:一甲三名,赐进士及第,第一名称状元、鼎元,二名榜眼,三名探花,合称三鼎甲。二甲赐进士出身,三甲赐同进士出身。明代的科举考试虽然较前代完善,但在内容上却有一项为世人所诟病,那就是以八股文取士。明朝规定了考试答卷的形式,在答卷内容上以四书五经为题,答题范式死板,严格按起股、中股、后股、束股四个段落,篇末用大结,不允许考生突破这个程式。八股文的形式极其严重地束缚了考生的思想,也将科举制度引向了末路。清代,科举制度基本与明代相同,对科场舞弊的管理更为严格。但因科举弊端越来越明显,最终走向衰落,清末被取消。

　　黄宗羲着重分析了明代科举取士的弊端。他认为取士可以分为两个方面，一是选拔，二是任用。在《取士上》中，黄宗羲主要论述关于选拔的问题。他回顾了科举制度的发展历史，指出明代科举取士的弊端，一是考核内容过于程式化，对考生产生严重束缚，影响了他们才能的发挥。二是"考试必由学校"，也就是说参加考试的各类考生都必须是出自各种学校的学生，以此将学校与科举制度结合在一起，学校教育丧失了独立性，成为科举考试的附庸。三是以八股文取士。此种文体写作易为转相模拟因袭，又不专义理，造成当世学风浮薄，所选之人也多是志大才疏之辈。黄宗羲分析科考的弊端后，认为解决的方法是"当复墨义古法，使为经义者全写注疏、大全、汉宋诸儒之说，一一条具于前，而后申之以己意，亦不必墨守一先生之言。由前则空疏者绌，由后则愚蔽者绌，亦变浮薄之一术也"。如此可以有利于国家发掘真正的有用之才，杜绝滥竽充数之人，并使得社会风气日趋朴实。

　　取士之弊，至今日制科而极矣①。故毅宗尝患之也②，为拔贡、保举、准贡、特授、积分、换授，思以得度外之士③。乃拔贡之试④，犹然经义也，考官不遣词臣⑤，属之提学，既已轻于解试矣⑥。保举之法⑦，虽曰以名取人，不知今之所谓名者何凭也，势不得不杂以贿赂请托。及其捧檄而至⑧，吏部以一义一论试之⑨，视解试为尤轻矣。准贡者用解试之副榜⑩，特授者用会试之副榜。夫副榜，黜落之余也。其黜落者如此之重，将何以待中式者乎⑪？ 积分不去赀郎⑫，其源不能清也；换授以优宗室⑬，其教可不豫乎⑭？ 凡此六者，皆不离经义，欲得胜于科目之人⑮，其法反不如科目之详，所以徒为纷乱而无益于时也。

【注释】

① 制科：又称制举，区别于正常举行的科举，指为了选拔特殊人才由皇帝临时设置的考试科目。

② 毅宗：明崇祯帝朱由检，庙号毅宗，又号思宗。

③ 度外之士：指科举制度之外的优秀人才。

④ 拔贡：明代又称选贡，是一种由地方学校选拔出来贡入国子监的生员。

⑤ 词臣：旧指文学侍从之臣，如翰林之类。

⑥ 解试：明清时，科举考试中的乡试，每三年在省城举行一次，考中者称举人。

⑦ 保举：指官员向朝廷举荐有才之人的制度。明朝在洪武十七年（1384）开始实行保举法，其后虽有沿革，但弊端日显。《明史·选举志三》："保举者，所以佐铨法之不及，而分吏部之权……行之既久，不能无弊，所举或乡里亲旧、僚属门下，素相私比者。"

⑧ 捧檄：接到被任用的通知。

⑨ 一义一论：一道经义，一道策论。

⑩ 副榜：科举时代会试或乡试取士，除正榜外另取若干名，列为副榜。始于元至正八年（1348）。明永乐中会试有副榜，给下第举人以做官的机会。嘉靖中有乡试副榜，名在副榜者准作贡生，称为副贡。《元史·百官志八》："（至正八年）四月，中书省奏准……三年应贡会试者，凡一百二十人，除例取十八人外，今后再取副榜二十人。"《明史·选举志一》："是时，会试有副榜，大抵署教官，故令入监者亦食其禄也。"

⑪ 中式：合格，指科举考试通过被录取。

⑫ 积分：《明史·选举志一》："六堂诸生，有积分之法，司业二员分为左右，各提调三堂。凡通四书未通经者，居正义、崇志、广业。一年半以上，文理条畅者，升修道、诚心。又一年半，经史兼通、文

理俱优者,乃升率性。升至率性,乃积分。其法,孟月试本经义一
道,仲月试论一道,诏、诰、表、内科一道,季月试经史策一道,判
语二条。每试,文理俱优者与一分,理优文劣者与半分,纰缪者无
分。岁内积八分者为及格,与出身。不及者仍坐堂肄业。如有才
学超异者,奏请上裁。"赀郎:汉代以家资而做官的,被称为郎官。
后世用来称呼捐纳资财以获取官职或者功名的人。明代国子监
中,由生员捐纳而入者称纳贡,以平民捐纳而入者称例贡,《明
史·选举志一》:"例监始于景泰元年(1450),以边事孔棘,令天
下纳粟纳马者入监读书,限千人止,行四年而罢……其后或遇岁
荒,或因边警,或大兴工作,率援往例行之,讫不能止。"

⑬换授:崇祯年间实行的一种选人制度,指斟酌才能而调任官职。

⑭豫:预备,先事准备。

⑮科目:实行科举制度取士时正常举行的各级考试,相较拔贡、保
　举、准贡、特授、积分、换授这六种特殊的取士形式而言。

【译文】

取士的弊端,在当下的科举制度中已经达到了极点。所以以前崇祯
皇帝常常为此而感到忧虑,并采取了如拔贡、保举、准贡、特授、积分、换
授等一系列措施,希望能得到由科举以外的方式选拔出的人才。拔贡的
考试,仍然考的是经义,考官不再派翰林担任,而是由提学担任,这已经
不如解试受重视了。保举之法,虽说是根据声誉选用人才,但如今所谓
的声誉依据什么确定,这其中势必会有贿赂、请托。甚至等到其拿着委
任通知去吏部时,吏部仅以一道经义、一道策论对他进行考试,这就比解
试更加简单了。准贡从解试的副榜之中选出,特授从会试的副榜之中确
定。副榜,就是落榜之人。对于落榜者如此重视,那又该怎样对待考中
之人呢?国子监实行积分,如果不能取消捐钱就可以入监的制度,就无
法正本清源;换授法是为了优待宗室,但应对他们提前进行教育。总之,
以上六种选拔人才的方式都离不开解释经义的八股文,想要选拔出比科

考出身优秀的人才,使用的方法却不如科举之法详备,因此只不过使得取士方式更加纷乱,对实际毫无益处。

　　唐进士试诗赋①,明经试墨义②。所谓墨义者,每经问义十道,五道全写疏③,五道全写注④。宋初试士,诗、赋、论各一首,策五道,帖《论语》十帖⑤,对《春秋》或《礼记》墨义十条,其九经、五经、三礼、三传、学究等⑥,设科虽异,其墨义同也。王安石改法⑦,罢诗赋、帖经、墨义,中书撰大义式颁行,须通经有文采,乃为中格,不但如明经、墨义粗解章句而已。然非创自安石也,唐柳冕即有明六经之义,合先王之道者以为上等,其精于传注与下等之议⑧。权德舆驳曰⑨:"注疏犹可以质验⑩,不者,有司率情⑪,上下其手⑫,既失其末,又不得其本,则荡然矣。"其后宋祁、王珪累有"止问大义,不责记诵"之奏⑬,而不果行,至安石始决之。

【注释】

①唐进士试诗赋:唐代进士考试,主要考诗、赋及时务策五道,明经策三道,到唐文宗时改为考诗、赋。《新唐书·选举志上》:"建中二年(781),中书舍人赵赞权知贡举,乃以箴、论、表、赞代诗、赋,而皆试策三道,大和八年(834),礼部复罢进士议论,而试诗、赋。"

②明经试墨义:明经是科举考试的一种,主要考察考生对经典的记诵和理解。汉代已使用此方法选举官员,"以明经为博士,公卿荐当论议通明,给事中"(《汉书·平当传》)。唐代时的明经考试情况,参见《新唐书·选举志上》:"明经之别,有五经,有三经,有二经,有学究一经,有三礼,有三传,有史科……凡明经,先帖文,然后口试,经问大义十条,答时务策三道。"墨义,科举考试时令士

子笔答经义，谓之墨义。

③疏：对经典语句注解的解释。

④注：对经典语句的注解。

⑤帖：即帖经。唐代，据《通典·选举三》载："帖经者，以所习经掩
　其两端，中间开唯一行，裁纸为帖。凡帖三字，随时增损，可否不
　一，或得四、得五、得六者为通。"

⑥九经、五经、三礼、三传、学究：宋代进士考试的科目，都要考试墨
　义。九经，指《周易》《尚书》《诗经》《周礼》《仪礼》《礼记》《春
　秋》《孝经》《论语》。五经，指《周易》《尚书》《诗经》《礼记》
　《春秋》。三礼，指《周礼》《仪礼》《礼记》。三传，指《春秋左氏
　传》《春秋公羊传》《春秋穀梁传》。学究，指专门研究某种经典。
　《宋史·选举志一》："凡九经，帖书一百二帖，对墨义六十条。凡
　五经，帖书八十帖，对墨义五十条。凡三礼，对墨义九十条。凡三
　传，一百一十条……凡学究，《毛诗》对墨义五十条，《论语》十条，
　《尔雅》《孝经》共十条，《周易》《尚书》各二十五条。"

⑦王安石改法：北宋神宗时期，王安石对北宋的政治、经济、军事、文
　化等各方面进行了一场社会改革运动，称为王安石变法。其对当
　时科举考试的改革也是变法的一项重要内容，主要是行贡举法，
　废除明经科，进士科的考试以经义、策论为主。见《宋史·选举
　志一》："于是改法，罢诗赋、帖经、墨义，士各占治《易》《诗》《书》
　《周礼》《礼记》一经，兼《论语》《孟子》。每试四场，初大经，次
　兼经，大义凡十道（后改《论语》《孟子》义各三道），次论一首，次
　策三道，礼部试即增二道。中书撰大义式颁行。试义者须通经、
　有文采，乃为中格，不但如明经、墨义，粗解章句而已。"

⑧"唐柳冕即有明六经之义"几句：柳冕所论见其《与权侍郎书》：
　"其有明圣人之道，尽六经之义，而不能诵疏与注，一切弃之，恐清
　识之士，无由而进，腐儒之生，比肩登第，不亦失乎？阁下因从容

启明主,稍革其弊,奏为二等,其有明六经之义,合先王之道者,以为第一等;其有精于诵注者,与精于诵疏者,以为次等;不登此二科者,以为下等,不亦善乎?且明六经之义,合先王之道,君子之儒,教之本也;明六经之注,与六经之疏,小人之儒,教之末也。今者先章句之儒,后君子之儒,以求清识之士。不亦难乎?是以天下至大,任人之众,而人物珍瘁,廉耻不兴者,亦在取士之道未尽其术也。"柳冕(?—804),字敬叔,蒲州河东(今山西永济)人。唐德宗初,召为太常博士,久之,以论议劲切,出为婺州刺史。贞元中,官至御史中丞、福建观察使,后因无政绩而归家,去世。其文擅长说理,主张文以载道,为韩柳古文运动先驱之一。

⑨权德舆(759—818):字载之,甘肃天水略阳人,唐代著名政治家、文学家。其少有才气,被唐德宗招为太常博士。贞元十八年(802)任礼部侍郎,其后三掌贡举,执掌文柄,号为得人,名重一时。唐宪宗时,至礼部尚书。其文博雅,温润周详。元和十三年(818)去世,享年六十。

⑩质验:可以验证,勘验。

⑪率情:徇情,曲从私情。

⑫上下其手:谓玩弄手法,通同作弊。典出《左传·襄公二十六年》,楚攻郑,穿封戌虏郑将皇颉,公子围与之争功,请伯州犁裁处。伯州犁曰:"请问于囚。"囚出作证,伯州犁有意偏袒公子围,故意上其手,曰:"夫子为王子围,寡君之贵介弟也。"下其手,曰:"此子为穿封戌,方城外之县尹也。谁获子。"囚曰:"颉遇王子,弱焉。"

⑬宋祁、王珪累有"止问大义,不责记诵"之奏:《宋史·选举志一》记载宋祁、王珪对于科举的意见。宋祁认为:"教不本于学校,士不察于乡里,则不能核名实。有司束以声病,学者专于记诵,则不足尽人材。参考众说,择其便于今者,莫若使士皆土著,而教之于

学校,然后州县察其履行,则学者修饬矣。"于是"乃诏州县立学,士须在学三百日,……试于州者,令相保任,……三场:先策,次论,次诗赋,通考为去取,而罢帖经、墨义,士通经术愿对大义者,试十道"。王珪认为:"且进士、明经先经义而后试策,三试皆通为中第,大略与进士等,而诸科既不问经义,又无策试,止以诵数精粗为中否,则其专固不达于理,安足以长民治事哉?"二人都对于科举单重记诵经义不满。宋祁(998—1061),字子京,祖籍安州安陆(今属河北)。天圣元年(1023)进士。宋代史学家,文学家,曾参与修撰《新唐书》,书成而为工部尚书。其文兼有散体和骈体,好冷僻字,但也有典雅的作品。王珪(1019—1085),字禹玉,成都华阳(今四川成都)人。庆历二年(1042)进士,宋神宗熙宁年间任宰相,宋代著名的政治家、文学家,历翰林学士、开封知府等。其文通达瑰丽,自成一家。

【译文】

唐代的进士科考试诗赋,明经科考试墨义。所谓墨义,指的是每一经提出十道题,考生解释经典文句的意思,其中五道要全写出疏,五道要全写出注。宋初科举考试,进士的考试,考诗、赋、论各一首,策五道,《论语》十道帖经,对《春秋》或《礼记》墨义十条;其他九经、五经、三礼、三传、学究等考试科目,虽然科目各不同,但都要考墨义。王安石变法对科举制度改革后,废除了诗赋、帖经、墨义,由中书编纂了大义的格式而颁行,考生须通晓经典,且具有文采,这样才算为合格,并不像明经、墨义那样只是大致了解章句意思而已。然而,这也不是王安石的首创,唐代柳冕就曾提出了解六经大义,合乎先王之道的为上等,仅精于六经的传注为下等的建议。权德舆对此驳斥说:"考注疏还可以有标准进行检验,不这样,考官曲从私情,玩弄手法,与考生通同作弊,既失去了'明先王之义'的根本,又得不到'粗解章句'的末流,那就什么都得不到了。"其后,宋代宋祁、王珪曾多次上奏,建议科举考试"只问考生是否理解经典大义，而不强调记诵注疏"，但都没有实行，直至王安石变法时才决定实行。

　　故时文者帖书、墨义之流也[1]。今日之弊[2]，在当时权德舆已尽之。向若因循不改，则转相模勒[3]，日趋浮薄，人才终无振起之时。若罢经义，遂恐有弃经不学之士，而先王之道益视为迂阔无用之具。余谓当复墨义古法，使为经义者全写注疏、大全、汉宋诸儒之说[4]，一一条具于前，而后申之以己意，亦不必墨守一先生之言。由前则空疏者绌[5]，由后则愚蔽者绌[6]，亦变浮薄之一术也。

【注释】

①时文：此处指明清时期的八股文。

②今日之弊：此指当时的考生为了应付科举考试，只一味读语录、讲章和八股文选，而不记诵经典注疏。

③模勒：原指照原样雕刻，此指模仿、沿袭。

④大全：指明代官方纂修的《五经大全》《四书大全》及《性理大全》，主要以宋代程朱理学为主，汇集了历代关于儒家经典的相关注疏。

⑤空疏：空虚浅薄。此指经典本义都不清楚，只会空发议论的人。

⑥愚蔽：愚钝，不通事理。此指不能学以致用，只会死背书本教条的人。

【译文】

　　所以，现在的八股文也就是以前的帖经、墨义一类。今日八股文的弊端，权德舆当时就已经说得很明确了。如果因循不改变，就会互相模仿沿袭，风气就会日趋浮薄，人才最终也没有被选拔出来而一展手脚的时候。如果废除经义，恐怕就会有人舍弃经典不学，而先王之道也会更被视为迂腐无用的东西了。所以我认为应当恢复过去的考试墨义的方法，让参加经义考试的考生把注疏、大全及汉、宋诸家儒师的注疏解说逐条写出，罗列于前，再阐述自己的观点写在后面，也不必墨守某一先儒的学说。从前面的罗列各家解说，可以黜落学术浅薄、乱发议论的人，从后面的申发己见可以黜落愚钝无能、死背教条的人，这也是改变浮薄风气的一种方法。

　　或曰：以诵数精粗为中否①，唐之所以贱明经也，宁复贵其所贱乎？曰：今日之时文，有非诵数时文所得者乎？同一诵数也，先儒之义学②，其愈于饾饤之剿说亦可知矣③。非谓守此足以得天下之士也，趋天下之士于平实，而通经学古之人出焉。昔之诗赋亦何足以得士？然必费考索，推声病④，未有若时文，空疏不学之人皆可为之也。

【注释】

①诵数：反复诵读。引申为记诵、背诵。中：考取，录取。

②义学：讲求经义之学。

③饾饤（dòu dìng）：食物混杂，随意堆垒，比喻文辞的琐碎、罗列。剿（chāo）说：抄袭别人的言论为己说。

④声病：指诗赋声律上的毛病，也称"四声八病"。四声指平、上、去、入四种声调，八病指创作诗赋时的平头、上尾、蜂腰、鹤膝、大韵、小韵、旁纽、正纽八种声律上应避免的弊病。《资治通鉴·唐纪三十八》："考文者以声病为是非。"胡三省注："声病，谓以平、上、去、入四声缉而成文，音从声顺谓之声，反是则谓之病。"

【译文】

　　有人说：以背诵的精细还是粗疏作为能否考中的标准，这就是唐代之所以轻视明经科的原因，难道我们又要重视他们所鄙视的东西吗？我的回答是：如今的八股时文，有不是通过背诵便已有具备八股时文写作技能的吗？同样是背诵，那么背诵先儒讲求的经义之学，比背诵琐碎堆砌或抄袭别人的言辞强得多也就可以明白了。这并不是说用此方法就可以选出天下贤士，而是因此可以使天下士子的习气日趋平实，于是通晓经典、效法古人的贤士就逐渐出现了。以前的诗赋考试就一定能选拔出贤才吗？但因诗赋之作考生要花费一番心思考虑、思索，要推敲四声八病，而不像八股时文，志空才疏、不学无术的人都能作。

取士下

【题解】

在《取士下》中，黄宗羲主要接续《取士上》所论，论述如何取士和任用士人。他首先对古今的取士和用士进行了对比，认为古代取士较为宽松，但授官任职前后经过七层考核，遴选到优秀人才的几率已经很大了，可以确保选取优中之优以授官。相比之下，明朝的取士和用士只有科举一途，取虽严格，但用却宽松，使得很多人在位却不谋其政。针对这种情况，黄宗羲提出"宽取士之法，有科举，有荐举，有太学，有任子，有郡邑佐，有辟召，有绝学，有上书，而用之之严附见焉"。随后，他将科举之法、荐举之法、太学之法、任子之法、郡邑佐之法、辟召之法及上书的两种方法进行了具体阐述。这八种取士之法，是黄宗羲以古鉴今而总结出的取士之法，宽严适当，相比八股文更显平实，且有益于重实践学风的推行，利于匡正时弊，也有助于国家选拔出真正有才之士。

古之取士也宽，其用士也严；今之取士也严，其用士也宽。古者乡举里选①，士之有贤能者，不患于不知。降而唐宋，其为科目不一，士不得与于此，尚可转而从事于彼，是其取之之宽也。《王制》②，论秀士③，升之司徒曰选士④；司徒论选士之秀者，升之学曰俊士[5]；大乐正论造士之秀者[6]，升之司马曰进士[7]；司马论进士之贤者，以告于王而定其论[8]。论定然后官之[9]，任官然后爵之[10]，位定然后禄之[11]。一人之身，未入仕之先凡经四转[12]，已入仕之后凡经三转[13]，总七转，始与之以禄。唐之士，及第者未便解褐[14]，入仕吏部，又复试之[15]。韩退之三试于吏部无成[16]，则十年犹布衣也。宋虽登第入仕，然亦止是簿、尉、令、录[17]，榜首才得丞判[18]，是其用之之严也。宽于取则无枉才，严于用则少幸进。

【注释】

① 乡举里选：从乡里推荐选拔。

②《王制》：此指《礼记·王制》。此篇为秦汉间人所记前代之各种典制。孔颖达疏引郑玄《目录》云："王制者，以其记先王班爵、授禄、祭祀、养老之法度。"其说虽与历史上的殷商礼制不尽相符，然亦反映儒家政治理想及古代政治制度的部分内容。以下关于古代选士任官过程的叙述皆出于此篇。

③ 论：辨别。秀士：德行才艺出众的人。郑玄注："乡大夫所考，有德行道艺者。"

④ 司徒：周时为六卿之一，曰地官大司徒。掌管国家的土地和人民的教化。选士：乡人中德业有成者。

⑤ 俊士：周代称选取入太学者。郑玄注："可使习礼者。学，大学。"

⑥ 大乐正：古时乐官之长。郑玄注："乐官之长，掌国子之教。"造士：学业有成就的士子。郑玄注："不征，不给其繇役。造，成也。能习礼，则为成士。"孔颖达疏："学业既成，即为造士。"

⑦ 司马：周时为六卿之一，曰夏官大司马。《周礼·夏官·序官》："乃立夏官司马，使帅其属而掌邦政，以佐王平邦国。"在《周礼》

体系中，司马之职责除军旅之事外，还兼掌监察奖惩，故士人选拔也由司马评定。进士：郑玄注："可进受爵禄也。"

⑧定其论：确定其所擅长的方面。郑玄注："各署其所长。"

⑨官之：郑玄注："使之试守。"即在正式任命前让其试行代理某一职务。

⑩爵之：郑玄注："命之。"即正式任命。

⑪位定然后禄之：按，以上自"论秀士"至此，皆出自《礼记·王制》。

⑫未入仕之先凡经四转：指由秀士至选士，再至俊士，最后至进士。转，变迁，递迁。

⑬已入仕之后凡经三转：指官之、爵之、禄之。

⑭解褐：脱掉平民所穿的粗布衣服。褐，即粗布或粗布衣服，此指出仕为官。

⑮入仕吏部，又复试之：唐代进士及第，只是获得一定的出身品第，即任职资格，还需经过吏部铨选考试，合格后才能得到正式任命做官。由于常规的铨选需要论资排辈等待较长时间，有的甚至要等十几年。为了解决这个问题，唐代在吏部设置科目选考试，有博学宏词、书判拔萃、三礼、三传、五经、九经、明习律令等多种科目，考中者不论出身年数多少皆可立即入仕。其中以博学宏词科为首要。

⑯韩退之三试于吏部无成：韩愈进士及第后，曾三次参加博学宏词科考试，都没有考中。他曾在《答崔立之书》中谈到此事："闻吏部有以博学宏辞选者，人尤谓之才，且得美仕。就求其术，或出所试文章，亦礼部之类。私怪其故，然犹乐其名，因又诣州府求举。凡二试于吏部，一既得之，而又黜于中书。虽不得仕，人或谓之能焉。退自取所试读之，乃类乎俳优者之辞，颜忸怩而心不宁者数月。既已为之，则欲有所成就，《书》所谓耻过作非者也。因复求举，亦无幸焉。"韩退之，即韩愈（768—824），字退之，河内河阳

人（今河南孟州），世称昌黎先生，唐代著名的文学家和思想家，唐代古文运动的领导者与中坚。贞元八年（792）中进士，官至监察御史、吏部侍郎等，又称韩吏部。著有《韩昌黎集》四十卷。

⑰　簿、尉、令、录：宋代的低级地方官员，即县主簿（掌出纳官物销注簿书）、县尉（掌阅习弓手，戢奸禁暴）、县令（县的行政长官，总掌民政等事务）、录事参军（府、州、军、监的属官，掌州院庶务，纠诸曹稽违）。

⑱　丞判：指通判，宋代鉴于唐末五代藩镇专权和割据之弊，为防止州郡官权力坐大，而设通判作为府、州地方长官的副职，要求凡是兵民、钱谷、户口、赋役、狱讼听断等事，通判与知府、知州共同裁决，共同签押后才可以施行。

【译文】

古代选拔士人的方法比较宽松，但任用士人比较严格；现在选拔士人十分严格，而任用士人却比较宽松。古代从乡里选拔人才，贤能的士人不用担心自己不为人所知。等到了唐宋时代，选拔士人的科目很多，士人在一方面未能得到任用，还可以转从另一途径入仕，选拔士人的标准还是比较宽松的。《王制》中说，乡里考察选拔出优秀的士人为秀士，到司徒那里称为选士；司徒考察选拔出优秀的选士，送入太学称为俊士；主管太学的大乐正从造士中选拔优秀的推荐给司马，称为进士；司马从进士中挑选贤能，向君主禀告确定其所擅长的方面。确定之后先让其试行代理某一职务，试用合格后才予以爵位正式任职，爵位定下来以后才发给俸禄。一个人，在未入仕之前已经过四次层层考核，在入仕之后还要经过三次考验，总共七次才能得到俸禄。唐代的士子，科举进士及第后也不能马上就脱离平民身份当官，而是要去吏部进行考试。韩愈说他在吏部参加了三次博学宏词科考试都没有考过不能任职做官，所以他中进士后十年还是平民。宋代，虽然登第之后就可以做官，但是其官职也只是主簿、县尉、县令、录事参军这样的低级官职，高中榜首者才能得到通判的职位，由此可见用士的严格。选拔士人的时候宽松，如此不会遗漏人才，任用士人的时候严格，才能减少侥幸做官的情况。

今也不然。其所以程士者^①，止有科举之一途，虽使古豪杰之士若屈原、司马迁、相如、董仲舒、杨雄之徒^②，舍是亦无由而进取之，不谓严乎哉！一日苟得，上之列于侍从^③，下亦置之郡县^④，即其黜落而为乡贡者^⑤，终身不复取解，授之以官^⑥，用之又何其宽也！严于取，则豪杰之老死丘壑者多矣^⑦；宽于用，此在位者多不得其人也。

【注释】

①程：衡量，考察。

②屈原（约前340—约前278）：名平。战国末期楚国人，政治家、文学家，中国历史上伟大的爱国主义诗人，"楚辞"的开创者，著有《离骚》《天问》《九歌》等。司马迁（前145—？）：字子长，夏阳（今陕西韩城）人。西汉史学家、文学家，在汉武帝时任太史令，创作了中国第一部纪传体通史《史记》。相如：即司马相如（约前179—前127），字长卿，蜀郡成都（今属四川）人。西汉文学家，汉赋的代表者，著有《子虚赋》《上林赋》等。董仲舒（前179—前104，一说约前194—前114）：西汉政治家、经学家，汉武帝时提出"罢黜百家，独尊儒术"，著有《春秋繁露》等。杨雄（前53—公元18）：一般写作扬雄，字子云，蜀郡成都（今属四川）人。西汉文学家、思想家，擅长辞赋，有《甘泉赋》《羽猎赋》《长杨赋》等。晚年潜心治学，著有《太玄》《方言》等。

③侍从：指为翰林院的官属。

④郡县：指明代士子中进士后可授府推官、知州、知县等地方官。

⑤黜落而为乡贡：参加会试后落榜，而为贡生进入国子监肄业。

⑥终身不复取解，授之以官：据《明史·选举志二》载："举人、贡生
　　不第入监而选者，或授小京职，或授府佐及州县正官，或授教职。"

⑦丘壑：山陵溪谷，比喻困境。

【译文】

　　但是如今却不是这样。用来考察士人的只有科举这一种途径，即使
是古代的豪杰如屈原、司马迁、司马相如、董仲舒、扬雄之辈，除了科举
一途也没有其他进取之途，不能不说是很严格啊！一旦登第入仕，上则
可入翰林院，在皇帝身边，下也可在郡县为官，即使是会试落榜后以贡生
身份进入国子监，终身不再参加科举，也会被任命为官。如此任用士人
又是何其宽松啊！选拔的时候严格，会使众多的豪杰之士终生埋没在民
间；任用士人宽松，又会出现许多在位的官员不称职的现象。

　　流俗之人，徒见夫二百年以来之功名气节，一二出于其
中，遂以为科法已善，不必他求。不知科目之内，既聚此百
千万人，不应功名气节之士独不得入，则是功名气节之士之
得科目，非科目之能得功名气节之士也。假使士子探筹①，第
其长短而取之②，行之数百年，则功名气节之士亦自有出于
探筹之中者，宁可谓探筹为取士之善法耶？究竟功名气节
人物，不及汉唐远甚，徒使庸妄之辈充塞天下③。岂天之不
生才哉？则取之之法非也。吾故宽取士之法，有科举，有荐
举，有太学，有任子，有郡邑佐，有辟召，有绝学，有上书，而
用之之严附见焉。

【注释】

①探筹：抽签。

②第：比较。

③庸妄：浅陋妄为。

【译文】

　　局限于庸俗之见的人，只看见在这二百年以来建功立业、持守气节的人，偶然有一两个是以科考选拔出来的，于是就认为科考制度已经完美了，不必有所改变。他们不知道在考生之内，既已聚集了成百上千、成千上万的人，能建功立业、持守气节的人不会独独不在其中。只能说是能建功立业、持守气节的人考中了科举，不能说是因为科举就得到了能建功立业、持守气节的人。假使实行抽签之法，按照签的长短选取士人，实行了数百年，其中也总会有能建功立业、持守气节的人被抽中，难道这就可以说抽签选取士人的方法很好吗？毕竟，如今（明代）的能建功立业、持守气节的人比起汉唐时代来说已经少多了，只是白白让浅陋、狂妄之辈充塞天下，难道是天下不生有才之人吗？这是因为选拔士人的制度有问题。我认为，应放宽选拔士人的条件，有科举，有荐举，有太学，有任子，有郡邑佐，有辟召，有绝学，有上书等种种途径，同时提出严格的任用士人的方法。

　　科举之法：其考校仿朱子议①：第一场《易》《诗》《书》为一科，子、午年试之；"三礼"兼《大戴》为一科②，卯年试之；"三传"为一科③，酉年试之。试义各二道，诸经皆兼"四书"义一道。答义者先条举注疏及后儒之说，既备，然后以"愚按"结之。其不条众说，或条而不能备，竟入己意者，虽通亦不中格④。有司有不依章句移文配接命题者⑤，有丧礼服制忌讳不以为题者⑥，皆坐罪。第二场周、程、张、朱、陆六子为一科⑦，孙、吴武经为一科⑧，荀、董、杨、文中为一科⑨，管、韩、老、庄为一科⑩，分年各试一论。第三场《左》

《国》"三史"为一科⑪，《三国》《晋书》、南北史为一科⑫，新旧《唐书》《五代史》为一科，《宋史》、有明《实录》为一科，分年试史论各二道。答者亦必摭事实而辨是非⑬。若事实不详，或牵连他事而于本事反略者，皆不中格。第四场时务策三道⑭。凡博士弟子员遇以上四年仲秋，集于行省而试之，不限名数，以中格为度。考官聘名儒，不论布衣、在位，而以提学主之。明年会试，经、子、史科，亦依乡闱分年⑮，礼部尚书知贡举。登第者听宰相鉴别，分置六部各衙门为吏，管领簿书。拔其尤者，仿古侍中之职在天子左右⑯，三考满常调而后出官郡县⑰。又拔其尤者为各部主事。落第者退为弟子员，仍取解试而后得入礼闱⑱。

【注释】

①考校：即考试。

②三礼：《周礼》《仪礼》《礼记》。《大戴》：即《大戴礼记》，主要内容成于春秋末期至战国晚期，为西汉戴德编辑、整理而成。为与其侄戴圣的《礼记》（又称《小戴礼记》）相区别，故称《大戴礼记》。

③三传："《春秋》三传"的简称，指《公羊传》《穀梁传》《左传》。

④中格：合格。

⑤不依章句移文配接命题：指在科考时，考官为避免考生有准备，故意将"四书"中的文句截断移接以成题，使得不该连接的连接，不能中断的文句割裂开来，由此失去了经书原有文句的意思。

⑥丧礼服制忌讳不以为题：不用丧礼有关的内容出题。科考出题，有些考官故意不以丧礼有关的内容出题，或者因忌讳"死"等字句而避免选取相关的内容为题。此和配接命题行为都是科举考试中的恶劣风气。

⑦周、程、张、朱、陆六子：即宋代的理学家周敦颐、程颐、程颢、张载、朱熹、陆九渊。

⑧孙、吴武经：指孙武所著的《孙子兵法》与吴起所著的《吴子兵法》。

⑨荀、董、杨、文中：即荀子、董仲舒、扬雄、王通。文中，文中子王通（584—617），字仲淹，隋绛州龙门（今山西河津）人。门人私谥“文中子”。曾任隋蜀郡司户书佐。后弃官讲学于河、汾之间。弟子颇多，时称“河汾门下”。曾著《元经》（一作《六经》），用编年体记叙获麟至后魏间史事（已佚）。又以问答体著《中说》（一称《文中子》）。主张以儒学为主，合儒、佛、道三者为一。

⑩管、韩、老、庄：管子、韩非子、老子、庄子及同名著作。

⑪《左》：《左传》。《国》：《国语》。三史：《史记》《汉书》《后汉书》。

⑫南北史：当指南北朝时期的几种史书：《宋书》《南齐书》《梁书》《陈书》《魏书》《北齐书》《周书》《隋书》《南史》《北史》。

⑬摭：摘取，搜集。

⑭时务：当世有关国计民生的大事。

⑮乡闱：乡试。明代举行科举考试，逢子、午、卯、酉年乡试。

⑯侍中：古代职官名。秦始置，两汉沿置，为正规官职外的加官之一。因侍从皇帝左右，出入宫廷，与闻朝政，逐渐变为亲信贵重之职。晋以后，曾相当于宰相。隋因避讳改称纳言，又称侍内。唐复称，为门下省长官，乃宰相之职。北宋前期为使相与宰相所带官阶，元丰新制，名为门下省长官，真宰相，实虚位不除人，而以尚书左仆射兼门下侍郎行侍中之职。南宋废。

⑰三考满：历职九年，考满三次。考满，指官吏的考绩期限已满。按制，明代的官员三年一次进行绩效考核，分为上、中、下三等，分别是称职、平常、不称职。

⑱礼闱：礼部主持的考试，即会试。

【译文】

科举之法：其考试方法仿效朱子的设想：第一场《周易》《诗经》《尚书》为一科，每逢子年、午年进行考试；"三礼"和《大戴礼记》为一科，每逢卯年进行考试；"三传"为一科，每逢酉年进行考试。每科考试经、义各二道，诸经都兼考"四书"义一道。答义者应该先逐条列举注疏，然后将后儒的说法写在其后，最后以"愚按"的形式写出自己的意见而结尾。如果不逐条列出各家的解说，或者讲得不够详备，直接以自己的意思解说，虽然有道理也不能视为合格。如果主考官有不按章句之法而移动文句配接命题，或因忌讳丧礼服制而不用其命题者，都要治罪。第二场周敦颐、程颐、程颢、张载、朱熹、陆象山六人学说为一科，孙子、吴子的兵法为一科，荀子、董仲舒、扬雄、文中子的学说为一科，管子、韩非子、老子、庄子的学说为一科，分年各考试一科。第三场考史学，《左传》《国语》、"三史"为一科，《三国》《晋书》、南北史为一科，新旧《唐书》《五代史》为一科，《宋史》《明实录》为一科，分年考试，每科考史论各二道。答题者也必须列举史实而辨其是非。如果史实不详，或者牵连其他史事而于本题所问之事反而讲述简略，都不合格。第四场考时务策三道。凡博士弟子员遇到子、午、卯、酉四年的仲秋，都到行省集合进行考试，不限制名额，以合格为度。考官需要聘请有名望的大儒担任，不论他是平民还是在位的官员，均以提学主持考试。第二年举行会试，经、子、史科，也按乡试的分年进行考核，由礼部尚书主持考试。通过科考的由宰相鉴别，分别安置到六部各衙门为吏，管理各种文书。选拔出的优异者，就仿照古代侍中之职，侍候在天子左右，三次考满之后，就可正常转调而出任郡县官。又选拔其中优秀者担任各部主事。科考落第者仍然为生员，下次仍然需要解试考取后才可以参加会试。

荐举之法：每岁郡举一人，与于待诏之列①。宰相以国家疑难之事问之，观其所对，令廷臣反覆诘难，如汉之贤良、文学以盐铁发策是也②。能自理其说者，量才官之；或假之职事，观其所效而后官之。若庸下之材剿说欺人者，举主坐罪③，其人报罢④。若道德如吴与弼、陈献章⑤，则不次待之，举主受上赏。

【注释】

①待诏：官名。汉代征士未有正官者，均待诏公车，其特异者待诏金马门，备顾问，后遂以待诏为官名。唐有翰林待诏，负责四方表疏批答、应和文章等事。后改为翰林供奉。明清翰林院属官有待诏，秩从九品，掌校对章疏文史，为低级事务官。

②如汉之贤良、文学以盐铁发策：西汉昭帝始元六年（前81），就国家实行盐铁专卖等问题，召集了各地贤良、文学，约六十多人，与支持盐铁专卖等政策的朝廷官员进行辩论，并整理成《盐铁论》而流传下来。贤良、文学，汉代征辟的科目，也指以贤良、文学征辟来的人。

③坐罪：治罪。

④报罢：黜落。

⑤吴与弼（1391—1469）：字子傅，号康斋，抚州崇仁（今属江西）人，明代著名学者，笃守程朱伊洛之学，不事科举，贫困力学。四方来学者教诲不倦。屡辞征聘，为崇仁学派创始人。著《目录》，记平生心得。晚年游历楚闽，学子争迎问业。胡居仁、陈献章、娄谅、胡九韶皆其弟子。著有《康斋文集》十二卷。陈献章（1428—1500）：字公甫，号石斋，新会（今属广东）人。因居白沙里，世称"白沙先生"。明代理学家、教育家。二十七岁师从吴与弼，绝意科举，游太学，以荐授翰林检讨，乞终养归，屡荐不起。笃守程朱之学，其学以静为主，人称"活孟子""岭学儒宗"，著作编为《白沙子全集》《白沙诗教解》。

【译文】

荐举之法：每年由郡县荐举一人，安置于待诏之列。宰相以国家疑难的政务问题对其进行提问，观察其如何回答，并令廷臣与他反复辩论，如汉代的贤良、文学参与关于盐铁方面辩论的事一样。如果能自圆其说，并且有一定道理，就根据其才能而任命相应的官职；或令他们代理做某职事，观察其所行事的实际效果，然后再授予合适的官职。如果是庸俗无能之辈抄袭别人的言论自欺欺人的，举荐的人要受罚，被举荐的人要罢黜。如果是道德品性如吴与弼、陈献章那样，则要破格优待，举荐他们的人也要受到重赏。

太学之法：州县学每岁以弟子员之学成者，列其才能德艺以上之，不限名数，缺人则止。太学受而考之，其才能德艺与所上不应者，本生报罢。凡士子之在学者，积岁月累试，分为三等：上等则同登第者，宰相分之为侍中属吏；中等则不取解试，竟入礼闱①；下等则罢归乡里。

【注释】

①不取解试，竟入礼闱：指不需要通过乡试，直接进行会试。礼闱，唐代时由礼部主持会试考进士，所以此后以之称会试。

【译文】

太学之法：州县的学校，每年选择弟子生员中那些学有所成的，列出其才能德艺进行上报，不限制名额，如果没有这样的人就不报。太学对这些各地举荐来的弟子生员进行考核，如果发现才能德艺与所上报的不相符合，就将其退回。凡是学校中的士子，经过数年多次考试，可分为三等：上等的则等同于会试中进士的，宰相任其为侍中、六部的属吏；中等的则不经过乡试，直接参加会试；下等的则罢黜，退归乡里。

任子之法①：六品以上，其子十有五年皆入州县学，补博士弟子员，若教之十五年而无成则出学。三品以上，其子十有五年皆入太学，若教之十五年而无成则出学。今也大夫之子与庶民之子同试②，提学受其请托，是使其始进不以正，不受其请托，非所以优门第也。公卿之子不论其贤否而仕之，贤者则困于常调③，不贤者而使之在民上，既有害于民，亦非所以爱之也。

【注释】

①任子：因父兄的官职、功绩而得以授予官职。

②大夫：指有品级的官员。

③常调：指官吏按常规迁转。

【译文】

任子之法：六品以上的官员，其子年满十五岁后都要入州县学，补博士弟子生员，如果在此学习十五年之后，没有任何成就，则令其退学。三品以上的官员，其子年满十五岁后都要入太学，如果在此学习十五年之后，没有任何成就，则令其退学。如今官员之子与百姓之子一同参加科举考试，而如果提学受官员请托，就使得考试从一开始就不公正，不接受官员请托，却又体现不出国家对门第的优待了。公卿之子不论其贤能与否而一律入仕为官，那么贤能的士子就会被困于官员的升迁制度而不能充分施展才华，使不贤能的人做官管理百姓，这样既有害于百姓，也不是真正地爱护他。

郡县佐之法：郡县各设六曹，提学试弟子员之高等者分置之，如户曹管赋税出入，礼曹主祀事、乡饮酒、上下吉凶之礼，兵曹统民户所出之兵、城守、捕寇，工曹主郡邑之兴作①，

刑曹主刑狱,吏曹主各曹之迁除资俸也②。满三考升贡太
学,其才能尤著者,补六部各衙门属吏。凡廪生皆罢③。

【注释】

①兴作:兴建。

②迁除:指官员的升迁除授。

③廪生:科举制度中生员的名目之一,指主要由国家供给膳食,补助
　生活的生员。

【译文】

　　郡县佐之法:各郡县设置六曹,提学对生员进行考试,考试成绩优
等的就分别安排到六曹为官,如户曹掌管赋税收支,礼曹主管祭祀、乡饮
酒、官方和民间的婚丧之礼,兵曹统管民户征发来的兵丁、城守、捕寇,工
曹主管郡邑的工程兴建,刑曹主管听讼断狱,吏曹主管各曹的升迁、调任
及俸禄等。三个考核期满后升贡入太学,其才能非常突出者,就候补六
部为各衙门的属吏。凡是廪生的都罢免。

　　辟召之法:宰相、六部、方镇及各省巡抚,皆得自辟其属
吏,试以职事①,如古之摄官②。其能显著,然后上闻即真③。

【注释】

①职事:职务,主管某事。

②摄官:暂时代理的不是正式任命的官职。

③即真:正式任职。

【译文】

　　辟召之法:宰相、六部、方镇及各省的巡抚,都可以自行任命其属下
官吏,让他们试着担任某种职务一段时间,如古代的代理官员。如果才
能确实显著的,向上禀报之后,朝廷正式授予官职。

绝学者，如历算、乐律、测望、占候、火器、水利之类是也①。郡县上之于朝，政府考其果有发明②，使之待诏。否则罢归。

【注释】

①测望：测高望远之术。中国传统测望术以勾股表测为中心，主要通过观测日影推算日月食及确定历法，以及测量田亩等。占候：指根据天象变化预测自然界的灾异和天气变化。

②政府：指宰相处理政务的地方，代指以宰相为首的国家机构。

【译文】

绝学：指的是通晓历算、乐律、测望、占候、火器、水利之类的人。郡县将此类人才上报于朝廷，政府对他们进行考核，如果确有所发明创造，就留在朝廷任待诏。如果不是真有才能就退回。

上书有二：一，国家有大事或大奸，朝廷之上不敢言而草野言之者，如唐刘蕡、宋陈亮是也①，则当处以谏职②。若为人嗾使③，因而挠乱朝政者，如东汉牢脩告捕党人之事④，即应处斩。一，以所著书进览，或他人代进，看详其书足以传世者⑤，则与登第者一体出身。若无所发明，纂集旧书，且是非谬乱者，如今日赵宦光《说文长笺》、刘振《识大编》之类⑥，部帙虽繁，却其书而遣之。

【注释】

①刘蕡（？—842？）：字去华，幽州昌平（今属北京）人。唐敬宗宝历二年（826）进士，唐文宗太和二年（828）举贤良方正，直言极谏科。文宗召集贤良方正百余人，以治国方略为问，时宦官专权，

政治黑暗紊乱，刘蕡上《对贤良方正直言极谏策》，引《春秋》为据，痛论宦官专权之弊，告诫皇帝"察唐虞之所以兴，而景行于前；鉴秦汉之所以亡，而戒惧于后"，主张除宦官。甘露之变以后，被任为秘书郎，但不久又因宦官所诬，贬为柳州司户参军，后客死他乡。陈亮（1143—1194）：原名汝能，字同甫，号龙川，婺州永康（今属浙江）人，世称龙川先生。南宋著名思想家、文学家。为人才气豪迈，喜谈兵，尝考古人用兵成败之迹，著《酌古论》。宋孝宗隆兴初年，南宋君臣安于苟和，陈亮忧心国事，上《中兴五论》，但奏入不报。淳熙五年（1178），他又诣阙三次上书论国事，孝宗虽然赏识，但并没有任用他。后两次被诬入狱，宋光宗绍熙四年（1193）策进士，光宗亲擢为第一，授建康军节度判官厅公事，未到任而卒。著有《龙川文集》。宋乾道、淳熙年间，浙学兴，性命之说盛，陈亮却提倡"实事实功"，反对空谈性理。其文上关国计，下系生民，反对偏安江左，力主收复中原，充满爱国豪情。

② 谏职：负责向皇帝进谏的官职。

③ 嗾（sǒu）使：教唆指使。嗾，指使狗时口中所发的声音。又指口中发出声音来指使狗。

④ 东汉牢脩告捕党人：东汉后期，宦官专权，政治黑暗。桓帝时，陈蕃、李膺等在朝廷任职，欲改变宦官专权的局面。汉桓帝延熹九年（166），河内术士张成预先知道朝廷将要大赦，就教唆儿子杀死了仇人，司隶校尉李膺将其收捕。不久朝廷果然大赦，但李膺知道真相后，依然下令处死了张成之子。张成为宦官的党羽，于是宦官指使张成的弟子牢脩上书桓帝，诬陷李膺等结党营私、诽讪朝廷。士人和宦官间的矛盾由此爆发。桓帝看到上书，大怒而发布诏令逮捕党人，李膺、陈寔、范滂等人均入狱。次年桓帝虽大赦天下，党人等获赦，但被终身罢黜。这就是第一次党锢之祸。

⑤ 看详：审阅研究。

⑥《说文长笺》：据《四库全书总目提要》卷四十三载："《说文长笺》一百四卷，明赵宧光撰。宧光字凡夫，吴县人。是书前列《解题》一卷，载其平生所著字学之书七十余种。其虚实存佚，皆不可考。次列《凡例》一卷。次列《说文》原序、宋初官牒，附以自撰《通误释文》及徐锴《部叙》二篇，合为《卷首上》。次列其少时所撰《子母原》一篇，泛论字学大意。又取《说文》五百四十部原目窜乱易置，区分门类，撰《说文表》一卷，合为《卷首下》。其书用李焘《五音韵谱》之本，而《凡例》乃称为徐锴、徐铉奉南唐敕定，殊为昧于源流。所列诸字，于原书多所增删。增者加方围于字外，删者加圆围于字外。其字下之注，谓之'长语'，所附论辨，谓之'笺文'，故以'长笺'为名。然所增之字，往往失画方围，与原书淆乱。所注所论，亦疏舛百出。"《识大编》：据黄宗羲《海外恸哭纪·附录》"范景文"条所言，该书为宣城人刘振所著，文词芜秽，但书未传世。

【译文】

上书有两种：其一，国家有大事发生或有大奸臣出现，朝中之臣不敢言说，而百姓敢于言说的，如唐代的刘蕡、宋代的陈亮，应当任命为谏职。如果是受别人唆使，上书扰乱朝政的，如东汉的牢脩告捕党人那样的事，应当处以斩刑。其二，把自己所著的书籍进呈，或由他人代为进呈，要详细审阅研究其书是否能够传世，如果可以，就将其视同会试及第，享受同等待遇。如果没有任何新发现，只是纂集旧书，而且是非荒谬错乱，如今日赵宧光的《说文长笺》、刘振的《识大编》这样的，虽然卷册浩繁，也要将书退回去，遣返其人。

建都

本篇主要是论述都城的选址。国都是一个国家的政治、文化中心，是中央政府所在地，所以建都，就是一个非常重要的政治问题。如果选址不合适，则对国家安危、百姓苦乐有着很大的负面影响。

在本篇中，黄宗羲就认为明朝的灭亡是因为没有选择好建都的地址。为论证这个问题，他征引了唐代史事，以安禄山之祸、吐蕃之难、朱泚之乱来说明王朝面临大乱时，之所以最终能化险为夷，恢复统治，都是因为都城地理位置绝佳。而明朝没有在动乱后恢复统治，是因为建都选择了北京，"孤悬绝北，音尘不贯，一时既不能出，出亦不能必达"，在地理上不占优势，因而最后被灭亡。

那建都选哪里合适呢？黄宗羲在分析完明代祸害得失后，认为取代北京的都城之选是金陵。对于北京和金陵的位置优劣，黄宗羲以"千金之子"的例子来说明。即选北京为都，是"千金之人"放弃存放资财的仓库、箱柜而去守门庭，是做了奴仆、侍妾的工作。从黄宗羲的论述来看，他认为金陵地理优越，且"东南粟帛，灌输天下，天下之有吴、会，犹富室之有仓库、匮箧也"，物阜民丰，非常适合建都。可见，黄宗羲将经济因素作为了选都的重要条件之一。

建都选址，对中国古代王朝来说非常重要。选址时，要考虑政治、经济、文化、军事等各方面，不能单单考虑某个因素。而且，虽然建都对国家影响重大，如果都城的地理位置不利，会成为王朝亡而不能复兴的原因，但也并非是导致王朝兴亡更替的根本之因。黄宗羲在此篇中，将明朝灭亡的原因归因于都城的选址，而忽视了历史发展的必然规律，其论实有偏颇。

或问：北都之亡忽焉①，其故何也？曰：亡之道不一，而建都失算，所以不可救也。夫国祚中危②，何代无之！安禄山之祸，玄宗幸蜀③；吐蕃之难，代宗幸陕④；朱泚之乱，德宗幸奉天⑤；以汴京中原四达⑥，就使有急而行势无所阻。当李贼之围京城也，毅宗亦欲南下⑦，而孤悬绝北⑧，音尘不贯⑨，一时既不能出，出亦不能必达，故不得已而身殉社稷。向非都燕，何遽不及三宗之事乎⑩？

【注释】

①北都：此指明朝。明朝定都北方的北京。忽：迅速。

②国祚：国运。

③安禄山之祸，玄宗幸蜀：唐玄宗天宝十四年（755）十一月，范阳、平卢、河东三镇节度使安禄山叛乱，"安史之乱"爆发，次年六月叛军攻破潼关，玄宗于是从长安逃到成都。第二年，长安收复后，玄宗才回到长安。

④吐蕃之难，代宗幸陕：唐代宗广德元年（763），"安史之乱"平定不久，河北副元帅、朔方节度使仆固怀恩叛乱，引吐蕃军东进，占领陇右之地。随后，吐蕃军长驱直入，进逼长安。代宗仓皇逃往陕州（今河南三门峡），吐蕃军占据长安，立金城公主之侄李承宏为唐帝。代宗用郭子仪为帅，长安陷落十五天后被收复，代宗回到

长安。

⑤朱泚之乱，德宗幸奉天：朱泚为卢龙节度使。后入朝留京师，弟朱滔继任。唐德宗建中三年（782），朱滔联合成德节度使王武俊、淄青节度使李纳、魏博节度使田悦谋反，朱泚因此被软禁在京城。建中四年（783），调往淮西前线平叛的泾原兵发生兵变，德宗仓皇逃往奉天（今陕西乾县），叛军迎朱泚为主，史称"泾卒之变"。兴元元年（784），唐军攻克长安，朱泚为部将所杀。朱泚（742—784），幽州昌平（今属北京）人。初为两任幽州卢龙节度使李怀仙和朱希彩部将。大历七年（772），朱希彩被部下杀死，众推其为节度留后。次年，代宗许其为节度使。九年，入朝以示忠诚，遂统领汴、宋、淄、青兵。十二年（777），代李抱玉为陇右节度使。建中二年（781），率军平定泾州刘文喜叛变，以功封太尉、中书令，节度凤翔。三年（782），因其弟朱滔反，被软禁于京师。"泾卒之变"，朱泚自称大秦皇帝，改元应天。次年李晟等率唐军攻破长安，他逃往彭原（今甘肃镇原东），被部下杀死。

⑥汴京：指河南开封，为北宋的首都。

⑦李贼之围京城也，毅宗亦欲南下：李自成攻下太原，京师震动。时有大臣建议崇祯迁都南京，崇祯深受触动，但因多数大臣反对，最终未离开北京。李贼，即李自成（1606—1645），明末农民起义军领袖。明朝末年，社会动乱，崇祯元年（1628），高迎祥率众起事，自称闯王。李自成加入起义军后，因其勇猛识略而成为重要的将领。高迎祥牺牲后，李自成继称闯王，崇祯十七年（1644）建立大顺政权，并在三月攻入北京，崇祯帝自缢煤山，明朝灭亡。四月，多尔衮率军和明总兵吴三桂联合在山海关外大战李自成，李自成战败退出了北京。对于其最后的结局，现在有多种说法，未定论。

⑧孤悬：孤立，无所依靠。

⑨音尘：音信，消息。不贯：不通。

⑩遽：就，竟然。三宗：指唐玄宗、代宗、德宗。

【译文】

有人问：定都北京的明朝那么快就灭亡了，这是为什么呢？我说：明朝灭亡的原因有很多，但是由于都城没有选择好，所以灭亡也就无法挽救了。其实，历史上国运出现危机是常发生的事情：唐代安禄山叛乱时，唐玄宗逃到了四川；吐蕃之难时，唐代宗逃到了陕州；朱泚之乱时，唐德宗逃到了奉天。北宋都城汴京，地处中原，交通四通八达，即使有紧急状况出现，撤退时也不会有什么阻碍。当李自成围攻京城之时，崇祯皇帝也想南下，但京城孤悬北方，孤立无援，南北音信难达，一时之间不能逃离都城，即使逃出都城也不一定能到达南方，因此不得不自杀殉国。如果不是把都城设在北京的话，怎么就不能如唐代的那三位皇帝那样，首都被占领后再很快复国呢？

或曰：自永乐都燕①，历十有四代，岂可以一代之失，遂议始谋之不善乎？曰：昔人之治天下也，以治天下为事，不以失天下为事者也。有明都燕不过二百年，而英宗狩于土木②，武宗困于阳和③，景泰初京城受围④，嘉靖二十八年受围⑤，四十三年边人阑入⑥，崇祯间京城岁岁戒严⑦。上下精神毙于寇至，日以失天下为事，而礼乐政教犹足观乎？江南之民命竭于输挽⑧，大府之金钱靡于河道⑨，皆都燕之为害也。

【注释】

①永乐都燕：指明永乐十九年（1421），明成祖将都城由南京迁到北京之事。永乐，明成祖朱棣，年号永乐，故又称永乐帝。

②英宗狩于土木：此指明英宗土木堡之战被瓦剌俘虏之事。明正统十四年（1449）六月，蒙古瓦剌部首领也先大举进攻明朝。明英

宗朱祁镇受宦官王振鼓动,御驾亲征。八月,至山西大同,闻前线溃败,遂退至土木堡,被蒙古军包围,军队死者数十万,损失惨重,王振被杀,英宗被俘,史称"土木之变"。狩,讳称,指帝王被迫外出。土木,即土木堡,今河北怀来东南的土木镇。

③武宗困于阳和:明正德十二年(1517)九月,蒙古骑兵五万人欲入侵,明武宗朱厚照微服出宫在阳和闻讯,立即命令军队分布防御。十月,武宗亲率兵马前来援助,与蒙军血战五日,交战数百回合,蒙古军始退去。阳和,明洪武二十六年(1393)置,治今山西阳高,属山西行都司,宣德元年(1426)移高山卫来同治。为当时北边军事重镇。

④景泰初京城受围:正统十四年(1449)明军主力八月在土木堡遭遇惨败,明英宗被俘,郕王朱祁钰九月在北京即帝位,遥尊明英宗为太上皇,以明年为景泰元年。也先以明英宗要挟明廷之计不遑,遂率大军进犯北京。十月十一日瓦剌军抵北京城下,围攻北京。京师守军奋力抵抗,到十一月八日,瓦剌军退出塞外,京师解严。史称"北京保卫战"或"京师保卫战"。景泰,此指朱祁钰,因年号景泰,被称为景泰帝。

⑤嘉靖二十八年受围:此当指嘉靖二十九年的庚戌之变。嘉靖二十九年(1550),蒙古土默特部首领俺答汗因明朝不同意"贡市"而入侵。八月十四日,入古北口,杀掠怀柔、顺义吏民无数,明军一触即溃,俺答汗长驱直入,京师戒严。明世宗朱厚熜急集兵民及四方应举武生守城,并飞檄召诸镇兵勤王。诸镇援军虽至,但皆恇怯不敢战,严嵩也要求诸将坚壁勿战,听凭俺答兵在城外掳掠。东直门、德胜门、安定门北民居皆被毁。最后明廷允诺通贡互市,俺答汗才撤兵。九月初一日,蒙古兵全部撤走。

⑥四十三年边人阑入:指嘉靖四十三年(1564)岁末,俺答汗率兵袭扰山西事。边人,居住在边境附近的人。阑入,擅自撞入,不得许

可而进入。

⑦崇祯间京城岁岁戒严：崇祯年间（1628—1644），明朝内有李自成等农民军的动乱，外有起于白山黑水的后金政权的威胁，因此处于兵荒马乱、岌岌可危之境，京城也是常常告警。

⑧输挽：运送物资。

⑨大府：周代时，负责管理府藏财货及会计的官长，此指国库。河道：漕运，运输粮食物资的水道运输系统。

【译文】

　　有人说：自从永乐帝迁都北京以来，明朝统治已经历了十四代皇帝，怎么可以因为最后一代皇帝出了问题，就认为最初迁都北京是失策之举呢？我答说：以前的君主治理天下是考虑怎么样把天下治理好，而不是怎么防备失去天下。明朝迁都北京不过二百年，而其间英宗在土木堡被俘，武宗被困于阳和，景泰初年京城被围困，嘉靖二十八年京城又受到围困，嘉靖四十三年边境之外的人擅自闯入境内，崇祯年间京城年年都处于戒严状态。全国上下的精力都消耗在防御敌寇方面，每天都考虑如何保住天下，哪有时间去从事礼乐政教这些事呢？江南的百姓为运输粮食而疲于奔命，国库的金钱也都浪费在漕运上，这都是建都北京所带来的祸害。

　　或曰：有王者起，将复何都？曰：金陵①。或曰：古之言形胜者②，以关中为上③，金陵不与焉，何也？曰：时不同也。秦、汉之时，关中风气会聚，田野开辟，人物殷盛④；吴楚方脱蛮夷之号⑤，风气朴略⑥，故金陵不能与之争胜。今关中人物不及吴会久矣⑦，又经流寇之乱，烟火聚落⑧，十无二三，生聚教训⑨，故非一日之所能移也。而东南粟帛，灌输天下⑩，天下之有吴会，犹富室之有仓库、匮箧也⑪。今夫千金之子，其仓库、匮箧必身亲守之,而门庭则以委之仆妾。舍金陵而勿都,是委仆妾以仓库、匮箧;昔日之都燕,则身守夫门庭矣。曾谓治天下而智不千金之子若与?

【注释】

①金陵:今江苏南京,在古代为孙吴、东晋、宋、齐、梁、陈、南唐及明朝初期的都城。

②形胜:地理形势优越,地势险要。

③关中:函谷关以西,今天陕西关中平原一带。

④人物:指人与财物、财富。

⑤吴楚:春秋战国时代的吴国、楚国,在长江中下游地区,当时被中原诸国视为蛮夷之地。

⑥朴略:质朴鄙野。

⑦吴会(kuài):吴郡和会稽郡,在今江苏、浙江一带。吴郡的治所在今江苏苏州。会稽郡治所在今浙江绍兴。

⑧聚落:村落,百姓聚居的地方。

⑨生聚教训:生聚,谓繁殖人口,聚积财富。教训,教育训练。语本《左传·哀公元年》:"越十年生聚,而十年教训。"杜预注:"生民聚财富而后教之。"

⑩灌输:输送,流通。

⑪匮箧(guì qiè):柜子箱子。匮,同"柜",大型藏物器。收藏衣服和物品的家具。箧,小箱子,藏物之具。大曰箱,小曰箧。

【译文】

有人说:如果有新的帝王再次兴起,那么应该在哪里建都呢?我答说:金陵。又有人说:古时候讲求地理位置,都认为是关中地理位置优越,而没有人提到金陵,这是为什么?我答说:这是因为时代不同了。秦汉时,关中风气聚会,田野土地开垦,百姓众多,物产丰富,而吴楚之地刚刚摆脱蛮夷的称号，风气还比较质朴鄙野，所以金陵不能与关中争高下。如今，关中的百姓数量、物产丰盛程度早已远远不及江浙一带了，又历经流寇之乱，兵祸连年，使得村落已剩不到十分之二三了，而人口繁衍、物力积聚、百姓教诲却并不能短时间就能做到。然而，东南之地的粮食和布帛却供应了全国各地；天下拥有了江浙之地，就像富裕之家拥有储满粮食、衣物的仓库和箱柜。如今，拥有千金之资的人必定亲自掌管仓库、箱柜，而大门庭院则由奴仆去看守。舍弃金陵作为建都之选，就好比让奴仆去看守仓库、箱柜；以前将北京作为都城，就好比富室主人自己亲自看守门庭。这不是说明治理天下的君主的智慧还不如一个拥有千金之资的人吗？

方镇

【题解】

　　本篇主要论述边疆的管理体制。方镇,即藩镇。藩,有保卫之意;镇,即指军镇。这是唐代中后期形成的边疆管理模式。唐贞观元年(627),唐太宗将全国依据山川形势分为十道,最初并没有设立固定的官员和办事机构,只是监察区域,临时差遣官员巡查。唐玄宗开元二十一年(733),增为十五道(唐代后期,全国已经划分为四十余道),次年在每道设采访处置使(简称采访使),以六条检察非法,京城长安、陪都洛阳以中丞兼任,其余各地皆择贤刺史兼任。天宝九载(750)后,采访使但察善恶,不得干预地方庶政,凡道有节度使者,采访使多由节度使兼领。节度使一职,是由唐初的都督一职演化而来的。唐初沿袭北周及隋朝旧制,在主要地区设总管,又改称都督。唐高宗永徽以后,凡带使持节的都督均称为节度使。玄宗天宝初年,沿边设有九节度使,一经略使。授职时赐给双旌双节,总揽一道军民、财政,辖区内各州刺史(郡守)均为其下属。采访使在唐肃宗乾元元年(758)改为观察处置使(简称观察使)。凡不设节度使之处,即以观察使为一道行政长官,掌考察州县官吏政绩,治理民事。唐中叶以后,多以节度使兼观察使,节度使成为统领一道的军政、民政、财政、司法等大权的行政长官。如此,节度使雄踞一方,渐渐成为唐朝统治的隐患。而唐代中期后,社会经济开始衰落,加之统治阶层荒淫腐败，社会矛盾越来越尖锐。天宝十四载（755）十一月，身兼范阳、平卢、河东三个节度使的安禄山率部下反叛。安禄山叛军很快进攻洛阳、潼关，潼关失守，唐玄宗出走长安。此为"安史之乱"。此乱延续了七年之久，直到唐代宗宝应二年（763）唐朝才将叛军剿灭。"安史之乱"成为唐朝统治的转折点，摧毁了统治基础，为封建割据创造了条件，对唐朝发展产生了重大影响。此后，中央王朝对地方的控制力更为减弱，安史余党在北方各自为政，形成了割据之势，不服朝廷管制，与朝廷相抗衡，直到唐亡也没有结束。

唐代的藩镇割据是导致唐朝灭亡的重要原因之一，因此藩镇也历来被认为是威胁中央政权的负面因素。但黄宗羲却不这么认为，他指出唐朝灭亡的原因不能简单地归之为当时的方镇制度。方镇制度设立的初衷是防止动乱，只是后期中央势力减弱，造成方镇功用出现反作用。他在考察历史上的郡县和封建制后，认为在明代也是可以实行方镇的。在具体的实行方面，则主张"辽东、蓟州、宣府、大同、榆林、宁夏、甘肃、固原、延绥俱设方镇，外则云、贵亦依此例，分割附近州县属之"；同时给予方镇充分的自治权，"每年一贡，三年一朝，终其世兵民辑睦，疆场宁谧者，许以嗣世"；最后，在总结概括后，他详列实行方镇的五种好处，并分而述之。

对于黄宗羲所提出的方镇制度，清代的傅怀祖认为此策"实为千古守边良策。方今自辽碣，迄闽粤，海滨广莫，鲸鬣交错，噓气成市，诡幻万端。眈眈焉，抵我之蟻。一凫出柙，举国驿骚。草野筹之，庙堂议之。汲汲求贤，汲汲备敌，安攘大计仍茫如捕风影。斯时也，有以先生方镇之说进诋，惟中流失船，一壶千金而已"（《灌园未定稿·明夷待访录序》）。萧公权则指出：

> 梨洲既深恶秦以后之专制政治，故其论国体，势必倾向于封建之分治。然封建既不可尽复，梨洲乃折衷于封建郡县二者之间，主张行唐代方镇之制。……吾人既知方镇之有助于唐，则当师其意

而改进之,于边境地方设立十数方镇。"务令其钱粮兵马内足自立,外足捍患。田赋商税听其征收,以充战守之用。一切政教张弛,不从中制。属下官员亦听其自行辟召,然后名闻。每年一贡,三年一朝。终其世兵民辑睦,疆场宁谧者,许以嗣世"。梨洲认此变相之封建制度,凡有五利。其中如"一方之财自供一方","一方之兵自供一方",即"一方不宁,他方晏如"等项,虽或足矫明制之失,而揆之中国以往之经验以及近代政治之原理,似其为害反多于利。梨洲此论,实非吾人所敢苟同。然吾人若视为针对专政之一种反动思想,则其意义至为深长可味也。(《中国政治思想史·黄宗羲》)

实行方镇制度,是黄宗羲从封建、郡县两种国家架构的角度考虑而得出的,是他鉴于明朝灭亡的教训而提出的古为今用的观点,虽然并不符合历史发展之势,但从中可洞悉黄宗羲对国家边疆治理体制的思考。

今封建之事远矣[①],因时乘势,则方镇可复也。自唐以方镇亡天下,庸人狃之[②],遂为厉阶[③]。然原其本末则不然。当太宗分制节度[④],皆在边境,不过数府;其带甲十万,力足以控制寇乱。故安禄山、朱泚皆凭方镇而起[⑤],乃制乱者亦藉方镇[⑥]。其后析为数十,势弱兵单,方镇之兵不足相制,黄巢、朱温遂决裂而无忌[⑦]。然则唐之所以亡,由方镇之弱,非由方镇之强也。是故封建之弊,强弱吞并,天子之政教有所不加;郡县之弊,疆场之害苦无已时[⑧]。欲去两者之弊,使其并行不悖,则沿边之方镇乎!

【注释】

①封建:指封邦建国。古代帝王将爵位、土地分封给亲戚或功臣为诸侯,使其建立邦国,维系统治。周代封建诸侯,到春秋战国时代

得以改变，秦始皇统一天下后废除，实行郡县制。《吕氏春秋·慎势》："王者之封建也，弥近弥大，弥远弥小，海上有十里之诸侯。"

② 狃（niǔ）：沿袭，习惯。

③ 厉阶：祸端、祸患的来由。《左传·昭公二十四年》："《诗》曰：'谁生厉阶，至今为梗。'"杜预注："厉，恶；阶，道。"

④ 节度：指节度使。《新唐书·兵志》："夫所谓方镇者，节度使之兵也。原其始，起于边将之屯防者。唐初，兵之戍边者，大曰军，小曰守捉，曰城，曰镇，而总之者曰道……其军、城、镇、守捉皆有使，而道有大将一人，曰大总管，已而更曰大都督。至太宗时，行军征讨曰大总管，在其本道曰大都督。自高宗永徽以后，都督带使持节者，始谓之节度使，然犹未以名官。景云二年（711），以贺拔延嗣为凉州都督、河西节度使。自此而后，接乎开元，朔方、陇右、河东、河西诸镇，皆置节度使。"

⑤ 安禄山、朱泚皆凭方镇而起：安禄山和朱泚都是借方镇势力发动叛乱。安禄山身兼平卢、范阳、河东三节度使。朱泚之乱也是由其弟卢龙节度使朱滔联合成德节度使王武俊、淄青节度使李纳、魏博节度使田悦发起。

⑥ 制乱者亦藉方镇：平定安史之乱的主要将领，封常清为安西节度使，哥舒翰曾为陇右节度使，郭子仪为朔方节度使，李光弼为河东节度使，仆固怀恩为朔方节度使。几场重要战役都由各节度使为统帅，如邺城之战更是集结了郭子仪、李光弼等九位节度使率各部围攻邺城。平定朱泚之乱主要依靠的李晟、马燧、浑瑊、骆元光等亦为各方节度使。

⑦ 黄巢（？—884）：曹州冤句（今山东曹县）人。唐末农民起义领袖。初为盐帮首领，乾符二年（875）在冤句起兵，广明元年（880）十一月占领长安，于含元殿即位，建立了大齐政权。中和二年（882），逃往四川的唐僖宗反攻，黄巢手下大将朱温叛变降

唐,沙陀族李克用又率援军助唐,黄巢于次年四月撤出长安,后为部下林言所杀。唐末农民起义结束。朱温(852—912):宋州砀山(今属安徽)午沟里人,五代时梁朝第一位皇帝。乾符四年(877)朱温参加黄巢军,不久叛离,投归河中节度使王重荣。唐僖宗任朱温为左金吾卫大将军,并赐名"全忠"。中和三年(883),击败黄巢,先后被封为东平王、梁王。开平元年(907),朱温废唐哀帝,自立为帝,改国号为梁,是为后梁,都洛阳。

⑧疆场:边界。

【译文】

封邦建国的制度距离现在已经遥远了,因为时代和形势的变化,那么如今可以恢复方镇制度了。自从唐朝因方镇割据而灭亡,见识浅陋的人习惯于这种说法,认为方镇就是导致唐朝灭亡的祸端。但是,仔细考察其事实的始末详情却发现并非如此。当时,唐太宗分设的节度使都安置在边境地区,所统治的地方不过数府而已。这些节度使拥有的兵力达到十万,势力足以控制当地的贼寇和动乱。因此安禄山、朱泚的叛乱都是凭借方镇兵势而崛起,但是平定叛乱也是依靠方镇的势力。后来节度使分化成数十个,势力减弱兵员减少,方镇的兵力不足以控制当地局势。于是黄巢、朱温就造反叛乱而无所顾忌。那么唐王朝之所以灭亡是因为方镇的势力过于弱小,而不是因为方镇的势力过于强大。所以,封邦建国的弊端就在于地方势力不平衡,导致互相吞并,他们对天子的政令教化不再遵行;郡县制度的弊病,则是边境战乱无休无止。想要除去二者的弊病,使它们并行不悖,就是要在边境地区设立方镇。

宜将辽东、蓟州、宣府、大同、榆林、宁夏、甘肃、固原、延绥俱设方镇①,外则云、贵亦依此例,分割附近州县属之。务令其钱粮兵马,内足自立,外足捍患;田赋商税,听其征收,以充战守之用;一切政教张弛,不从中制②;属下官员亦听其自行辟召,然后名闻。每年一贡,三年一朝,终其世兵民辑睦③,疆场宁谧者,许以嗣世④。

【注释】

①辽东、蓟州、宣府、大同、榆林、宁夏、甘肃、固原、延绥:即明代所称的九边,是明初到弘治年间在北部边境沿长城一线而陆续设立的九个军事重镇。具体见《明史·兵志》。辽东,辽东镇,治广宁(今辽宁北镇),隆庆元年(1567)后冬季则移驻辽阳(今属辽宁)。防区约当今辽宁大部。蓟州,蓟州镇,总兵官驻三屯营(今河北迁西西北)。防区约当今河北长城内东起山海关,西至居庸关及天津以北一带地区。为近畿防卫重镇。宣府,宣府镇,总兵官驻宣府(今河北宣化)。防区约当今河北西北部内外长城一带。大同,大同镇,治今山西大同。防区约当今山西外长城以南,东自山西、河北二省界,西至大同西北。永乐中放弃兴和所后,成为京师西北门户。榆林,榆林镇,成化七年(1471)延绥镇移治榆林卫(今陕西榆林),此后通称榆林镇。防地东至黄河,西达定边营(今陕西定边)。分为东、中、西三路。宁夏,宁夏镇,治所在今宁夏银川。防区约当今宁夏北部黄河沿岸一带。甘肃,甘肃镇,总兵官驻甘州卫(今甘肃张掖)。防区约当今甘肃嘉峪关以东、黄河以西和青海西宁附近一带。固原,固原镇,治所在固原州(今宁夏固原)。防区约当今宁夏南部和甘肃东南部。与宁夏镇互为唇齿。延绥,延绥镇,初治绥德州(今陕西绥德),成化七年(1471)移治榆林卫(今陕西榆林)。此后通称榆林镇。防区东至黄河,西达定边营(今陕西定边)。

②中制:从中干预。中,特指宫禁之内。亦借指朝廷。制,制约,干预。

③辑睦:合作,和睦。

④嗣世:承嗣,世袭。

【译文】

应该在辽东、蓟州、宣府、大同、榆林、宁夏、甘肃、固原、延绥等地都设立方镇，云南、贵州两地也按照此例办理，将附近的州县分割出来归属方镇管理。务必使方镇领地内的钱粮兵马，对内可以自给自足，对外可以抵御祸患；至于田赋商税，听任其征收，可以充作战争和守卫的用度，所有的政教风化都可以不受朝廷干预；节度使属下的官员也可以让他们自行征召任命，然后将名单报上。节度使每年向朝廷进贡一次，每三年觐见一次。终其一世，如果兵民相处和睦，边境平安无事，就允许其子嗣继承节度使之职。

凡此则有五利：今各边有总督①，有巡抚②，有总兵③，有本兵④，有事复设经略⑤，事权不一，能者坏于牵制，不能者易于推委；枝梧旦夕之间⑥，掩饰章奏之上，其未至溃决者，直须时耳。统帅专一，独任其咎，则思虑自周，战守自固，以各为长子孙之计；一也。国家一有警急，常竭天下之财，不足供一方之用，今一方之财自供一方；二也。边镇之主兵常不如客兵⑦，故常以调发致乱，天启之奢酋、崇祯之莱围是也⑧，今一方之兵自供一方；三也。治兵措饷皆出朝廷，常以一方而动四方；既各有专地，兵食不出于外，即一方不宁，他方宴如⑨；四也。外有强兵，中朝自然顾忌⑩；山有虎豹，藜藿不采⑪；五也。

【注释】

①总督：明代为防边乱或平乱而临时任命大臣对其地进行军务巡察，称为总督，事毕复命。清代正式成为地方最高的官职，掌管一省或数省的军政大权。

②巡抚：明代派遣到地方安抚军民的官员，事情结束即向皇帝复命。明代后期成为常设。地位在总督之下。

③总兵：在明代原为差遣的名称，遇有战事则领印出兵，事毕则还。后成为常驻武官，但品级、统辖的士兵、编定的员额等都没有固定。

④本兵：兵部尚书。

⑤经略：临时派遣主管军务的钦差官。

⑥枝梧：亦作"支吾"，抗拒，抵触。

⑦客兵：本镇的兵称为主兵，非本镇而外调来的称客兵。

⑧天启之奢酋：指天启年间奢崇明的叛乱。奢酋，即奢崇明（？—1629），明永宁（今四川叙永）苗族头人，世袭永宁宣抚司职。天启元年（1621），明朝与后金作战，调川兵增援辽东，奢崇明趁机叛乱，率部至重庆，杀四川巡抚徐可求，据重庆起兵反明。分兵攻陷泸州、遵义，围成都，全蜀震动。旋为朱燮之及石砫土司秦良玉所败，解成都围，退出重庆。以后又与贵州水西（今黔西）土司安邦彦等联合反明，兵事蔓延，终天启一朝，未能平息。崇祯二年（1629），自号大梁王，安邦彦号四裔大长老，兵进永宁，为明川黔诸军包围，兵败死。崇祯之莱围：指崇祯年间孔有德围困蓬莱事情。崇祯四年（1631），皇太极率兵攻大凌河城，孔有德奉命支援辽东，至吴桥哗变，率军还。次年攻占登州（治今山东蓬莱），自称都元帅。后明军反攻，莱围解除。孔有德（约1602—1652），字瑞图，辽东盖州卫（今属辽宁）人。崇祯初为登州游击。崇祯四年（1631）攻登州失败后，于崇祯六年（1633）率军和家属归附后金，封都元帅，驻东京（今辽宁辽阳）。崇德元年（1636）封恭顺王。后隶正红旗汉军。顺治元年（1644）从入关，攻陕西，下江南。顺治三年（1646），授平南大将军，下西南诸地。六年（1649），改封定南王，驻桂林。九年（1652），被南明李定国军围于桂林，势穷自杀。

⑨宴如：安定平静的面貌。

⑩中朝：朝中，朝廷。

⑪山有虎豹，藜藿不采：山中有虎豹，就没有人敢去采摘野菜，形容有顾忌而不敢擅动。这是指地方拥有强大的军队，对朝廷形成制约和威慑，使得朝廷不敢过于专权而有所妄动。

【译文】

这样做有五个好处：如今各边境都设有总督、巡抚、总兵，还有兵部尚书，有战事的时候还设有经略，他们的职权不一，有能力的将领受到牵制而不能施展能力，没有能力的人则易于推诿责任。各将领之间互相抵触牵制，上奏朝廷的奏章也互相掩饰，边防的溃败，不过是时间的问题。如果设定一个专门的统帅，承担责任，那么考虑问题自然会周详，战备防守自然会牢固，这也是为子孙作长久打算之计。这是第一个好处。国家一旦有危急状况出现，常常要耗竭天下的财力，还不足以供一地所用，如今设立方镇就可以做到每一地方的财用供一地方所用。这是第二个好处。边镇的本镇兵往往不如外镇调来的兵，因此经常由于调发兵力而引发动荡，如天启年间的奢崇明叛乱、崇祯年间孔有德围困蓬莱就是这样，设立方镇后，一个地方的兵力可以专在一地使用；这是第三个好处。治理军队、筹措军饷都由朝廷支出，常常因一个地方有战事而四方都被牵动，设置方镇，既然各自有专属之地，军队所需都不再从外地调入，即使一个地方出现动乱，其他地方也不受影响；这是第四个好处。地方上有强悍的军队，朝廷自然会有所顾忌，正所谓山中有虎豹，连野菜也没人敢去采摘；这是第五个好处。

田制一

【题解】

《田制》三篇主要论述中国历史上的土地制度和赋税制度。土地,是百姓立身之本。因此田制,是中国传统社会最重要的社会制度之一,它的稳固与变动直接影响社会的安定。黄宗羲在《田制》三篇中讨论了赋税制度的来源、税率、赋税的征收等问题,意在通过田制的论述来阐述自己的民本思想,以及解决现实的社会危机之法。

《田制一》主要讨论中国历代土地制度及相应的赋税征收情况。黄宗羲追溯了上古时代的田制,分析了后世对古制的破坏,认为要富国强民,需重新更定天下的赋税,废止因循乱世任意而为的赋税方法,以最底层困苦百姓能承受为标准来制定赋税税率。中国古代的土地制度几经变化。在夏商周时期,实行土地国有制,"普天之下,莫非王土"。当时最主要的田制就是井田制,出现于商朝,盛行于西周。井田制,是因土地划分为众多方块,形似"井"字形而得名。《穀梁传•宣公十五年》:"古者三百步为里,名曰井田,井田者九百亩,公田居一。"这种田制,实是周天子京畿之土地制度,有公田私田之分。《孟子•滕文公上》载:"方里而井,井九百亩。其中为公田,八家皆私百亩,同养公田。公事毕,然后敢治私事。"其意是说,长宽各百步的方田为一"田",一田为百亩。统治者的公田(通常为最好的土地)占一百亩,其他为私田,由八家共同负责公田事宜,公田事毕才能治理私田。公田收入全部为奴隶主贵族所有,而私田收入全部为个人所有。井田制下的赋役制度为贡、助、彻。春秋战国时期,由于铁制农具的出现、牛耕的发展等原因,井田制逐渐瓦解。到秦统一天下,中国进入皇权专制时代。此后,土地所有制可分为三种:地主土地私有制、土地国有制、农民土地私有制。第一种,是最主要的土地所有制形式,地主占有绝大部分土地,并不断兼并农民土地。第二种,形式有多种,如屯田制、均田制。屯田制下,劳作的百姓只有土地使用权。魏晋时期实行屯田制,并出现了军屯和民屯形式。均田制是按人口分配土地的制度,在北魏至唐代初期实行。第三种,农民具有土地所有权,是土地归农民所有。

　　与土地制度相伴随的就是赋税制度。在井田制时期,劳动者主要担负的是劳役税,不负担租税。而到了封建社会,随着土地制度的变化,百姓的赋税负担开始加重。汉承秦制,建立了统一王朝,为休养生息,恢复社会经济,采取轻徭薄赋的制度,土地税率是十税一,甚至三十税一。黄宗羲在论述井田制时,指出自井田制被破坏,百姓的赋税负担越来越重。虽然汉代实行三十税一的制度,但因为田为民自有而向其征税,不合古制,百姓负担依然过重。后代君主只知道征收赋税,解决"一时之用",因此"天下之赋日增,而后之为民者日困于前","魏晋之民又困于汉,唐宋之民又困于魏晋"。黄宗羲认为要改变这种情况,需"有王者起,必当重定天下之赋;重定天下之赋,必当以下下为则而后合于古法也"。

　　昔者禹则壤定赋[①],《周官》体国经野[②],则是夏之所定者,至周已不可为准矣。当是时,其国之君,于其封疆之内田土之肥瘠,民口之众寡,时势之迁改,视之为门以内之事也[③]。

【注释】

　　①禹则壤定赋:相传,大禹治理水患后,将天下分为九州,并把土地

分为九个等级,规定了九州各自赋税的等级和贡物的种类。则壤
定赋,将土地划分等级,以确定赋税的轻重和种类。则,划定等级。

② 《周官》体国经野:《周礼·春官·序官》:"惟王建国,辨方正位,
体国经野,设官分职,以为民极。"郑玄注:"体,犹分也。经,谓之
里数。"贾公彦疏:"体,犹分也。国,谓城中也。"《周官》,书名。
即《周礼》,汉初称《周官》,因与《尚书·周官》相混,改称《周官
经》。自西汉末刘歆以后称《周礼》。儒家经典之一。古文经学
家认为周公所作,今文经学家认为成书于战国或以为西汉末年刘
歆所伪造。近人参以周秦铜器铭文所载官制定为战国作品,系杂
合周与战国制度,寓以儒家政治思想,增减编辑而成。体国经野,
分划国都,丈量田野。意即将都城划分为若干区域,对国都之外
的土地进行丈量,由官宦贵族分别居住或让奴隶平民耕作。经,
丈量,筹划。国,王都、封国之都城等,由官宦、贵族、工商业者居
住,所以称之为国人。野,国的四周称郊,郊之外称野,主要由部
分国人和称为"野人"的外族人员、战俘等居住。

③ 视之为门以内之事:此指对"田土之肥瘠,民口之众寡,时势之迁
改"等很了解。门以内之事,自己家里的事。

【译文】

　　从前大禹划分天下土地等级,并按照土地的等级确定赋税的种类和
轻重,《周礼·天官》中说到把都城划分为若干区域,并对国都之外的土
地进行丈量。那么夏朝所制定的田制与赋税标准到了周代已不能再用
而需要重新确定了。在那个时候,国家的君主把其封疆内田土的肥沃与
贫瘠,人口的多少,随时势的迁移与变化情况,都看作是自己家里的事
情,十分了解。

　　井田既坏①,汉初十五而税一②,文、景三十而税一③,
光武初行什一之法,后亦三十而税一④。盖土地广大,不能

缕分区别⑤，总其大势，使瘠土之民不至于甚困而已。是故合九州之田，以下下为则⑥，下下者不困，则天下之势相安，吾亦可无事于缕分区别，而为则壤经野之事也。夫三十而税一，下下之税也，当三代之盛，赋有九等⑦，不能尽出于下下，汉独能为三代之所不能为者，岂汉之德过于三代欤？古者井田养民，其田皆上之田也。自秦而后，民所自有之田也。上既不能养民，使民自养，又从而赋之，虽三十而税一，较之于古亦未尝为轻也。

【注释】

①井田：即井田制，始于商朝，盛于周朝，春秋时代渐为瓦解。井田制，主要是将土地划分为方田，每方田九百亩，各方田阡陌纵横，划为九块，中间一块为公田，外围的八块分别由八户耕种，收获物归自己所有，公田由八户共同耕种，收获物归封邑贵族所有。春秋战国时，井田制已遭到破坏，商鞅变法时被废除。秦朝统一天下后，井田制退出历史舞台。

②汉初十五而税一：《汉书·食货志上》："汉兴，接秦之敝，……上（按，高祖）于是约法省禁，轻田租，什五而税一。"汉高帝刘邦时规定十五税一，中间有一段时间改为十税一，至惠帝元年（前194）恢复。十五而税一，征收收获物的十五分之一作为赋税。

③文、景三十而税一：汉文帝时，因行晁错入粟拜爵之令，十三年（前167）曾下诏免除了田租。至景帝二年（前155），乃定田租为三十税一，即征收收获物的三十分之一作为赋税。

④光武初行什一之法，后亦三十而税一：建武六年（30），光武帝刘秀下诏曰："顷者师旅未解，用度不足，故行什一之税。今军士屯田，粮储差积。其令郡国收见田租三十税一，如旧制。"（《后汉

书·光武帝纪下》）

⑤缕分：详细划分。

⑥以下下为则：以最差一等为标准。《尚书·禹贡》曾将全国田地为分上中下九等，下下为最差一等。

⑦当三代之盛，赋有九等：据《尚书·禹贡》，天下分为九州，各州按土田等级分九等交纳贡赋。如冀州"厥赋惟上上错，厥田惟中中"，青州"厥田惟上下，厥赋中上"等。

【译文】

　　井田制被破坏后，汉初实行十五税一的赋税征收政策，汉文帝和汉景帝时则实行三十税一，东汉光武帝初期实行十税一，后也为三十税一。大概是当时国家土地面积辽阔，不能详细区分土地的好坏肥瘠的差别，只能估计大概，使耕种贫瘠土地的百姓不至于陷入困苦。因此，统治者将全国的土地进行整合，以最差一等土地为标准定赋税；耕种最差一等土地的百姓生活不困苦，那么天下的形势就可以稳定，君主就没有必要细细区分土地状况以制定细致的土地等级标准。三十税一是为最贫困的人制定的最低标准的赋税，在上古三代德政最为盛大之时，赋税还分为九等，不能全部按最贫困的人为标准征收，汉代竟然做到了三代所不能做到的事情，难道是汉代的德政超过了三代吗？古时候，实行井田制养育百姓，这些土地都是国家所有。秦朝以后，土地为百姓自己拥有，统治者不养育百姓了，让百姓自己养活自己，却还从中收取赋税，虽然是三十税一，但和古代比起来，百姓的负担也并不轻。

　　至于后世，不能深原其本末，以为十一而税，古之法也。汉之省赋，非通行长久之道，必欲合于古法。九州之田，不授于上而赋以十一，则是以上上为则也。以上上为则，而民焉有不困者乎？汉之武帝，度支不足①，至于买爵、贷假、榷酤、算缗、盐铁之事无所不举②，乃终不敢有加于田赋者，彼东郭咸阳、孔仅、桑弘羊③，计虑犹未熟与？然则十而税一，名为古法，其不合于古法甚矣。而兵兴之世，又不能守其十一者，其赋之于民，不任田而任用④，以一时之用制天下之赋，后王因之。后王既衰，又以其时之用制天下之赋，而后王又因之。呜呼！吾见天下之赋日增，而后之为民者日困于前。

【注释】

①度支：经费开支。

②买爵：让百姓买爵位。按，秦汉时代不仅官僚有爵级，普通士民亦有爵级，分为二十级。爵级可以由战场立功而得；也可以因国家有大庆，皇帝赐某些人爵一级；又可以向国家交钱交粮买得若干级。汉代民爵，每级值二千钱。士民们凭着这种爵，可以享受不同的权利，可以赎罪，可以冲抵徭役，也可以卖钱花。但这种爵与官不同，没有治民的权力。贷假：借贷。榷（què）酤：指政府实行酒的专卖制度。汉武帝在天汉三年（前98）"初榷酒酤"（《汉书·武帝纪》）开始实施酒类专卖制度。算缗：政府实行的一种财产税，是对商人、手工业者、高利贷者和车船所征的赋税。课税对象为商品或资产，计税单位为"缗钱"。《汉书·武帝纪》：元狩四年（前119）"初算缗钱"。据《史记·平准书》，一般商人按资产每二千文交一百二十文，手工业者每四千文交一百二十文，每辆车交一百二十文，商人每辆车交二百四十文，有船五丈以上的交一百二十文。盐铁：政府对盐铁实行的专卖制度。汉武帝元狩年间，为增加政府收入，听取孔仅、东郭咸阳的意见实行盐铁由国家垄断经营，并设置行政机构具体管理。在中央于大司农之下设盐铁丞，总管全国盐铁经营事业，于地方各郡县设盐官或铁官经

营盐铁产销。

③东郭咸阳、孔仅、桑弘羊：此三人都是汉武帝时掌管国家财政的大臣。东郭咸阳，齐（今山东临淄）人。汉武帝时的大盐商，与孔仅同为大农丞，掌管盐铁之事。孔仅，南阳（今属河南）人。以冶铁为业，利累千金。武帝时与东郭咸阳同为大农丞，领盐铁事，主管盐铁专卖。元鼎二年（前115）任大司农，位列九卿。桑弘羊（前152—前80），洛阳（今属河南）人。出身巨商，精于算数，年十三事武帝为侍中，后为治粟都尉，领大农丞。推行重农抑商政策，实行盐铁官营；设立平准、均输机构，平抑物价。元封中赐爵左庶长。武帝卒，受遗诏与霍光等辅政，为御史大夫。欲为子弟谋官职，与霍光发生权力冲突。昭帝元凤元年（前80），与燕王刘旦等谋反，被诛。

④不任田而任用：不依据田地的出产而依据需要的用度。任，依据。

【译文】

到了后世，人们不能深入了解赋税制度的本末，以为十税一就是古代的法则。而汉代赋税制定较低的税率，这并非长久通行之道，所以一定要合于古法。天下的土地，不是君主授予百姓的，却按十分之一的税率征收赋税，这是以最上等的土地为征税标准。以最上等的土地作为标准来收取赋税，百姓哪有不贫困的呢？汉武帝时，国家开支不足，于是实行让百姓买爵、借贷、酒类专卖、征收财产税、盐铁专营等措施，无所不为，但终究不敢在田赋上有所增加，这难道是东郭咸阳、孔仅、桑弘羊这些人计算还不成熟而未考虑到吗？其实，十税一虽然名义上是古法，但其实际上与古法非常不一样。而当处于兵荒马乱的乱世时，统治者不能遵守十税一的法则，对百姓的赋税征收不是根据土地的出产，而是根据政府的开支，这是根据一时的支出来制定天下的赋税，而后世君主则沿袭下来。后世君主已经处于衰落，又以当时的支出来制定天下的赋税，而再后世的君主又沿袭下来。唉！我看见天下百姓的赋税日益增加，而后世百姓的生活比以前更加困苦。

儒者曰：井田不复，仁政不行，天下之民始啟啟矣①。孰知魏晋之民又困于汉唐，宋之民又困于魏晋？则天下之害民者，宁独在井田之不复乎？今天下之财赋出于江南②，江南之赋至钱氏而重③，宋未尝改；至张士诚而又重④，有明亦未尝改。故一亩之赋，自三斗起科至于七斗⑤，七斗之外，尚有官耗私增⑥。计其一岁之获，不过一石，尽输于官，然且不足。乃其所以至此者，因循乱世苟且之术也。吾意有王者起，必当重定天下之赋；重定天下之赋，必当以下下为则而后合于古法也。

【注释】

① 啟啟：辛苦经营或疲惫不堪的样子。

② 天下之财赋出于江南：自西晋末年北方士人大量渡江南迁之后，江南经济得到迅速发展。至唐朝，已有"当今赋出于天下，江南居十九"（韩愈《送陆歙州诗序》）之说，宋代陆游《常州奔牛闸记》则称"朝廷在故都（按，开封）时，实仰东南财赋"，至明初，据记载，洪武二十六年（1393），江南八府（苏州、松江、常州、镇江、应天、嘉兴、湖州、杭州，即今天的苏南和浙北）征收米麦合计686万担，占全国总税粮的23.3%。各府中又以苏州为最，苏州一府交纳的税粮将近全国的十分之一。明朝迁都北京后，每年在江南地区征收的漕粮可能达千万担之巨。

③ 钱氏：此指钱氏吴越国时期。吴越国为五代十国之一。唐乾宁三年（896），钱镠任镇海、镇东军两节度使，占据杭州（治今浙江杭州），越州（今绍兴）等地，五代梁开平元年（907年）被封为吴越王，遂成为"十国"割据势力之一。至北宋太平兴国三年（978），钱镠之孙钱俶纳土归宋，共历三世、五王七十二年。

④张士诚（1321—1367）：原名张九四，元末农民军首领。至正十
　三年（1353），与其弟起兵，攻占了泰州、兴化、高邮等地。第二年
　在高邮称诚王，建国周。十七年（1357），降元。其后被朱元璋所
　败，二十七年（1367）被俘，自缢而死。《明史·食货志二》："初，
　太祖定天下官、民田赋……惟苏、松、嘉、湖，怒其为张士诚守，乃
　籍诸豪族及富民田以为官田，按私租簿为税额。而司农卿杨宪又
　以浙西地膏腴，增其赋，亩加二倍。"

⑤自三斗起科至于七斗：据《明史·食货志二》载："故浙西官、民田
　视他方倍蓰，亩税有二三石者。大抵苏最重，松、嘉、湖次之，常、
　杭又次之。洪武十三年（1380），命户部裁其额，亩科七斗五升至
　四斗四升者减十之二，四斗三升至三斗六升者俱止征三斗五升，
　其以下者仍旧。"由此可见，明代江南的田赋征收，虽然多有更
　改，但赋税征收始终较高。

⑥官耗：官方在征收田赋时，正赋之外会另增收若干赋税，以补储
　藏、运输过程中的损耗。

【译文】

有儒者说：井田制不恢复，仁义政教不再实行，天下的百姓就开始疲
惫不堪了。有谁知道魏晋时期百姓的生活比起汉唐时期的百姓更加困
苦，而宋代的百姓生活比魏晋时期的百姓更加困苦呢？那么天下让百姓
遭受苦难，难道仅仅是因为井田制没有恢复吗？如今天下的财政赋税大
都来自江南，江南百姓的赋税从五代吴越国开始加重，宋代没有改变；到
了张士诚时，赋税再次加重，明代也没有任何改变。所以，江南的一亩地
的赋税由三斗增加至七斗不等，除了七斗粮食之外，还有官府增加的耗
米，私自增添的税额。一年下来，一亩地收获不过一石粮食，全部上交给
官府还不够。之所以造成这种情况，就是因循乱世制定的征收赋税的方
法。我认为，如果有新君主出现，必定要重新恢复天下应该征收的赋税
标准，一定要以最贫瘠的土地出产为征赋税的标准，这样才合于古法。

　　或曰：三十而税一，国用不足矣。夫古者千里之内，天子食之[①]，其收之诸侯之贡者，不能十之一。今郡县之赋，郡县食之不能十之一，其解运至于京师者十有九。彼收其十一者尚无不足，收其十九者而反忧之乎！

【注释】

①天子食之：《诗经·商颂·玄鸟》：“邦畿千里，维民所止。”上古时，天子直接管辖的地区是王城周围千里之地，天子在此范围内征收赋税，千里之外属于诸侯管理的领地。

【译文】

　　有人说：实行三十税一的制度，恐怕国家的用度会不足。其实，古时候千里之内的赋税，由天子取用，天子所收诸侯的进贡之物还不到十分之一。如今，郡县收取的赋税用于郡县的不足十分之一，运送京师的有十分之九。古时候只收取十分之一的赋税尚且不影响用度，现在收取十分之九，还反而担心用度不足吗？

田制二

【题解】

《田制二》接续上篇，讨论了井田制能否恢复的问题。针对以北宋苏洵为代表的认为井田制不能恢复的言论，黄宗羲认为其论没有切中要害。主张恢复井田制的明代胡翰、方孝孺之类，黄宗羲认为他们"复之之法亦不能详"。随后，黄宗羲以明代的屯田制度为根据，认为可以并主张恢复井田制。他提出两种方案，一是国家向百姓授田，即授田法："天下屯田见额六十四万四千二百四十三顷，以万历六年实在田土七百一万三千九百七十六顷二十八亩律之，屯田居其十分之一也，授田之法未行者，特九分耳。由一以推之九，似亦未为难行。"既然屯田可以实行，那么井田制就一定可以恢复了。此授田法主张在新的时代恢复古制，并不限制富民的土地兼并，而以屯田制保证了国家军事用粮需要，是一种比较创新的提法。而另一种方案，就是实行方田法，其法主要是利用土地等级中和土地肥瘠，避免收税的不公平。这两种方法，可以说是黄宗羲在不改变现有君主专制体制下，所提出的社会改良方案。虽然这些方案并没有触动皇权专制社会的土地私有制，也未必可以解决土地兼并，但确实是黄宗羲在现有环境下对土地制度进行了深度思考而得出的，从中，我们可以看出黄宗羲深忧天下、为公为民的精神。

自井田之废,董仲舒有"限民名田"之议[①],师丹、孔光因之,令民名田无过三十顷,期尽三年而犯者没入之[②]。其意虽善,然古之圣君,方授田以养民,今民所自有之田,乃复以法夺之,授田之政未成而夺田之事先见,所谓"行一不义而不可为"也[③]。

【注释】

①限民名田:指限制豪富占有土地的数量。《汉书·食货志上》:"限民名田,以澹不足。"颜师古注:"名田,占田也;各为立限,不使富者过制,则贫弱之家可足也。"名田,私人购买、占有田地。

②"师丹、孔光因之"几句:师丹、孔光曾建议限田、限奴婢的方案。由于遭到官僚贵族的反对,二人限田限奴主张没有实行。《汉书·食货志上》:"哀帝即位,师丹辅政,建言:'古之圣王莫不设井田,然后治乃可平。……今累世承平,豪富吏民訾数巨万,而贫弱俞困。盖君子为政,贵因循而重改作,然所以有改者,将以救急也。亦未可详,宜略为限。'天子下其议。丞相孔光、大司空何武奏请:'诸侯王、列侯皆得名田国中。列侯在长安,公主名田县道,及关内侯、吏民名田,皆毋过三十顷。诸侯王奴婢二百人,列侯、公主百人,关内侯、吏民三十人。期尽三年,犯者没入官。'……诏书且须后,遂寝不行。"师丹(?—3),字仲公,琅琊东武(今山东诸城)人。丞相翟方进、御史大夫孔光以"议论博深,廉正守道"荐,征为光禄大夫、丞相司直。汉哀帝绥和二年(前9)任大司空,封高乐侯。提议"限田限奴",因丁、傅外戚反对而未成,又遭其陷害,被免官废爵。元始二年(2)征诣公车,赐爵关内侯,三年改封义阳侯,月余卒,谥节。孔光(前65—5),字子夏,鲁(今山东曲阜)人。明经学。成帝即位举为博士。后以高第为尚书,又任

御史大夫、丞相等职,掌管枢机十余年。为人守法度。帝有所问,以心所安而对,不希求苟合,也不敢强谏争。哀帝时,与师丹、何武等拟定限田、限奴婢方案,遭官僚贵族反对。王莽专权,他心怀忧惧,数上书乞骸骨归,以太师归老于宅。卒谥简烈。

③行一不义而不可为:语本《孟子·公孙丑上》:"行一不义、杀一不辜而得天下,皆不为也。"指坚决不可做。

【译文】

　　自井田制被废除后,董仲舒曾提出了限制富豪占有土地的建议,汉哀帝时师丹、孔光继承了董仲舒的建议,规定富豪拥有土地不许超过三十顷,三年期满之后,仍然有违犯的就没收。其本意虽然是好的,但古代君主以分配田地给百姓来养育百姓,现在百姓自己拥有田地,统治者却用政策夺走百姓的田地,这是授田的政策还未实行,而从百姓手中夺取田地的事情却先出现了,正是孟子所说的"有一点不符合仁义的就不可以做"的那种事。

　　或者谓夺富民之田则生乱,欲复井田者,乘大乱之后,土旷人稀而后可,故汉高祖之灭秦,光武之乘汉[1],可为而不为,为足惜。夫先王之制井田,所以遂民之生[2],使其繁庶也。今幸民之杀戮,为其可以便吾事,将使田既井而后,人民繁庶,或不能于吾制无龃龉[3],岂反谓之不幸与?

【注释】

①光武之乘汉:指汉光武帝复兴汉朝。乘,升。

②遂:养育,滋生。

③龃龉(jǔ yǔ):上齿和下齿不能互相配合。比喻意见不合、关系不融洽。

【译文】

有人说，夺去富豪的田地容易引发动乱，所以要想恢复井田制，就要在天下大乱之后，土地空旷、人口减少的时候才能实行，所以汉高祖灭秦，光武帝建东汉，都是恢复井田制的大好机会，当时可以做却没有这样做，实在可惜。其实，古代先王制定井田制是为了养育百姓，使其安居乐业而繁衍生息。如今说天下动乱百姓被杀戮是好事，是因为它对我所主张的事情有利，那么恢复了井田制后，百姓繁庶，可能和我主张的制度有所冲突，难道可以反过来说这是不幸的事吗？

后儒言井田必不可复者，莫详于苏洵[①]；言井田必可复者，莫切于胡翰、方孝孺[②]。洵以川路、浍道、洫涂、沟畛、遂径之制[③]，非穷数百年之力不可。夫诚授民以田，有道路可通，有水利可修，亦何必拘泥其制度疆界之末乎！凡苏洵之所忧者，皆非为井田者之所急也。胡翰、方孝孺但言其可复，其所以复之之法亦不能详。余盖于卫所之屯田[④]，而知所以复井田者亦不外于是矣。世儒于屯田则言可行，于井田则言不可行，是不知二五之为十矣。

【注释】

①苏洵（1009—1066）：字明允，号老泉，四川眉山人，北宋著名文学家，唐宋八大家之一。与其子苏轼、苏辙以文学著称于世，号称"三苏"。苏洵关于井田制的论述见于其《嘉祐集》中的《衡论·田制》。他原则上并不反对恢复井田，只是主张"依仿古制，渐而图之"，他谈到复井田的好处，以为"井田复，则贫民皆有田以耕，谷食粟米不分于富民，可以无饥。富民不得多占田以锢贫民，其势不耕则无所得食，以地之全力供县官之税，又可以无

怨"。他不主张恢复井田，一是因为富民肯定会强烈反对，更主要的是因为这样做难度和代价太大，一时无法完成，"当驱天下之人，竭天下之粮，穷数百年专力于此，不治他事，而后可以望天下之地尽为井田"，"井田成而民之死，其骨已朽矣"。而但他又开出了限田的药方，以为如此"不用井田之制，而获井田之利"。

②胡翰（1307—1381）：字仲子，一字仲申，浙江金华人。明代学者，时称长山先生。曾参与纂修《元史》。胡翰关于井田制的言论见其《胡仲子集》之《井牧》篇。他列举了井田的十种好处："民有恒产，不事末作，知重本，一也；同井并耕，劳逸巧拙不相负，齐民力，二也；奉生送死，有无相赡，通货财，三也；货财不匮，富者无以取赢，绝兼并，四也；取以十一，天下之中正，吏无横敛，五也；比其丘甸，革车长毂于是乎出，有事以足军实，六也；一同之间，万沟百洫，又有川浍，戎马不得驰突，无边患，七也；畎浍之水，涝则疏之，旱干则引以溉注，少凶荒，八也；少壮皆土著，奸伪不容，善心易生，以其暇日，习诗书俎豆，养老息物，成礼俗，九也；远近共贯，各安其居、乐其业，尊君亲上，长子孙其中，不烦刑罚而成政教，十也。"并认为天下之田足够，而只要君主决定推行井田，以国家命令方式强制推行即可。方孝孺（1357—1402）：字希直，又字希古，宁海（今属浙江）人。世居缑城里，学者称缑城先生。师从宋濂，以明王道、致太平为己任。名其读书之庐曰"正学"，学者因又称其为"正学先生"。建文帝时，官至侍讲学士，咨询国事，批答奏章，主修《太祖实录》。后燕王朱棣发起靖难之役，朝廷讨燕诏檄皆出其手。建文四年（1402），方孝孺因拒不投降为成祖起草登极诏令而被灭十族（九族加朋友弟子）。有《逊志斋集》。方孝孺对井田制的言论见《逊志斋集》之《与友人论井田》《赠郭士渊序》等篇。他认为"欲行仁义者，必自井田始"（《与友人论井田》），又说："吾尝以为井田不行，民不得康，正统不定，四夷恣

横,而道无由施。"(《赠郭士渊序》)但他所讲的井田制,并不同于西周的井田制,没有明确提出要把全国的土地收归国有,旨在使土地不能买卖,出发点是企图以此确立宗法正统性,抑制贵族、官僚和大地主对土地的兼并,缓解由土地兼并所导致的贫富两极分化,防止社会动荡。

③浍(kuài)道、洫(xù)涂、沟畛(zhěn)、遂径之制:在井田的田与田、里与里、成与成、同与同之间,分别有大小不同的遂、沟、洫、浍类渠道用于灌溉;除此,还有纵行的径、畛、涂、道类通行道路。这些渠道和通行道路都有一定的规格。《考工记·匠人》:"方十里为成,成间广八尺,深八尺,谓之洫。"苏洵《衡论·田制》:"井田之制,九夫为井,井间有沟,四井为邑,四邑为丘,四丘为甸,甸方八里,旁加一里为一成,成间有洫,其地百井而方十里,四甸为县,四县为都,四都方八十里,旁加十里为一同,同间有浍,其地万井而方百里,百里之间为浍者一,为洫者百,为沟者万。既为井田,又必兼修沟洫。沟洫之制,夫间有遂,遂上有径,十夫有沟,沟上有畛,百夫有洫,洫上有涂,千夫有浍,浍上有道,万夫有川,川上有路,万夫之地,盖三十二里有半,而其间为川为路者一,为浍为道者九,为洫为涂者百,为沟为畛者千,为遂为径者万。"浍,田间排水道。洫,井田制中成和成之间的水道。后泛指田间的水沟。畛,田间分界的小路。遂,田间排水的小沟。

④卫所之屯田:卫所是明代主要的军事制度。明朝在全国的军事要地设立卫所,一郡设所,地连数郡设卫,每卫有兵五千六百人,设指挥使;其下依次设有千户所、百户所等。卫所制属于世兵制,单独编制户籍,为军户。各地卫所实行屯田,以保障供应军粮。

【译文】

后世的儒者中,认为井田制不能恢复的,阐述最详细的就是苏洵;认为井田制一定要恢复的,论证最深刻的为胡翰、方孝孺。苏洵认为,实行井田制，川路、浍道、洫涂、沟畛、遂径这些大小道路沟渠，一定要花费数百年的精力时间才能完善。如果诚心要授田给百姓，那么只要道路通畅，有沟渠可以用，又何必拘泥于其制度、各种疆界这些细枝末节的方面呢？苏洵所担心的那些都不是推行井田制所应该优先考虑的事情。胡翰、方孝孺主张恢复井田制，但也没有提出具体到实际可以操作的方案。我从卫所屯田中知道，恢复井田制也不过就是屯田而已。儒生们认为屯田可行，却认为井田不可行，这是不知道二五就是十啊！

　　每军拨田五十亩，古之百亩也，非即周时一夫授田百亩乎？五十亩科正粮十二石①，听本军支用，余粮十二石，给本卫官军俸粮，是实征十二石也。每亩二斗四升，亦即周之乡遂用贡法也②。天下屯田见额六十四万四千二百四十三顷，以万历六年实在田土七百一万三千九百七十六顷二十八亩律之，屯田居其十分之一也，授田之法未行者，特九分耳。由一以推之九，似亦未为难行。况田有官民，官田者③，非民所得而自有者也。州县之内，官田又居其十分之三。以实在田土均之，人户一千六十二万一千四百三十六，每户授田五十亩，尚余田一万七千三十二万五千八百二十八亩，以听富民之所占，则天下之田自无不足，又何必限田、均田纷纷④，而徒为困苦富民之事乎！故吾于屯田之行，而知井田之必可复也。

【注释】

　①科：征税。正粮：即正税。指正额赋税。与"加耗""子税"等附加税相对。又指主要赋税，与各种杂税相对。如清代称田赋、丁赋为正税。称盐课、茶课、牙税、当税等为杂税。

②乡遂：泛指都城以外的地区。乡，按周制，京城之外百里以内，分
　为六乡，每乡由乡大夫负责管理政务。《周礼·大司徒》："令五家
　为比，使之相保；五比为闾，使之相受；四闾为族，使之相葬；五族
　为党，使之相救；五党为州，使之相赒；五州为乡，使之相宾。颁职
　事十有二于邦国都鄙。"遂，国都之外的地区称郊，而郊之外的行
　政区划称遂。
③官田：官府掌管和经营的土地，也称公田。官田还包括因犯罪被
　籍没入官的大官僚、地主的土地，以及无主荒地等。
④限田：即限名田。均田：指政府向农民分配一定数额的土地，以此
　鼓励垦荒。均田制是以政府掌握大量土地为实行前提的，始于北
　魏，后沿行到唐代后期。

【译文】

　　明代的卫所屯田制度，每名士兵拨田五十亩，相当于古时候的一百亩，这不就是周代一个人分配给土地一百亩吗？五十亩征收生产出的粮食十二石，作为士兵支出之用，余下的十二石粮食交给本卫所，用作军官的俸粮，这实际上就是征收了十二石，相当于每亩征收二斗四升，这也就是周代的乡遂用贡制度。现在天下屯田总数为六十四万四千二百四十三顷，按照万历六年实际之数，天下全部的土地为七百零一万三千九百七十六顷二十八亩，这样来计算的话屯田的数额占全部土地的十分之一。那么授田之法没有推行的地方就只有十分之九了。由十分之一而推到十分之九，似乎不是很困难。况且，土地有官田、民田，所谓官田指的是政府所有，不为百姓所拥有的田土。州县的土地，官田占了十分之三。如果以实际存在的田地来分配，人户数额为一千零六十二万一千四百三十六，每户分配给田地五十亩，还剩下田地一万七千零三十二万五千八百二十八亩，这些田地若听任富民去占有，这样天下的田地就自然不会缺乏，又何必实行限田、均田等政策，徒自找富民的麻烦呢？因此，我从屯田可实行这一点考虑，井田制是一定可以恢复的。

难者曰：屯田既如井田，则屯田之军日宜繁庶，何以复有销耗也①？曰：此其说有四：屯田非土著之民，虽授之田，不足以挽其乡土之思，一也。又令少壮者守城，老弱者屯种，夫屯种而任之老弱，则所获几何，且彼见不屯者之未尝不得食也，亦何为而任其劳苦乎？二也。古者什而税一，今每亩二斗四升，计一亩之入不过一石，则是什税二有半矣，三也。又征收主自武人而郡县不与，则凡刻剥其军者何所不为，四也。而又何怪乎其销耗与？

【注释】

①复有销耗：明代在军事上实行卫所制度。各卫所的士兵在驻防地屯田，以资费用。但随着兵额的扩增，开支日巨，费用不够支用，所以后来又出现了民屯、商屯。但是遇到战事，养兵之费仍然不够，所以说军费消耗日益增加，使得明朝财政入不敷出。销耗，消耗，亏空。

【译文】

有人诘难说："屯田既然如同井田，那么屯田的军队应该日益增加，为什么国家的消耗又增加了呢？"答说："这种说法有四个原因：屯田的士兵不是当地的土著居民，虽然分配土地给他们，但也不能弥补他们的思乡之情，这是其一。命令年轻力壮的人去守城，老弱者去耕种田地，让耕田的重担落在老弱之人身上，那么能收获多少呢？而且，他们看到不耕田的人也未尝没有饭吃，那他们又为什么辛苦劳作呢？这是其二。古时候征收的赋税是十税一，如今每亩征收二斗四升，而一亩的收获不过一石，这样就等于征收的赋税为十分之二点五了。这是其三。军人自己负责征收赋税，郡县不参与，那么凡刻薄军士的行为就无所不为了。这是其四。所以，何必奇怪军队消耗国家财富呢？

田制三

【题解】

《田制三》主要分析了如何去除赋税制度中的三大弊害,并论述了理想中的田制,涉及土地分等、实物征税、简化税种等方面。其始,黄宗羲提出要恢复井田制,必须改变赋税制度中的弊害,即"积累莫返之害","所税非所出之害","田土无等第之害"。对于这三大弊害,他都进行了详细说明,并提出了自己的见解及解决措施。对于"积累莫返之害",他举例了唐代的两税法、明代的一条鞭法,以历史上重要的赋税制度改革来论述要制定新的赋税需返回到"积累"以前的制度,即"授田于民,以什一为则;未授之田,以二十一为则;其户口则以为出兵养兵之赋",如此则国用自足,可以消除一切苛捐杂税。对于"所税非所出之害",黄宗羲在分析历史上的赋税征收措施后,认为需"必任土所宜,出百谷者赋百谷,出桑麻者赋布帛,以至杂物皆赋其所出",如此则百姓绝不会"困瘁"。对于"田土无等第之害",黄宗羲指出民间土地价格悬殊厉害,主要原因是土地的等级差别,而官府无视于此,征收赋税不加区别,因而对百姓极为不公平,而要改变,需"丈量天下田土",分上中下三等后,再酌情划出另外两种等级土地,如此按土地等级好坏把土地分为五等征收赋税。再者,黄宗羲还提出对土地进行休耕措施,以养地力。

从《田制》三篇可见,黄宗羲所论田制是基于历史上的土地制度、赋

税制度并结合反思明代赋税弊病而感发的,体现了他忧国忧民、以民为本的思想。萨孟武曾评曰:

> 案土地问题本来不易解决,吾国自秦汉以后,一切田制都已实行,秦汉许民自由买卖,不加限制。武帝时代,董仲舒提出限田之议,师丹孔光因之,令民名田无过三十顷。王莽之时实行井田圣制。魏用屯田,晋用占田,北朝及隋唐用公田。或绝对私有,或相对私有,或绝对平等分配,或依贵贱分配,而皆归失败。要之,大乱之后,地广人稀,固然可依井田之意,分配土地,强迫人民耕耘,以增加田赋的收入。要是人口蕃庶,则类似井田之制度,势非破坏不可。梨洲知井田不能复行于今日,故退一步,欲依屯田之法,稍行井田,曹魏的民屯即其实例。唯由吾人观之,在无主的土地之上,固然可行屯田,但人口繁殖,土地不够分配,屯田式的井田,势亦必归失败。吾人读吾国历史,即可知之。(《中国政治思想史》)

　　或问井田可复,既得闻命矣;若夫定税则如何而后可?曰:斯民之苦暴税久矣,有积累莫返之害,有所税非所出之害,有田土无等第之害。

【译文】

　　有人问,井田制可以恢复,并且统治者也允许;那么赋税要如何规定呢?我回答说:百姓被苛捐杂税折磨已经很久了,有赋税累积而不减的危害,有赋税所征收的并不是出自土地所产的危害,有田地不分等级的危害。

　　何谓积累莫返之害?三代之贡、助、彻[①],止税田土而已。魏晋有户调之名[②],有田者出租赋,有户者出布帛,田之外复有户矣。唐初立租、庸、调之法③，有田则有租，有户则有调，有身则有庸，租出谷，庸出绢，调出缯纩布麻④，户之外复有丁矣。杨炎变为两税⑤，人无丁中⑥，以贫富为差，虽租、庸、调之名浑然不见，其实并庸、调而入于租也。相传至宋，未尝减庸、调于租内，而复敛丁身钱米⑦。后世安之，谓两税，租也，丁身，庸、调也，岂知其为重出之赋乎？使庸、调之名不去，何至是耶！故杨炎之利于一时者少，而害于后世者大矣。

【注释】

①贡、助、彻：夏商周三代时的赋税制度，夏代为贡法，商代为助法，周代为彻法。《孟子·滕文公上》："夏后氏五十而贡，殷人七十而助，周人百亩而彻，其实皆什一也。彻者，彻也；助者，借也。"朱熹注："夏时一夫授田五十亩，而每夫计其五亩之入以为贡。商人始为井田之制，以六百三十亩之地，画为九区，区七十亩。中为公田，其外八家各授一区，但借其力以助耕公田，而不复税其私田。周时一夫授田百亩。乡遂用贡法，十夫有沟；都鄙用助法，八家同井。耕则通力而作，收则计亩而分，故谓之彻。"

②户调：即户税。曹魏时，赋税制度是"田租亩四升，户出绢二匹、绵二斤"（《三国志·魏书·武帝纪》），既对土地征税，也按户征税。晋武帝统一中原以后，在田租之外，实行户调制。其户，按丁男、丁女及次丁男数分别征收不同数量的绢绵，即"丁男之户，岁输绢三匹，绵三斤，女及次丁男为户者半输"（《晋书·食货志》）。

③租、庸、调之法：唐代初年，在实行均田制的同时推行"有田则有租，有家则有调，有身则有庸"（《新唐书·食货志二》）的赋税制度，这是以"人丁为本"的赋税制度。租指田租，庸指服劳役，但

可缴纳钱物代替，调指缴纳当地的土产，以丝织品为多。具体的
数额，据《旧唐书·食货志上》载："赋役之法，每丁岁入租粟二
石，调则随乡土所产，绫绢绝各二丈，布加五分之一，输绫绢绝者，
兼调绵三两，输布者麻三斤。凡丁，岁役二旬，若不役，则收其庸，
每日三尺。有事而加役者，旬有五日免其调，三旬则租、调俱免，
通正役，并不过五十日。"

④缯𬘓（kuàng）：指缯帛与丝绵，为丝织品名称。此泛指丝织品。

⑤杨炎变为两税：唐代中期以后，租庸调制渐渐废弛。尤其安史之
乱后，均田制遭到了破坏，租庸调制也积弊日久。唐德宗建中元
年（780），为革除税收弊病，增加财政收入，杨炎建议废除以人丁
为本的租庸调制，改行以资产为宗的两税法。因分夏秋两季征
税，故称两税法。据《旧唐书·食货志上》，两税之法：" 户无主
客，以见居为簿。人无丁中，以贫富为差。行商者，在郡县税三十
之一。居人之税，秋夏两征之。各有不便者，三之。余征赋悉罢，
而丁额不废。其田亩之税，率以大历十四年（779）垦数为准。征
夏税无过六月，秋税无过十一月。"这是中国赋税制度史上具有重
要意义的改革，对后世影响深远。杨炎（727—781），字公南，凤
翔天兴（今陕西凤翔）人。别号小杨山人。初为河西节度使吕崇
贲幕僚，后迁中书舍人，与常衮同知制诰。元载为相，擢为吏部侍
郎、史馆修撰。元载被杀，坐贬道州司马。德宗即位，起为门下侍
郎、同平章事。建中元年（780）开始推行两税法。后独掌相权。
德宗重用卢杞，罢为尚书左仆射。又为卢杞构陷，贬为崖州司马
同正，被赐死途中。两税，两税法。

⑥丁中：唐代规定，男子满二十一岁为丁，满十六岁为中。

⑦丁身钱米：据《文献通考·户口考二》："初，湖、广、闽、浙因伪国
旧制，岁敛丁身钱米，所谓丁口之赋。"这应是在五代时，两浙、福
建、荆湖、广南等地曾经征收的一种户口税。宋初曾沿袭。《续资

治通鉴·宋纪二十九》：“两浙、福建、荆湖、广南诸州，循伪制输丁
身钱，岁凡四十五万四百贯。民有子者，或弃不养，或卖为僮仆，
或度为释、老。”

【译文】

什么是赋税累积而不减的危害呢？夏商周三代时候的贡、助、彻只
是征收土地税而已。魏晋时，有户调之名，有田地的要缴纳租赋，有人户
的要缴纳布帛，赋税征收除了田赋还有户赋。唐初实行的租、庸、调制的
赋税方法，有田地的要交租赋，有人户的要交调赋，有丁口要出庸赋，租
以谷物形式缴纳，庸以绢的形式缴纳，调以丝布麻形式缴纳，这是除了户
赋之外又有了以人丁作为征税对象的丁赋。杨炎改变租、庸、调制为两
税法，人丁不分是否成年，以贫富为征收标准，虽然租、庸、调之名不再使
用了，但其实是把庸、调合并到租里了。两税法沿用到宋代，没有在租内
减掉庸、调，却又开始征收钱米作为丁身赋税。后世认为理所当然，认为
两税指的就是租赋，丁身指的就是庸、调，哪里知道这实际上是重复征收
赋税呢？假使不去除庸、调的名目，何至于导致这样的结果！所以，杨炎
的两税法改革只是一时有利，而给后世的危害却是很大的。

有明两税，丁口而外，有力差、有银差[①]，盖十年而一
值。嘉靖末行一条鞭法[②]，通府州县十岁中夏税、秋粮、存
留、起运之额[③]，均徭、里甲、土贡、顾募、加银之例[④]，一条总
征之，使一年而出者分为十年，及至所值之年一如余年，是
银、力二差又并入于两税也。未几而里甲之值年者，杂役仍
复纷然。其后又安之，谓条鞭，两税也：杂役，值年之差也，岂
知其为重出之差乎？使银差、力差之名不去，何至是耶！故条
鞭之利于一时者少，而害于后世者大矣。万历间，旧饷五百
万，其末年加新饷九百万，崇祯间又增练饷七百三十万[⑤]，倪

元璐为户部⑥，合三饷为一，是新饷、练饷又并入于两税也。至今日以为两税固然，岂知其所以亡天下者之在斯乎！使练饷、新饷之名不改，或者顾名而思义，未可知也。此又元璐不学无术之过也。嗟乎！税额之积累至此，民之得有其生也亦无几矣。今欲定税，须反积累以前而为之制。授田于民，以什一为则；未授之田，以二十一为则；其户口则以为出兵养兵之赋，国用自无不足，又何事于暴税乎！

【注释】

①力差：即力役，指遇有徭役，自己应差役。银差：指轮到自己服役时，向官府缴纳银两，以代服役。

②一条鞭法：明代中期确立的赋税及徭役制度。明代中后期，由于土地私有制的发展，社会矛盾尖锐。而国家开支逐渐增大，财政出现困难。此时明初的徭役赋税制度已经被破坏，赋税种类繁杂，滞纳又多，征收不易，影响了国家财政收入。因此在嘉靖末年，明朝开始试行将各类税目合并征收，计亩征银。此法由张居正在万历九年（1581）推广到全国，规定全国各州县的田赋、徭役及其他各项杂役一起合并征收银两，如此大大简化了税制。《明史·食货志二》："一条鞭法者，总括一州县之赋役，量地计丁，丁粮毕输于官。一岁之役，官为金募，力差，则计其工食之费，量为增减；银差，则计其交纳之费，加以增耗。凡额办、派办、京库岁需与存留、供亿诸费，以及土贡方物，悉并为一条。皆计亩征银，折办于官，故谓之一条鞭。"

③夏税、秋粮：指两税法中分夏、秋两季征收赋税。

④均徭：明代的一种徭役。据《明史·食货志二》："以上、中、下户为三等，五岁均役，十岁一更造。一岁中诸色杂目应役者，编第均

之，银、力从所便，曰均徭。"里甲：明代州县统治的基层单位；后
转为明代三大徭役（里甲、均徭、杂泛）名称之一。《明史·食货
志一》："洪武十四年，诏天下编赋役黄册，以一百一十户为一里，推
丁粮多者十户为长，余百户为十甲，甲凡十人。岁役里长一人，甲
首一人，董一里一甲之事。先后以丁粮多寡为序，凡十年一周，曰
'排年'。……每十年有司更定其册，以丁粮增减而升降之。"起
初里长、甲首负责传达公事、催征税粮，以后官府聚敛繁苛，凡祭
祀、宴飨、营造、馈送等费，都要里甲供应。顾募：雇佣征募。

⑤ 练饷：明末为练兵所需军饷而征收的一种苛税。崇祯十二年
（1639）下令抽练边兵和加练民兵，于是加征田赋每亩练饷银
一分，全国共征收七百三十万两。与辽饷、剿饷当时并称为"三
饷"。见《明史·食货志二》。赵翼《廿二史札记·明末辽饷剿
饷练饷》："（崇祯）十二年饷尽而贼未平，于是又从嗣昌及督饷侍
郎张伯鲸议，剿饷外又增练饷七百三十万。"

⑥ 倪元璐（1593—1644）：字玉汝，浙江上虞人。天启二年（1622）
进士，其历官户、礼部尚书。天启七年（1627）出任江西乡试主
考官时，出题讽刺魏忠贤，幸而崇祯帝即位清除魏忠贤，他才幸免
于难。崇祯十五年（1642），他听到清兵欲入京，向崇祯帝陈述制
敌之法，遂被起任户部尚书。李自成攻陷北京后，他自缢而死，年
五十二。据《明史·倪元璐传》载："自军兴以来，正供之外，有边
饷，有新饷，有练饷，款目多，黠吏易为奸，元璐请合为一，帝皆报
可。"其曾向崇祯帝建议三饷合一征收，崇祯帝允可。

【译文】

明代的赋税，除两税、丁口银外，还有力差、银差，大概每十年轮到一
次。嘉靖末年实行一条鞭法，所有府州县十年中的夏税、秋粮、存留、起
运的数额，均徭、里甲、土贡、顾募、加银之例，合并为一项一起征收，这
样本来一年而服的徭役被分为了十年，而轮到所值之年也同其他年份一

样,这样银差和力差又被并入两税了。没过多久,到里甲的轮值的年份,仍派充各种杂役。其后又以此为定例,认为一条鞭就是两税,杂役就是值年差役。哪里知道这实际上是重复征收的差役呢?假使当初银差、力差的名目不被去除,何至于此!所以说,一条鞭法对于当时是一点小利,而对后世的危害确是很大的。万历年间,旧军饷为五百万,万历末年又加新饷九百万,崇祯年间又增练饷七百三十万,倪元璐当时为户部尚书,将三饷合而为一,于是新饷、练饷又并入了两税。到现在,大家都以为两税法就是这样的,哪里知道明朝之所以灭亡的原因就在于此呢?假使练饷、新饷的名称不被取消,也许可以从中想到它们并非正常的赋税而进行裁减,也未可知。这又是倪元璐不学无术而导致的过错。唉!税额逐渐累积叠加到这种地步,百姓还有能幸而存活下来的也就没有多少了。现在要想制定赋税,必须要返回赋税累积以前的制度。把田地分配给百姓,以十税一为标准;不是国家分配给的田土,以二十税一为标准;对人户丁口所征收的赋税作为出兵养兵的用度,这样,国家用度就自然不会不足,又何至于征收苛捐杂税呢!

何谓所税非所出之害?古者任土作贡①,虽诸侯而不忍强之以其地之所无,况于小民乎?故赋谷米,田之所自出也;赋布帛,丁之所自为也。其有纳钱者,后世随民所便;布一匹,直钱一千,输官听为九百②,布直六百,输官听为五百;比之民间,反从降落。是钱之在赋,但与布帛通融而已③。其田土之赋谷米,汉唐以前未之有改也。及杨炎以户口之赋并归土田,于是布帛之折于钱者与谷相乱④,亦遂不知钱之非田赋矣。宋隆兴二年,诏温、台、处、徽不通水路,其二税物帛,许依折法以银折输⑤。盖当时银价低下,其许以折物帛者,亦随民所便也。然按熙宁税额⑥,两税之赋银者六万一百三十七两而已,而又谷贱之时常平就籴^⑦,故虽赋银^⑧,亦不至于甚困。

【注释】

①任土作贡:根据土地的出产情况以确定贡赋的种类和数量。《尚书·禹贡》:"禹别九州,随山浚川,任土作贡。"

②"布一匹"几句:此句指一匹布的市场价位一千钱,但如果缴纳钱给官府,就只需缴九百钱。所以相对于用布纳税,百姓用钱纳税更合适。输官,向官府缴纳。听,接受。

③通融:变通,交换。

④折:折合,抵当。

⑤"宋隆兴二年"几句:出自《宋史·食货志上二》:"(隆兴二年)五月,诏:'温、台、处、徽不通水路,其二税物帛,许依折法以银折输,数外妄有科折,计赃定罪。'"隆兴二年,1164年。隆兴,南宋孝宗年号(1163—1164)。温,温州,治今浙江温州。台(tāi),台州,治今浙江临海。处,处州,治今浙江丽水。徽,徽州,治今安徽歙县。折输,折合交纳。

⑥熙宁:北宋神宗赵顼年号(1068—1077)。

⑦常平就籴(dí):《宋史·食货志上》:"淳化三年,京畿大穰,分遣使臣于四城门置场,增价以籴,虚近仓贮之,命曰常平,岁饥即下其直予民。"常平,即常平仓,政府设立,粮价便宜时买入,待到粮价贵时低价卖出,以平抑粮价。这种粮仓是汉宣帝时耿寿昌首创。《汉书·食货志上》载,宣帝时,"漕事果便,寿昌遂白令边郡皆筑仓,以谷贱时增其贾而籴,以利农,谷贵时减贾而粜,名曰常平仓。民便之"。籴,买进谷物。

⑧赋银:征收银作为赋税。

【译文】

什么是征收的赋税不是土地出产的危害呢？古时候根据土地的出产来确定贡赋种类和数量，即使是诸侯，天子也不忍心强迫他们进贡其土地上所不能出产的物品，何况是普通百姓呢？所以，用谷米作为赋税，这是田地自然出产的东西；用布帛作为赋税，这是百姓自己纺织劳作获得的东西。有改缴纳钱币的，也是后世依据百姓意愿；布一匹值钱一千，但是到了输官那里就只用缴纳九百；布一匹值钱六百，但是到了输官那里就只用缴纳五百；相比于市井民间，折钱的比例有所下降。因此，用钱币作为赋税只是用来与布帛相变通而已。用田地出产的谷米作为赋税，自汉唐以前并未改变过。等到杨炎把户口税合并归到土地税中，于是折合成钱币的布帛就与谷米相混乱了，百姓于是也就不知道征收的钱币并不是田赋了。南宋隆兴二年，皇帝诏令温州、台州、处州、徽州不通水路，其夏秋两税的谷物布帛允许根据折算方法折成白银缴纳。大概当时银价低下，所以允许把谷物布帛折成白银，也是随百姓方便与否。然而，按照熙宁年间的税额，夏秋两税交纳的白银数量不过六万零一百三十七两而已，而朝廷又在谷贱之时买入粮食，所以虽然可用白银缴纳赋税，但也不至于造成困扰。

　　有明自漕粮而外，尽数折银[①]；不特折钱之布帛为银，而历代相仍不折之谷米，亦无不为银矣；不特谷米不听上纳，即欲以钱准银[②]，亦有所不能矣。夫以钱为赋，陆贽尚曰"所供非所业，所业非所供"[③]，以为不可，而况以银为赋乎？天下之银既竭，凶年田之所出不足以上供；丰年田之所出足以上供，折而为银，则仍不足以上供也，无乃使民岁岁皆凶年乎？天与民以丰年而上复夺之，是有天下者之以斯民为仇也。然则圣王者而有天下，其必任土所宜，出百谷者赋百谷，出桑麻者赋布帛，以至杂物皆赋其所出，斯民庶不至困瘁尔。

【注释】

①有明自漕粮而外，尽数折银：明代的赋税自明英宗正统年间，除军粮运输到京师外，其他赋税一律折成白银征收，称金花银。《明史·食货志二》："南畿、浙江、江西、湖广、福建、广东、广西米麦共四百余万石，折银百万余两，入内承运库，谓之金花银。其后概行于天下。自起运兑军外，粮四石收银一两解京，以为永例。诸方赋入折银，而仓廪之积渐少矣。"

②以钱准银：以白银折算为钱。准，折算，折合，抵偿。

③陆贽（754—805）：字敬舆，苏州嘉兴（今属浙江）人。唐代著名的政治家、文学家。少有才学，唐代宗大历八年（773）中进士，时仅十八岁。德宗即位，召为翰林学士，建中四年（783）和兴元元年（784），在德宗避朱泚之乱于奉天和避李怀光之乱于梁州时，他辅佐左右，被视为"内相"，又因敢谏而迁为谏议大夫。内乱平定后，转为中书舍人。贞元七年（791），为兵部侍郎。贞元八年（792），知贡举，擢韩愈、李观、欧阳詹等登第，时称"龙虎榜"。四月拜相。贞元十年（794），为户部侍郎、判度支裴延龄构陷而罢相。次年贬为忠州别驾。卒谥宣，世称陆宣公。其关于赋税的建议见《新唐书·食货志》。

【译文】

明朝除了漕粮之外，赋税全部折合为白银征收。不仅可折合为钱币的布帛要折合为白银，甚至于历代从不折合为钱币的谷米也要全都折合为白银；不仅谷米不能作为赋税缴纳，即使是把白银折合成钱币也不可以。以钱币缴纳赋税，陆贽还说"所缴纳的赋税不是自己劳作而得到的物品，自己生产的物品也不能成为缴纳的赋税"，认为不可行，而何况以白银缴纳赋税呢？天下的白银已经濒临枯竭，遇到年成不好的时候，田地所产不足以缴纳赋税；遇到年成丰收的时候，田地所产足够缴纳赋税，但折算为白银后，仍不足以缴纳，这不是使百姓年年都是凶年吗？上天给予百姓丰收的年成，但统治者却给剥夺了，这是统治者与百姓有仇啊！那么圣王君临天下，必定是根据土地出产而确定征收赋税，生产粮食的就征收粮食为赋税，生产桑麻的就征收布帛为赋税，以至于杂物也都从出产的地方征收作为赋税，这样百姓才不至于困顿穷苦。

何谓田土无等第之害？《周礼·大司徒》："不易之地家百亩，一易之地家二百亩，再易之地家三百亩[①]。"是九则定赋之外，先王又细为之等第也。今民间田土之价，悬殊不啻二十倍，而有司之征收画以一则，至使不毛之地岁抱空租，亦有岁岁耕种，而所出之息不偿牛种[②]。小民但知其为瘠土，向若如古法休一岁、二岁，未始非沃土矣。官府之催科不暇[③]，虽欲易之，恶得而易之，何怪夫土力之日竭乎？吾见有百亩之田而不足当数十亩之用者，是不易之为害也。

【注释】

①"不易之地家百亩"几句：语出《周礼·地官·大司徒》。不易之地，不需要休耕的田地，指较为肥沃的田地。一易之地，休耕一年就可以再次耕种的田地。再易之地，休耕两年后才可以耕种的田地。易，交换，替代。此特指休耕。郑司农云："不易之地，岁种之，地美，故家百亩。一易之地，休一岁乃复种，地薄，故家二百亩。再易之地，休二岁乃复种，故家三百亩。"

②牛种：耕牛和种子。

③催科：催收租税。租税有科条法规，故称。暇：底本作"假"，据

《海山仙馆丛书》本改。

【译文】

什么是田地不分等级好坏的危害呢？《周礼·大司徒》中说："肥沃不需要休耕的土地每户分给一百亩，需要休耕一年再次耕种的土地每户分给二百亩，需要休耕两年才能耕种的土地每户分给三百亩。"这是古代的圣王在把土地分为九等来制定赋税外，又将田地细分等级次第。现在民间土地的价格，悬殊不下于二十倍，而官府的征收却以同一标准进行，致使不毛之地每年也没有不交租的情况，也有的年年耕种的田地，而所生产出的东西还抵不上耕牛和种子的费用。百姓只知道这是田地的贫瘠，但如果像古代那样，休耕一年、两年，未尝不是沃土。但官府催收租税还应接不暇，即使想休耕，又怎么能够休耕，土地肥力日益衰竭又有什么奇怪呢？我看见有的田地一百亩的出产还抵不上几十亩，这就是土地不休耕造成的弊害。

　　今丈量天下田土，其上者依方田之法[1]，二百四十步为一亩，中者以四百八十步为一亩，下者以七百二十步为一亩，再酌之于三百六十步、六百步为亩，分之五等。鱼鳞册字号[2]，一号以一亩准之，不得赘以奇零[3]；如数亩而同一区者不妨数号，一亩而分数区者不妨一号。使田土之等第，不在税额之重轻，而在丈量之广狭，则不齐者从而齐矣。是故田之中、下者，得更番而作，以收土田之利；如其力有余也而悉耕之，彼二亩三亩之入，与土田一亩较量多寡[4]，亦无不可也。

【注释】

①方田之法：即宋代的方田法，大概以二百四十步为一亩。《宋史·食货志上二》："神宗患田赋不均，熙宁五年（1072），重修定

方田法,诏司农以《方田均税条约并式》颁之天下。以东西南北各千步,当四十一顷六十六亩一百六十步,为一方。"

②鱼鳞册:鱼鳞图册的简称,指中国古代登记土地面积的簿册。其册,将房屋、山林、池塘、田地按照次序排列绘制,标明相应的名称,因其状似鱼鳞而得名。宋代已有鱼鳞册,但还没有推广,明代洪武年间开始推广。《明史·食货志一》:"洪武二十年(1387)命国子生武淳等分行州县,随粮定区。区设粮长四人,量度田亩方圆,次以字号,悉书主名及田之丈尺,编类为册,状如鱼鳞,号曰鱼鳞图册。先是,诏天下编黄册,以户为主,详具旧管、新收、开除、实在之数为四柱式。而鱼鳞图册以土田为主,诸原坂、坟衍、下隰、沃瘠、沙卤之别毕具。鱼鳞册为经,土田之讼质焉。黄册为纬,赋役之法定焉。"

③奇零:不成整数,零星的。

④与土田一亩较量多寡:土,按文意疑当为"上"。译文以意改。

【译文】

现在丈量天下的田地,上等田地就按照方田之法,以每二百四十步为一亩,中等的田地以每四百八十步为一亩,下等的田地则以每七百二十步为一亩,再酌情以每三百六十步、六百步为一亩,共分为五等。鱼鳞册的字号,每一号以每一亩为标准,不得加零散数字;如果几亩田地都属于同一区,不妨使用几个字号;如果一亩田地分布在几个区,不妨使用同一字号。使田地的等级次第不在于税额的轻重,而在于田地丈量面积大小,这样不整齐也就整齐实现公平了。所以田地属于中、下等的得以休耕,可以得到田地应有的收获;如果他们人力有余,也可以耕种全部的田地,那么二亩三亩中、下等土地与一亩上等土地来比较收获物的多寡,也没有什么不可以。

兵制一

【题解】

《兵制》三篇主要论述军事制度。明末清初,对于"兵"的相关讨论是当时的一个热点话题。黄宗羲在《兵制》三篇中,主要从制度入手,就明代的军事制度、将兵问题、儒臣与武将关系进行了论述。

在《兵制一》中,黄宗羲主要论述明代的卫所制度。此篇开端,黄宗羲就指出明代兵制经过了三次变化,即卫所兵制度—募兵制度—大将屯兵制度。明代的兵制最初为卫所制度,成祖以后随着国家的稳定和战事缩减,卫所制渐渐废弛,到了明代中叶已经名存实亡。英宗土木堡之变时,明廷四处募兵,嘉靖时东南沿海倭寇作乱,但其时卫所兵已不可用,只得招募民兵,由此明朝兵制由卫所制变而为募兵制。至崇祯时,因为与后金作战需要,明廷专任大将,由将领募兵统军,由此明朝兵制又一变而为大将屯兵制。

明初,朱元璋在洪武元年(1368)参考唐代府兵制,加以改革而形成了卫所制度。它既是一种兵役制度,也是一种管理体制。明朝在军事要地设卫,次要的地方设所,明朝的军队都编入卫所中。按制,一百二十人为百户所,设百户统领;一千一百二十人为千户所,设正副千户、镇抚统领;五千六百人为一卫,设指挥使、同知、佥事统领。明代的卫所兵属于世兵制,军户另立军籍且世袭。军士在驻防地进行屯田,以充军费。募兵制是政府在兵员不足时采取的征兵措施,明初曾实行过,而宣宗宣德九年(1434)时才有规模地实行。正统十四年(1449)土木堡之役后,明朝精锐折损严重,所以以招募形式扩充兵员。这时募兵以边镇用兵为主,对象较多,如民丁、乡勇等。由于招募的规模较大,遂按伍、什、队、哨、总、营的形式进行独立编制。因为募兵多属本地兵,在初期相比世兵显示出了很大优势,但到明朝中后期,募兵制因各种问题而日益衰落。所以黄宗羲在文中认为"兵制自明以来日见其坏"。对此朱一新评曰:"兵制之坏,不自明始,此历代无善策者。明卫所之制,实参用唐府兵之制。府兵之制,后世所推为善策者也,而亦不能历久无弊。大抵治兵与治历同,久则当革。自古无一成不变之兵法,亦无百年不坏之兵制,在随时整伤,以适于用而已。"(《无邪堂答问》)

大将屯兵制是明朝中后期出现的。军士屯田在古代是政府为解决军队费用而采取的重要措施,在宋代以前主要实行于边境地区,到金元时期屯田方式逐渐扩大到全国。明代初期实行卫所制度,军士在驻防地也进行屯田,以实现军粮自给自足。这是根据历朝屯田经验并结合明代军事特点而实行的,其实行后显著的特点:一是增加了军队的军饷,二是开发了边疆地区,促进了边疆社会经济的发展。

黄宗羲对以上三种兵制的弊端进行了论述,指出卫所制度的弊端是庞大的军队所有军费开支都由百姓负担,而且分兵于民,使得"一天下养两天下之兵"。募兵制则是需要花费大量的时间和金钱,所募之兵良莠不齐。大将屯兵制的弊端则是大将容易"拥众自卫"。因此,他认为明朝的灭亡与这三种兵制有很大关系。由此,他深入分析了明代卫所制度被破坏的过程和原因。一是,卫所"军伍销耗,耕者无人",军士自是无法自给自足。二是定都北京后,"军十二万六千八百人,轮年值运,有月粮,有行粮,一人兼二人之食",众多的人不耕而食,加重了军队财政负担。三是,中都、大宁、山东、河南附近的卫所是春秋两班轮流,而他们也是一人兼有两人的粮食,班操制又成为卫所破坏的一大原因。四是,在国家有战乱,抽调的士兵和各边新补充的士兵,造成"一兵而有三饷"。由此可见,黄宗羲认为卫所制度被破坏,是因军费开支巨大,造成劳民伤财,最终没落。针对这些弊端,黄宗羲的建议是按人口征兵,分民户养兵,即"天下之兵当取之于口,而天下为兵之养当取之于户"。按人口比例征兵,对于给养,则"其取之户也,调发之兵十户而养一,教练之兵则无资于养"。操练兵四年服役一次,且服役地不出千里,服役不至于太劳苦。如此,不仅解决了军饷问题,还避免了军队中老弱之兵的存在。可以说,这是黄宗羲总结历史上的兵制和明王朝的卫所制度而总结出的兵民合一式的兵役和养兵制度。

　　有明之兵制,盖亦三变矣[①];卫所之兵,变而为召募,至崇祯、弘光间又变而为大将之屯兵[②]。卫所之弊也,官军三百十三万八千三百皆仰食于民,除西北边兵三十万外[③],其所以御寇定乱者,不得不别设兵以养之[④]。兵分于农,然且不可,乃又使军分于兵,是一天下养两天下之兵也。召募之弊也,如东事之起[⑤],安家、行粮、马匹、甲杖费数百万金[⑥],得兵十余万而不当三万之选,天下已骚动矣。大将屯兵之弊也,拥众自卫,与敌为市[⑦];抢杀不可问,宣召不能行,率我所养之兵反而攻我者,即其人也。有明之所以亡,其不在斯三者乎?

【注释】

　　①有明之兵制,盖亦三变矣:指明代的兵制初为卫所制度,中期时变为募兵制,至崇祯时则为大将屯兵制。

　　②弘光:南明福王年号,1645年的1—5月。

　　③西北边兵:明初期,在今甘肃、青海、新疆地区设置了西州、洮州、

河州、赤斤蒙古、罕东、安定、阿端、曲先、沙州、哈密等卫,指挥使大都由土酋充任,以此强化对西北地区的军事控制力。

④别设:另外派遣。

⑤东事:辽东战事,指明朝与后金的战争。

⑥行粮:军士行军或从事其他差役期间,按日计程发给的粮饷。甲仗:兵器。

⑦与敌为市:与敌人做交易。

【译文】

明朝的兵制大概经历了三次变化:最先是卫所制度,后变为招募兵制度,到了崇祯、弘光年间又变为将领屯兵制度。卫所制度的弊端,是官军三百一十三万八千三百人的粮饷全部由百姓供给,除了西北边境三十万的守兵外,那些抵御寇盗侵扰、平定祸乱的军队,又不得不另外派遣士兵屯田来养活。兵与农分离尚且不可以,又将士兵分离成两类,这相当于是用一个国家的资源来养活两个国家的士兵啊。招募兵制度的弊端,例如辽东发生战事,士兵的安家、行粮、马匹、兵器的费用高达数百万金,而招募来的十余万士兵,却选不出三万能够作战的,但是天下已经骚动不安了。将领屯兵制度的弊端,将领拥有众多士兵只用以自卫,甚至与敌人做交易;发生乱抢滥杀的事情,朝廷无法过问,朝廷宣召而大将并不听从,率领我供养的士兵反过来攻击我,指的就是这些人。明朝之所以亡国,难道不是这三个制度造成的吗?

议者曰:卫所之为召募,此不得已而行之者也;召募之为大将屯兵,此势之所趋而非制也。原夫卫所,其制非不善也;一镇之兵足守一镇之地,一军之田足赡一军之用,卫所、屯田,盖相表里者也。其后军伍销耗,耕者无人,则屯粮不足,增以客兵①,坐食者众,则屯粮不足,于是益之以民粮②,又益之以盐粮③,又益之以京运④,而卫所之制始破坏矣。都燕而后⑤,岁漕四百万石⑥,十有二总,领卫一百四十旗军十二万六千八百人⑦,轮年值运,有月粮⑧,有行粮,一人兼二人之食,是岁有二十五万三千六百不耕而食之军矣。此又卫所之制破坏于输辇者也⑨。

【注释】

①客兵:相对本地士兵而言的外地士兵。也指从他处调来的驻防兵。

②民粮:指田赋。

③盐粮:明初,洪武三年(1370)因边境需军粮,政府遂招募商人向守边的军队输送粮食而换取盐引,取得贩卖食盐的资格,凭盐引将盐运销到指定的地方。这就是开中法,是政府利用盐法补充军粮的一种手段。

④京运:明代自正统年间从京师银库运银给边军做俸饷,称京运。在卫所屯田制遭到破坏后,各边驻军的俸饷就由京师银库拨付运往。

⑤都燕:明初定都于南京,后在明成祖永乐十九年(1421)迁都北京。

⑥岁漕四百万石:据《明史·食货志三》,明初运往京师的粮食不定额,"成化八年(1472)始定四百万石,自后以为常"。

⑦十有二总,领卫一百四十旗军十二万六千八百人:《皇明从信录》:"国漕岁四百万石,领运十有二总,共领卫所一百四十旗军十二万六千八百人,栈船一万二千一百四十艘。"据《漕运通志》载:"漕运粮船先年海运至京,俱经文武大臣建议开浚会通河,分立十二总,遂罢海运。"这里的"总",应该是管理负责运输事务官兵的基本行政单位。《明史·食货志三》:"运船之数,永乐至景泰,大小无定,为数至多。天顺以后,定船万一千七百七十,官军十二万人。"《明史·兵志二》:"天下既定,度要害地,系一郡者设所,

连郡者设卫。大率五千六百人为卫，千一百二十人为千户所，百十有二人为百户所。所设总旗二，小旗十，大小联比以成军。"旗军，专司漕运的军队。

⑧月粮：指明代士兵每月向官府支领的粮食，是士兵的正式薪俸。

⑨输輓：即漕运。

【译文】

有人说：卫所制度变为招募制度，这是不得已才实行的变革；招募制度变为将领屯兵制度，却是大势所趋，而不是制度。考察卫所制度，并非不完善：一个卫所的士兵足够守一个卫所的土地，一支军队的田地足以满足一支军队的用度，卫所与屯田是互为表里的关系。后来军队消耗增大，没有人耕田，而屯田生产的粮食又不够，加之增派来的客兵，坐等吃饭的人多，而囷粮又不足，于是只能增加百姓的田赋，又用盐引来换取粮食，再从京师银库中拨军饷运往，卫所制度就这样遭到破坏了。定都北京之后，每年漕运的粮食达四百万石，十二总领一百四十卫旗军十二万六千八百人，按年度轮流运输，这些军士发有月粮，有行粮，一人得到了两人的粮食，即每年就有二十五万三千六百不耕田而要吃饭的军队。这是卫所之制又被漕运所破坏了。

中都、大宁、山东、河南附近卫所①，轮班上操②，春班以三月至八月还，秋班以九月至二月还，有月粮，有行粮，一人兼二人之食，是岁有二十余万不耕而食之军矣。此又卫所之制破坏于班操者也。一边有事则调各边之军，应调者食此边之新饷，其家口又支各边之旧饷。旧兵不归，各边不得不补，补一名又添一名之新饷，是一兵而有三饷也。卫所之制，至是破坏而不可支矣。凡此皆末流之弊，其初制岂若是哉！

【注释】

①中都:明代以安徽凤阳为中都。大宁:大宁都指挥使司,原为北平
　　行都司,洪武二十年(1387)置,治在大宁卫(今内蒙古宁城西),
　　次年改称北平行都司。永乐元年(1403)复称大宁都司,并迁于
　　保定府(今河北保定)。

②轮班上操:明成祖时,每年都调发京师周围及中都卫所的士兵赴
　　京操练,分为春季、秋季两班。《明史·兵志一》:"岁调中都、山
　　东、河南、大宁兵番上京师隶之。"《明史·兵志二》:"中都、山东、
　　河南军分春秋两班,别为一营,春以三月至,八月还,秋以九月至,
　　来岁二月还。"

【译文】

　　中都、大宁、山东、河南这些京师附近的卫所,每年分班轮流到北京
操练,春班是三月到北京,至八月返回;秋班是九月到北京,次年二月返
回。这些操练的士兵有月粮,有行粮,一人兼得二人的粮饷,每年就有二
十余万不耕田而要吃饭的士兵。这样卫所制度又被班操所破坏了。一
个地方发生战事,要调动其他边镇的军队支援,调发的士兵在这边支领
新饷,其家人又在原来所属的边镇领取旧饷。被调发的士兵不归队,而
各边镇又不得不补充兵额,补一名士兵还要增添一名士兵的新饷,这是
一个士兵名额就耗费三份军饷。卫所制度至此已被破坏得无法支撑下去
了。这些都是后来发生的弊端,难道卫所制度的初衷就是这样的吗?

　　为说者曰:末流之弊,亦由其制之不善所致也。制之不
善,则军民之太分也。凡人膂力不过三十年①,以七十为率,
则四十年居其老弱也。军既不得复还为民,则一军之在伍,
其为老弱者亦复四十年,如是而焉得不销耗乎! 乡井之思,
谁则无有? 今以谪发充之②,远者万里,近者千余里,违其土

性^③，死伤逃窜十常八九，如是而焉得不销耗乎！且都燕二百余年，天下之财莫不尽取以归京师，使东南之民力竭者，非军也耶？

【注释】

①膂（lǚ）力：体力。

②谪发：指因罪而远戍的人。

③违其土性：此指水土不服及生活习惯不适应。土性，指某地的自然环境和生活习性。

【译文】

我认为：卫所制度后来的弊端，也是由制度的不完善所导致的。制度的不完善，在于士兵与百姓区分得太明显。一般人身强力壮的时间不过三十年，以人活七十岁为标准，那么有四十年都是处于老弱阶段。兵既然不得返回为民，那么一个士兵在行伍中，其为老弱状态的时间也有四十年，如此看来，军队怎么能不被削弱呢？思念故土，谁没有呢？现在，参军如被发配一般被迫离开故土，远的离家达万里之遥，近的也离家有千余里，士兵水土不服及生活习惯不适应，所以在战争中死伤逃跑的人常常达十之八九，这样军队怎么会不被削弱呢？而且定都北京二百余年，天下的财物都被汇聚到京师，让东南地区百姓财力枯竭的，不是由军队所导致的吗？

或曰：畿甸之民大半为军^①，今计口而给之，故天下有荒岁而畿甸不困，此明知其无益而不可已者也。曰：若是则非养兵也，乃养民也。天下之民不耕而待养于上，则天下之耕者当何人哉？东南之民奚罪焉！夫以养军之故至不得不养及于民，犹可谓其制之善与？

【注释】

①畿（jī）旬：京师附近的地区。畿，多指京城管辖的地区。旬，古代京城郊外的地方称"旬"。

【译文】

有人说：京师附近的大部分百姓都为士兵，如今按人口来供养，那么即使是在灾荒之年，京师地区也不会困苦，这就是明知其毫无益处却又不可改变的原因。我说：如果这样，那就不是供养士兵，而是供养百姓。天下的百姓不耕种而等待政府来养活，那么天下耕田的又应当是谁呢？东南地区的百姓有什么罪过呢？由于供养士兵的缘故而不得不供养百姓，这还可以称得上是好制度吗？

余以谓天下之兵当取之于口，而天下为兵之养当取之于户。其取之口也，教练之时五十而出二，调发之时五十而出一。其取之户也，调发之兵十户而养一，教练之兵则无资于养。如以万历六年户口数目言之①，人口六千六十九万二千八百五十六，则得兵一百二十一万三千八百五十七人矣；人户一千六十二万一千四百三十六，则可养兵一百六万二千一百四十三人矣。夫五十口而出一人，则其役不为重；一十户而养一人，则其费不为难；而天下之兵满一百二十余万，亦不为少矣。王畿之内，以二十万人更番入卫②，然亦不过千里；假如都金陵③，其入卫者但尽金陵所属之郡邑，而他省不与焉。金陵人口一千五十万二千六百五十一，则得胜兵二十一万五百④；以十万各守郡邑，以十万入卫，次年则以守郡邑者入卫，以入卫者归守郡邑，又次年则调发其同事教练之兵，其已经调发者则住粮归家，但听教练而已。夫五十口而出一人，而又四年方一行役，以一人计之，二十岁而入伍，五十岁而出伍，始终三十年，止历七践更耳⑤，而又不出千里之远，则为兵者其任亦不为劳。国家无养兵之费则国富，队伍无老弱之卒则兵强。人主欲富国强兵而兵民太分，唐宋以来但有彼善于此之制⑥，其受兵之害，未尝不与有明同也。

【注释】

①万历六年：1578年。万历，明神宗年号（1573—1620）。户口：计算一家为户，计算人数则是口。

②更番：更换，轮流。

③假如都金陵：黄宗羲主张以金陵为都，参看《建都》篇。

④胜兵：精兵。

⑤践更：轮值。

⑥彼善于此：意思是说，那个或者比这个好一点，但实质相差无几。语出《孟子·尽心下》："春秋无义战。彼善于此，则有之矣。"

【译文】

我认为天下士兵的数额应当按人口征发，而供养天下士兵的费用应当按人户收取。按人口征发的具体方法，就是操练的时候，每五十个人选二人，调遣征发的时候每五十个人中选一人。按人户收取费用的具体方法就是每十户供养一个调发的士兵，参加操练的士兵则不需要百姓供养。例如，以万历六年的户口数目而言，其人口数为六千零六十九万二千八百五十六人，那么可以得到士兵一百二十一万三千八百五十人；其人户为一千零六十二万一千四百三十六户，那么可以供养士兵一百零六万二千一百四十三人。每五十个人中出一人，兵役不算繁重；每十户供养一个士兵，其负担也不算太重；而天下士兵人数达到一百二十多万，也不算少了。京师附近，派二十万人轮流来戍卫，然而征发范围也不过千里；假如定都金陵，那些来戍卫的都属于金陵所辖的郡邑，而其他各省不必参与。金陵人口数目为一千零五十万二千六百五十一，那么可以得到精兵二十一万零五百人，用十万士兵守卫郡邑，用十万士兵戍卫金陵，第二年则以守卫郡邑的士兵戍卫金陵，以戍卫金陵的士兵守卫郡邑，再一年则调发其一并操练的士兵。已经调发过的士兵则停发粮饷回家，只是需随时听从操练。五十人中出一人当兵，而又每四年才服役一次，如果以一人来计算，这个人二十岁参军，五十岁而退伍，前后当兵三十年，也只轮换服役七次而已，而且其服役的地方又没有千里之远，那么即使是作为士兵，其任务也不会太过劳苦。没有养兵的花费，国家就会富裕；军队中间没有老弱之兵，军队就会强大。君主想要国家富裕、军队强大，而又把士兵与百姓截然分开，自唐宋以来确有某种兵制稍好的，但受军队众多拖累之害的又未尝不与明朝相同。

兵制二

【题解】

在《兵制二》中，黄宗羲主要对明代的将兵制度进行了论述，主张削弱武人的权力，以文制武。本篇开端，黄宗羲列了明代武人谒见文臣的礼仪，从而引出对武人的礼遇问题。黄宗羲认为崇祯帝改变了明初对武臣的待遇，其实是轻视武臣。他认为，古时"伊尹为将""太公为将"都是以文臣为大将而运筹帷幄，取得胜利的。明初虽以武臣为将，但实际仍受督抚等文臣的制约。而在崇祯帝后，武臣成了真正的大将，没有了文臣制约。黄宗羲进一步用乌喙、藜芦治病之例以及兵器与人的关系说明粗暴之人不能为将。所以综合以上所论，黄宗羲认为武臣要接受文臣的制约，即使重视武臣，也应重视能指挥、统帅兵卒的大将。

国家当承平之时，武人至大帅者①，干谒文臣②，即其品级悬绝③，亦必戎服，左握刀，右属弓矢④，帕首裤靴⑤，趋入庭拜，其门状自称走狗⑥，退而与其仆隶齿⑦。兵兴以后⑧，有言于天子者曰："今日不重武臣，故武功不立。"于是毅宗皇帝专任大帅，不使文臣节制。不二三年，武臣拥众，与贼相望，同事卤略⑨。李贼入京师，三辅至于青、齐诸镇⑩，栉比而营^⑪；天子封公侯结其欢心，终莫肯以一矢入援。呜呼，毅宗重武之效如此！

【注释】

①大帅：军队的主帅。

②干谒：求请，请见。谒，原作"涉"，据《海山仙馆丛书》本改。

③悬绝：悬殊，相差甚远。此指武臣品级比文臣高出很多。

④属：佩戴。

⑤帕首：以布制作，四角盖头，此为军帽的一种。裤靴：军裤和军靴。语出韩愈《送尚书序》："大府帅或道过其府，府帅必戎服，左握刀，右属弓矢，帕首裤靴，迎于郊。"

⑥门状：即拜帖，拜见他人所用的名帖。高承《事物纪原》："汉初未有纸，书名于刺，削木竹为之。后代稍用名纸。唐武宗时，李德裕贵盛，百官以旧刺礼轻，至是留具衔候起居之状。至今贵贱通用，谓之门状。稍贵礼隔者，如公状体为大状。"走狗：谦辞，意思是为人服役。

⑦齿：并列，为伍。

⑧兵兴：战争。此处指崇祯朝李自成农民起义及明朝与后金的战事。

⑨卤略：掳掠。卤，通"虏"，掠夺。

⑩三辅：西汉建都长安，太初元年（前104），以京兆尹、左冯翊、右扶风三个行政区管辖长安及周边地区，相当于今陕西中部地区，称"三辅"。后世虽在区划上有所更改，但也习惯上称这一地区为"三辅"，一直到唐代。青、齐诸镇：青州、齐州的军镇，皆在今山东境内。

⑪栉比：如梳子齿那样排列。

【译文】

当国家太平无事的时候，职位做到大帅的武将去请见文臣，即使是其官品等级比文臣高出许多，武将也要身着军服，左手握刀，右边佩带弓箭，头上戴巾帕军帽，穿着裤靴，快步走进庭院拜见，武将的门帖里面要自称走狗，退后时要与文臣的仆从相并列。自从兵乱爆发以来，有人对天子说："现在国家不重视武臣，所以不能建立武功。"于是，崇祯皇帝专门任命武将为大帅掌兵权，不让文臣节制他们。不到两三年，武将拥兵自重，与贼寇相望，都进行抢掠侵夺百姓之事。李自成攻入京师，从三辅到青、齐诸镇，如梳子齿一般地密密地紧挨着安营扎寨；天子封这些武将为公侯来取得他们的欢心，但这些武将始终不愿以一弓一箭之力来救援京师。唉，崇祯皇帝重用武将的效果就是这样的！

　　然则武固不当重与？曰：毅宗轻武而不重武者也。武之所重者将：汤之伐桀，伊尹为将；武之入商，太公为将；晋作六军，其为将者皆六卿之选也[①]。有明虽失其制，总兵皆用武人[②]，然必听节制于督抚或经略[③]。则是督抚、经略，将也；总兵，偏裨也[④]。总兵有将之名而无将之实，然且不可，况竟与之以实乎？

【注释】

[①]晋作六军，其为将者皆六卿之选也：春秋时期的晋国有六军，其六军的统帅皆为卿，在晋国众臣中地位最为尊崇，实掌晋国军政大权。《左传·成公三年》："十二月甲戌，晋作六军，韩厥、赵括、巩朔、韩穿、荀骓、赵旃皆为卿。"周代的制度，据《周礼·夏官·司马》记载，周天子为全国最高军事统帅。在制军上，天子六军，诸侯中大国三军、中国二军，小国一军，每军一万二千五百人。春秋时战乱频繁，周天子对诸侯国的控制力下降，晋国将军队扩编为六军，并立六卿，是违礼之举。选，被选拔出来的人才。

②总兵：官名。明代遣将出征，别设总兵官、副总兵官以统领军务。其后总兵官镇守一方，渐成常驻武官，简称总兵。

③督抚：总督和巡抚的并称。总督，明代初期在用兵时派部院官总督军务，事毕即罢。成化五年（1469）始专设两广总督，后各地逐渐增置，成为定制。巡抚，明初以京官巡抚地方，为临时性差使。仁宗洪熙元年（1425）始设巡抚专职。总揽全省军事、吏治、刑狱、民政等，职权甚重。经略：明代有重要军事任务时特设经略，为临时主管军务的钦差官，职位在总督之上。

④偏裨：偏将和裨将，在古代是将佐的通称。

【译文】

那么武臣就不应当被重视吗？我认为：崇祯皇帝的做法是轻视武臣而不是重视武臣。武臣中应当被重视的是将领，商汤伐夏桀，任用伊尹为将；周武王伐商纣，任用姜太公为将；晋国设置六军，将领全部都从六卿中选任。明朝虽然没有再实行这样的制度，总兵都用的是武将，但武将必须听命且受制于督抚或经略这类文臣。那么，督抚、经略就是正将，而总兵只是副将。总兵有大将之名而无大将的权力，尚且不可，更何况是把大将的实权归之于武将呢？

夫安国家，全社稷，君子之事也；供指使，用气力，小人之事也。国家社稷之事，孰有大于将？使小人而优为之①，又何贵乎君子耶！今以天下之大托之于小人，为重武耶，为轻武耶？是故与毅宗从死者，皆文臣也。当其时，属之以一旅，赴贼俱死，尚冀十有一二相全，何至自殊城破之日乎②？是故建义于郡县者③，皆文臣及儒生也。当其时，有所藉手以从事④，胜负亦未可知，何至驱市人而战⑤，受其屠醢乎⑥？彼武人之为大帅者，方且飙浮云起⑦，昔之不敢一当敌者，乘时易帜⑧,各以利刃而齿腐朽⑨,鲍永所谓"以其众幸富贵"矣⑩,而后知承平之时待以仆隶者之未为非也。

【注释】

①优为:谓任事绰有余力。此指任职理事。

②自殊:自杀。殊,死。

③建义:建义旗,兴义军。

④藉手:依靠,借助。

⑤驱市人而战:驱使未经训练的平民百姓去作战。语出《史记·淮阴侯列传》:"此所谓驱市人而战之,其势非置之死地,使人人自为战。"

⑥屠醢(hǎi):杀戮。醢,古代酷刑。将人剁成肉酱。

⑦飙浮云起:随飚风而浮,依云气而起。比喻乘势而获取利益。

⑧易帜:改变旗帜。指叛变。

⑨齿:割,切。

⑩鲍永所谓"以其众幸富贵":鲍永在更始帝刘玄时为尚书仆射、行大将军事。更始帝被赤眉军所杀,刘秀即位,召鲍永。鲍永乃"封上将军列侯印绶,悉罢兵,但幅巾与诸将及同心客百余人诣河内。帝见永,问曰:'卿众所在?'永离席叩头曰:'臣事更始,不能令全,诚惭以其众幸富贵,故悉罢之。'"(《后汉书·鲍永传》)鲍永,字君长,上党屯留(今属山西)人。刘玄更始二年(24),任尚书仆射,行大将军事,立有战功,被封为中阳侯。光武时,历任谏议大夫、鲁郡太守、扬州牧,封关内侯。建武十一年(35),任司隶校尉。敢于弹劾权贵,知名当时。后任兖州牧,卒于官。以其众幸富贵,意谓凭借手中的军队希求富贵。幸,希望,期望。

【译文】

维护国家安定,保全社稷,这是君子的职责;供人差遣,使用气力,这

是小民该做的事。国家社稷的事情有哪一个能大于将领之事呢？假使
让小民担任将领，君子又有什么可贵呢？如今，把天下的大事托付给小
民，这是重视武臣，还是轻视武臣呢？因此，跟从崇祯皇帝一起殉国的都
是文臣。在当时，如果有一支军队跟随在崇祯皇帝身边，与敌人殊死决
战，或许崇祯皇帝还有十分之一二可以保全的希望，又何至在城破之日
自缢呢？因此，在郡县兴义军抗击的都是文臣及儒生。在当时，如果有
军队可以依靠，胜负也不一定，何至于驱使百姓作战，受敌人的杀戮呢？
武将成为大帅后，还要乘势得利，以前不敢一马当先杀敌的人，乘机改旗
易帜，凭借手中的利刃兵器如割腐朽之物一样扫灭明王朝，这就是鲍永
所说的"依靠军队而获得富贵"，而后知道在国家太平之时将武将作为仆
从看待，其实是没有错的。

　　然则彭越、黥布非古之良将与①？曰：彭越、黥布，非汉
王将之者也；布、越无所藉于汉王而汉王藉之，犹治病者之
服乌喙、藜芦也②。人见彭越、黥布之有功而欲将武人，亦
犹见乌喙、藜芦之愈病而欲以为服食也。彼粗暴之徒，乘世
之衰，窃乱天常③，吾可以权授之，使之出落钤键哉④？然则
叔孙通专言斩将搴旗之士，儒生无所言进⑤，何也？曰：当
是时，汉王已将韩信，彼通之所进者，以首争首、以力搏力之
兵子耳，岂所谓将哉！然则壮健轻死善击刺者，非所贵与？
曰：壮健轻死善击刺之在人，犹精致犀利之在器甲也。弓必
欲无漓⑥，冶必欲援胡之称⑦，甲必欲上旅下旅札续之坚⑧，
人必欲壮健轻死善击刺，其道一也。器甲之精致犀利，用之
者人也；人之壮健轻死善击刺者，用之者将也。今以壮健轻
死善击刺之人而可使之为将，是精致犀利之器甲可以不待
人而战也。

【注释】

① 彭越：字仲，昌邑（今山东巨野）人。汉初名将。协助刘邦取得楚汉之争的胜利，西汉建立后被封梁王，高祖十年（前197）以谋反罪杀。黥布：原名英布，六县（今安徽六安）人。秦时因犯法被施以黥刑，故称黥布。汉初名将。曾为项羽将，封九江王。后叛楚归汉，被封淮南王。公元前196年谋反，战败后逃往番阳被杀。彭越、黥布都是"群盗"出身，在归服刘邦以前就是已经拥有军队的大将，所以下文说两人"非汉王将之者也"。

② 乌喙：中药名，即附子。叶茎有毒，根部毒性更大，含乌头碱，因其块茎形似乌鸦之嘴而得名。对虚脱、水肿、霍乱等病症有疗效。藜芦：中药名，又称黑藜芦。有毒。根系似葱。主治痰涎壅闭、喉痹、癫痫等症，外用于疥癣，有催吐作用。

③ 天常：纲常伦理。

④ 出落：脱离。钤键：锁钥，比喻管制、约束。

⑤ 然则叔孙通专言斩将搴（qiān）旗之士，儒生无所言进：《史记·叔孙通列传》："叔孙通之降汉，从儒生弟子百余人，然通无所言进，专言诸故群盗壮士进之。弟子皆窃骂曰：'事先生数岁，幸得从降汉，今不能进臣等，专言大猾，何也？'叔孙通闻之，乃谓曰：'汉王方蒙矢石争天下，诸生宁能斗乎？故先言斩将搴旗之士。诸生且待我，我不忘矣。'"搴，拔取。

⑥ 弓必欲无漺（jiào）：指好弓不用漆来涂合。《周礼·考工记·弓人》："大和无漺，其次筋角皆有漺而深，其次有漺而疏，其次角无漺。"贾公彦疏："大和，谓九和之弓，以其六材俱善尤良，故无漆漺也。"漺，用漆涂合。

⑦ 冶必欲援胡之称：指好戈的直刃与回勾部分合乎比例。《周礼·考工记·冶氏》："戈广二寸，内倍之，胡三之，援四之。"郑玄注："援，直刃也；胡，其子。"贾公彦疏："'戈广二寸'者，据胡宽

狭；云‘内倍之者’，据胡下柄入处之长；‘胡三之’，据胡之长；‘援
四之’，据最上刺刃之长也。”援，戈向上的直刃部分。胡，戈曲出
而回勾的部分。称，比例。

⑧甲必欲上旅下旅札续之坚：指好的铠甲上衣与下裳上连缀在一
起的甲叶坚实密集。《周礼·考工记·函人》：“函人为甲，犀甲七
属，兕甲六属，合甲五属。”郑玄注：“属读如灌注之注，谓上旅下
旅札续之数也。革坚者札长。”上旅，谓腰以上，指战服的上衣。
下旅，谓腰以下的战衣。札，铠甲的叶片，多用皮革或金属制成。
续，连属，连接。

【译文】

然而，如彭越、黥布这样的人不是古时候的良将吗？我说：彭越、黥
布，不是汉王所培养的大将，彭越、黥布对汉王无所需求，而汉王却要依
靠他们，像治病的人服食乌喙、藜芦一样。人们看到彭越、黥布建立了武
功而想用武将为大将，这也相当于看到乌喙、藜芦治好了病而就把它们
当作食物吃一样。那些粗暴的武人，趁着世道衰微之时，侵害败坏纲常，
我难道可以把军权交给他们，让他们脱离约束吗？然而，叔孙通专门进
言可斩将拔旗的勇士，却不推荐儒生，这是为什么呢？我说：在当时，汉
王已经任用韩信为大将，叔孙通所推荐的那些人都是只知道拼死杀敌的
士兵，怎么能说是大将之才呢？然而，那些身强力壮、视死如归、善于杀
敌的人，就不可贵吗？我说：身强力壮、视死如归、善于杀敌的人，就好像
是精致而犀利的器甲。良弓一定是不用漆来涂合的，好戈的援和胡的比
例一定要协调，好铠甲的上下身连缀在一起的甲叶要坚实密集，士兵必
须要身强力壮，视死如归，善于杀敌，这都是一个道理。精致而犀利的器
甲，由人来使用；身强力壮、视死如归、善于杀敌的士兵，由将领来指挥。
如今把身强力壮、视死如归、善于杀敌的人任命为将领，就好比精致而犀
利的器甲可以不需要人去使用，就能自己作战一般。

兵制三

【题解】

在《兵制三》中，承接《兵制二》所论，黄宗羲进一步论述了文臣和武臣的关系。他认为，自唐宋以来，虽然文武分职，但是在处理各种事务时，"犹文武参用"，但明朝出现了变化，使文臣和武将互相牵制，以防叛乱，但这种方法并没有达到统治者预想的效果。因此，黄宗羲认为关键在人，只有把握住武臣，并改革繁复的武臣职官制度，才可能避免叛乱。他认为在太平之时，可以罢免平时所设的武官和级别，"只存行伍"。如有战事，由侍郎或巡抚挂印。而且，他还认为儒生和武臣应提高自我修养，从而使得"文武合为一途"，二者成"不可叛之人"。

由此可知，黄宗羲在军事指挥权上主张文臣武将各自发挥才能，而更善者是文武职官合二为一，如沈希仪、万表、俞大猷、戚继光一类就是其理想之类型。

唐宋以来，文武分为两途，然其职官，内而枢密^①，外而阃帅州军^②，犹文武参用。惟有明截然不相出入；文臣之督抚，虽与军事而专任节制^③，与兵士离而不属。是故莅军者不得计饷，计饷者不得莅军^④；节制者不得操兵，操兵者不得节制。方自以犬牙交制⑤，使其势不可为叛。

【注释】

①枢密：即枢密使，唐宪宗时始设，为枢密院主管，主要负责接受表奏及向中书、门下传达皇帝的命令，后唐时位同宰相，专掌军政，为武臣所掌。宋代，掌权者渐为文官，职权范围缩小，与中书省同称"二府"，统领全国军队，是中央最高军事长官。

②阃（kǔn）帅州军：泛指地方军事长官。阃帅，即地方统治军队的将帅。阃，城门之外，借指在外统兵的将领。

③节制：控制管辖。

④莅军：治军，统领军队。

⑤犬牙交制：互相错杂、交叉牵制。此指文武官员与军将之间互相牵制。

【译文】

自唐宋以来，文官和武官分为两途。但就其职位设置，朝廷内的枢密使，地方上的军事将领，仍然是文武参用。只在明朝是截然不同，文武官员截然分开；作为文臣的督抚，虽然参与军事但专门负责控制约束，与士兵脱离，不统领士兵。因此，统领军队的武将不得管理粮饷，管理粮饷的文臣也不得统领军队；控制约束军队文臣的不得操练士兵，操练士兵的武将不得参与控制约束军队。这样使他们互相牵制，让他们的势力不足以发生叛乱。

夫天下有不可叛之人，未尝有不可叛之法。杜牧所谓"圣贤才能多闻博识之士"①，此不可叛之人也。豪猪健狗之徒②，不识义理，喜卤掠，轻去就③，缓则受吾节制，指顾簿书之间④，急则拥兵自重，节制之人自然随之上下⑤。试观崇

祯时,督抚曾有不为大帅驱使者乎? 此时法未尝不在,未见
其不可叛也。

【注释】

①圣贤才能多闻博识之士:语出杜牧《注孙子序》:"主兵者,圣贤才
　能多闻博识之士,则必树立其国也;壮健击刺不学之徒,则必败亡
　其国也。"此是强调大将的修养才干关系着国家的兴亡。

②豪猪健狗之徒:此指强壮劲健的一勇之夫。豪,迅猛,强劲。

③轻去就:指没有立场。去就,离去或接近。此指投靠或叛变。

④指顾:手指目视,即指挥。簿书:官署中的文书簿册。

⑤随之上下:此指任由这些武将为所欲为,没有办法。

【译文】

　　其实,天下有不会叛变的人,却没有不会导致叛变的制度。杜牧所
谓"圣明贤德、有才有能、博闻强识的人",才是不会叛变的人。那些强
壮劲健的一勇之夫,不知礼义廉耻,生性喜好掳掠,轻易投靠或叛变,形
势和缓的时候就听我的指挥,用文书就能指挥调动;形势危急的时候,他
们则拥兵自重,而指挥他们的人也只能任由他们为所欲为,无可奈何。
试看崇祯时期,有哪个督抚不曾受制于统兵的将领? 当时并非没有制
度,但也没见到制度阻止他们叛乱。

　　有明武职之制,内设都督府、锦衣卫①,外设二十一都
司②,四百九十三卫,三百五十九所;平时有左右都督、都指
挥使、指挥使③,各系以同知、佥事及千户、百户、镇抚之级④;
行伍有总兵、副将、参将、游击、千把总之名⑤。宜悉罢平时
职级,只存行伍。京营之兵⑥,兵部尚书即为总兵,侍郎即为
副将,其属郎官即分任参、游。设或征讨,将自中出,侍郎挂

印而总兵事⑦，郎官从之者一如京营，或用巡抚为将，巡抚挂印，即以副将属之参政⑧，参将属之郡守⑨，其行间战将勇略冠军者，即参用于其间。苟如近世之沈希仪、万表、俞大猷、戚继光⑩，又未尝不可使之内而兵部，外而巡抚也。

【注释】

① 都督府：明代初期，为防止大都督府权力过大，朱元璋在废除宰相制时，废大都督而设中军、左军、右军、前军、后军五都督府，统领全国军队。《明史·职官志五》："都督府掌军旅之事，各领其都司、卫所，以达于兵部。"锦衣卫：明代洪武十五年（1382）设立的皇帝的禁卫军，主要负责皇帝侍卫、巡查缉捕事务，后成为皇帝个人的特务机构。《明史·职官志五》载："锦衣卫，掌侍卫、缉捕、刑狱之事，恒以勋戚都督领之，恩荫寄禄无常员。凡朝会、巡幸，则具卤簿仪仗，率大汉将军等侍从扈行。宿卫则分番入直。朝日、夕月、耕籍、视牲，则服飞鱼服，佩绣春刀，侍左右。盗贼奸宄，街途沟洫，密缉而时省之。凡承制鞫狱录囚勘事，偕三法司。五军官舍比试并枪，同兵部莅视。"

② 都司：即都指挥使司，主要负责各地方的军政事务，隶属于五军都督府，听命于兵部。据《明史·兵志二》载，洪武二十六年（1393），确定天下的都司卫所，"共计都司十有七，留守司一，内外卫三百二十九，守御千户所六十五。及成祖在位二十余年，多所增改，其后措置不一。"

③ 左右都督：五军都督府每都督府各设左右都督一名，正一品。都指挥使：都指挥使司的长官，正二品。指挥使：各卫的长官，正三品。

④ 同知、佥事：官名，明代各级军政机构的属官，具体见《明史·职官志》。同知，即各级军政长官的副职。中军、左军、右军、前军、后军都督府都督同知，为都督之副贰，从一品。佥事，中军、左军、

右军、前军、后军都督府都督金事,位次于都督同知,正二品。千户:千户所千户省称。千户又有正千户与副千户之分。正千户正五品,副千户从五品。百户:百户所百户省称。百户正六品,百户下辖总旗、小旗。百户所士卒共一百十二人。

⑤总兵、副将、参将、游击、千把总:镇戍军的各级长官。《明史·职官志五》:"总兵官、副总兵、参将、游击将军、守备、把总,无品级,无定员。总镇一方者为镇守,独镇一路者为分守,各守一城一堡者为守备,与主将同守一城者为协守。又有提督、提调、巡视、备御、领班、备倭等名。"

⑥京营:据《明史·职官志五》,明朝永乐二十二年(1424)所设,"置三大营,曰五军营,曰神机营,曰三千营。五军、神机各设中军、左右哨、左右掖;五军、三千各设五司。每营俱选勋臣二人提督之"。

⑦挂印:挂元帅印,指率领军队出征。

⑧参政:官名。宋代称参知政事,元代的中书省设参政。明代为布政使属官,其制设左右参政各一人,从三品,主要负责"分守各道,及派管粮储、屯田、清军、驿传、水利、抚民等事"(《明史·职官志四》)。

⑨郡守:此指知府。秦废封建设郡县,郡置守、丞、尉各一人。守治民,丞为佐。汉唐因之;宋以后郡改府,知府亦称郡守。

⑩沈希仪(1491—1554):字唐佐,号紫江,广西贵县(今广西贵港)人。正德年间袭父职为奉仪卫指挥使,后升任广西都指挥金事。曾先后镇守贵州、两广、江淮等地,多次平定西南内乱,嘉靖三十二年(1553)率兵抗击倭寇。后罢归,于次年卒。万表(1498—1556):字民望,号九沙山人、鹿园居士,定远(今属安徽)人。正德武进士。世袭宁波卫指挥金事。历迁广东副总兵、左军都督、漕运总兵、南京中军都督府金事等职。督漕日久,于国计赢绌,

河流通塞,无不通晓。通经术,熟习先朝典故。曾求学于钱德洪(绪山),宗王(阳明)学,为明代武臣通儒之佼佼者。嘉靖中散家财募兵抗倭。著作有《海寇前后议》《济世良方》《灼艾集》等。俞大猷(1504—1580):字志辅,又字逊尧,号虚江,晋江(今属福建)人。世袭百户,举嘉靖十四年(1535)武会试。曾累官都督。嘉靖中,东南沿海倭患严重,俞大猷奉命抗倭,战功累累,以屡败倭寇,时人称其军为"俞家军"。其抗倭与戚继光齐名,用兵先计而后战,不贪近功,为明朝一大儒将。卒后谥号武襄。著有《洗海近事》《兵法发微》《剑经》等。戚继光(1528—1588):字元敬,号南塘,晚号孟诸。因祖上世袭登州卫(今山东蓬莱)指挥佥事,遂定居登州。嘉靖三十四年(1555)以后于浙、闽、粤沿海诸地抗击来犯倭寇,练成名闻天下的戚家军,教以击刺法,更新火器兵械,十余年间,大小八十余战,使东南沿海倭患得以平息。后奉命以都督同知总理蓟州、昌平、保定三镇练兵事,旋改为总兵官,镇守蓟州、永平、山海等处,巩固了明朝的北部边防。用兵号令严,赏罚信,令行禁止,是明朝中后期一位杰出的军事家,对明朝的边防安全和军队建设做出了巨大贡献。著作有《纪效新书》《练兵纪实》等。

【译文】

明朝的武官制度,朝廷内设都督府、锦衣卫,朝廷之外则设二十一都司、四百九十三卫、三百五十九所;平时还设有左右都督、都指挥使、指挥使,各自下面设有同知、佥事及千户、百户、镇抚的级别;军事系统中有总兵、副将、参将、游击、千把总等官名。应该全部废除平时的职务与级别,只留军事系统的。京营的军队以兵部尚书为总兵,侍郎为副将,其属下郎官则分别担任参将、游击。如果要出兵征讨,将领由朝廷委派,由侍郎挂印而总管兵事,随从的郎官和京营之制一样;或用巡抚为将,巡抚挂印,则任命参政为副将,知府为参将;如果其中有骁勇善战的武将,也可以在其间任用。假如有近世的沈希仪、万表、俞大猷、戚继光这样的名将，未尝不可以让他们在朝廷内掌管兵部，在朝廷外而任命为巡抚。

　　自儒生久不为将，其视用兵也，一以为尚力之事，当属之豪健之流；一以为阴谋之事，当属之倾危之士①。夫称戈、比干、立矛者②，士卒之事而非将帅之事也；即一人以力闻，十人而胜之矣。兵兴以来，田野市井之间膂力稍过人者，当事即以奇士待之③，究竟不当一卒之用。万历以来之将，掩败饰功，所以欺其君父者何所不至，亦可谓之倾危矣；乃只能施之君父，不能施之寇敌。然则今日之所以取败亡者，非不足力与阴谋可知矣。使文武合为一途，为儒生者知兵书战策非我分外，习之而知其无过高之论，为武夫者知亲上爱民为用武之本，不以粗暴为能，是则皆不可叛之人也。

【注释】

①倾危之士：指狡猾奸诈之人。《史记·张仪列传》：“夫张仪之行事甚于苏秦，……要之此两人真倾危之士哉！”

②称戈、比干、立矛：举起戈，并起盾，立起矛，指准备作战。语出《尚书·牧誓》：“称尔戈，比尔干，立尔矛。”孔颖达疏：“戈短，人执以举之，故言‘称’。盾则并以捍敌，故言‘比’。矛长立之于地，故言‘立’也。”

③当事：管事、主事的人。奇士：非常之士，出众的人才。

【译文】

　　自从儒生长期不充任将领以来，他们看待用兵，一是认为那是崇尚气力的事，应当交由豪迈健壮之辈；一是认为那是属于暗中计议的阴谋之事，应当交由奸诈之人。其实，举起戈、并起盾、立起矛这些战斗之事，都是士兵的事情而不是将帅应做的事情；即使一个人以气力大闻名，但十个人就可以战胜他。战争爆发以来，民间有力气比一般人稍微大点的，管事的人就以出众的人才来对待，其实最终连一个普通士兵的作用都起不了。万历以来的将领，掩盖败绩、粉饰战功，用以欺骗君主的办法到了无所不至的程度，他们也可以被称为险诈之人了；但他们的这种奸诈之术只能用于欺骗君主，却不能用来对付敌人。那么如今之所以失败灭亡，并不是兵力不足、策划不够。假使文武之用合为一途，做儒生的知道研读兵书战略并非其分外的事，学习之后而知道其实兵法也没有什么过高而神秘的理论；而武臣也知道保卫国家、爱护百姓为用武之根本，不认为滥用武力粗暴是有能耐，那么这样就都成为不会叛变的人了。

财计一

【题解】

《财计》三篇主要论述金融和财政问题。明朝末年，由于各种原因导致市场上流通的白银急剧减少，出现了银荒。在通货紧缩，而银价上升的情况下，明朝政府征收赋税还是要求使用白银征缴，由此极大增加了民众负担。在白银危机之下，明朝财政收入减少，军饷也不能保证，军事实力下降，导致应对危机能力减弱，最终社会危机加重，逐步走向了灭亡。在这样的背景下，黄宗羲在《财计》三篇中以货币问题为中心，提出了自己的经济主张。

在《财计一》中，黄宗羲开宗明义地提出要废除白银作为货币的功能。他首先论述了历史上的货币使用和流通情况。贝，即海贝，产于海中，是中国最早使用的货币，在夏商周时期较为流行。到春秋战国时期，随着社会经济的发展，海贝无法满足人们的需求，因此出现了金属制造的货币，当时各国都铸造了货币，如楚国的"蚁鼻钱"、赵国的铲币、齐国的刀币等。秦统一天下后，也统一了天下货币，统一使用秦币即圆形方孔的"半两"钱。西汉建立后，社会经济发展迅速，汉武帝时收缴各郡国的铸币权，并确立了"五铢钱"制度。由此开始了中央政府对钱币铸造、发行的统一管理制度。西汉晚期，王莽曾托古改制，对钱币进行过改制，但造成了币制混乱。东汉时期在货币制度上一如西汉。魏晋南北朝时期,由于社会动荡,经济发展遭受了严重的破坏。为省铜料,当时的五铢钱制造得较小,有时甚至剪边使用,由此这一时期的货币被称为"六朝五铢"。由于钱币的升值,这一时期出现了实物交换,如"魏明帝时废钱用谷。桓玄辅晋,亦欲废钱"。到隋朝时,政府铸造了"开皇五铢",结束了汉末以来币制混乱的局面。唐朝建立后,唐高祖铸行"开元通宝"钱,结束了秦汉以来以重量铢两定名的钱币体系,而开创了唐宋以后以"文"为单位的年号、宝文体系铜铸币。这种体系一直延续到清代。不过,唐代在市场的货币流通方面,是钱帛兼行。如"贞元二十年(804),命市井交易,以绫罗绢布杂货与钱兼用。……元和六年(811),贸易钱十缗以上参布帛。大和三年(829),饰佛像许以金银,唯不得用铜。四年(830),交易百缗以上者,粟帛居半"。唐朝随着铜钱被大量使用,导致铜钱供不应求,出现了"钱荒"。为了缓和"钱荒",唐政府允许开采铜山,严禁滥用铜。这些都说明唐代政府默许了铜钱的货币作用。

两宋时期,铜铸币都采用年号。这一时期的钱包括铜钱和铁钱,而且出现了纸币。当时的纸币,称为交子,南宋时又称会子、关子。这一时期,绢帛已经丧失了作为货币流通的功能,而白银在社会上的流通性增强,为人们的认可度也在提高。元代也曾铸造过铜钱,但主要使用的是纸币。当时的纸币称为钞,发行权属于朝廷,以现银作保证,允许银钞互易。但到了元代中叶以后,政治愈加混乱,政府滥发纸币,导致物价飞涨。明初也曾发行纸币,纸币与铜钱并用,但因政府不备金银本钱,导致通货膨胀,明代中后期,由于工商业的发展,商品经济日益繁荣,民间主要使用白银和铜钱,且贵金属白银成为普遍流通的货币,需求量也在逐渐增加。但是由于统治阶层的聚敛和"一条鞭法"后的折银制,加上外界白银输入的减少,导致白银不足的现象日益严重,最终出现"银荒"。对于明末的白银危机,黄宗羲指出"银力已竭,而赋税如故也,市易如故也",明朝最终无力挽回而灭亡。从他的分析来说,"当今之世,宛转汤火之民,即时和年丰无益也,即劝农沛泽无益也,吾以为非废金银不可"。

并且指出,对于社会经济来说,废金银而使用铜钱有七大好处,即利民、钱货不竭、有利贫富均衡、百姓安居不移、减少官吏贪污、减少盗贼、钱钞路通。为了防止金银再流通,他认为应该"重为之禁,盗矿者死刑,金银市易者以盗铸钱论"。

　　黄宗羲在论述历朝历代的货币制度,以及分析了明代白银不足的原因后,提出的废除金银作为货币流通的主张,是他根据明末赋税征银所造成的弊害而提出的。其主张虽然没有考虑到古代货币发展的内在规律,但他指出了赋税征银给百姓造成的沉重负担,这充分体现了黄宗羲关心民间疾苦,反对君主专制主义的民主精神。

　　后之圣王而欲天下安富,其必废金银乎①!

　　古之征贵征贱②,以粟帛为俯仰③。故公上赋税④,有粟米之征、布缕之征是也;民间市易,《诗》言"握粟出卜"⑤,《孟子》言"通工易事,男粟女布"是也⑥。其时之金银,与珠玉无异,为馈问、器饰之用而已⑦。

【注释】

①废金银:废除金银作为货币的功能。

②征贵征贱:语出《史记·货殖列传》:"人各任其能,竭其力,以得所欲。故物贱之征贵,贵之征贱,各劝其业,乐其事。"司马贞《索隐》:"征者,求也。谓此处物贱,求彼贵卖之。"其意指一地的商品价格低时,就找价格高的地方售卖,反之亦然。

③以粟帛为俯仰:意谓以粟帛的多少衡量价格高低。俯仰,原为抬头和低头之意,此指高低。

④公上:朝廷,官家。《汉书·杨恽传》:"是故身率妻子,戮力耕桑,灌园治产,以给公上。"颜师古注:"充县官之赋敛也。"

⑤握粟出卜：语出《诗经·小雅·小宛》："握粟出卜，是何能谷。"郑
　玄注："但持粟行卜，求其胜负。"指以粟米作为卜算的酬资，在这
　里粟米被当作了货币。

⑥通工易事，男粟女布：指人们应互相交换劳动产品，男人出粮食，
　女人出布帛。语本《孟子·滕文公下》："子不通功易事，以羡补
　不足，则农有余粟，女有余布。"通工易事，互相交换劳动产品。

⑦馈问：馈赠问候。

【译文】

　　后世的圣主贤君如果想使天下安定富裕，一定会废除以金银作为货
币吧！

　　古时候，物品的价格高低，都以粮食和布帛作为衡量标准。因此政
府征收赋税，才会有征收粟米、征收布帛；民间的商品交易，如《诗经》中
说"拿着粟米去占卜"，《孟子》说"各有分工，互通有无，男人生产粟米，
妇女生产布匹"。那时候的金银和珠宝玉石没有差别，只是用作馈赠或
装饰的物品而已。

　　三代以下，用者粟帛而衡之以钱①，故钱与粟帛相为轻
重②。汉章帝时，谷帛价贵，张林言："此钱多故也，宜令天
下悉以布帛为租，市贾皆用之，封钱勿出，物皆贱矣。"③魏
明帝时，废钱用谷④。桓玄辅晋，亦欲废钱。孔琳之曰："先
王制无用之货，以通有用之财，此钱之所以嗣功龟贝也。谷
帛本充衣食，分以为货，劳毁于商贩之手，耗弃于割截之用，
此之为弊者，著自于囊。"⑤然则昔之有天下者，虽钱与谷帛
杂用，犹不欲使其重在钱也。梁初，唯京师及三吴、荆、郢、
江、湘、梁、益用钱，其余州郡杂以谷帛，交、广之域全以金银
为货⑥。陈用钱兼以锡、铁、粟、帛，岭南多以盐米布，交易

不用钱⑦。北齐冀州之北，钱皆不行，交贸者皆绢布⑧。后周河西诸郡或用西域金银钱，而官不禁⑨。

【注释】

①衡：衡量。

②相为轻重：相互衡量彼此的价格的高低。轻重，原指物体的重量，此指价格的高低。

③"汉章帝时"几句：事见《晋书·食货志》。汉章帝，刘炟（dá），东汉皇帝。75—88年在位。张林，章帝时为尚书令。和帝时以阿附外戚窦宪，得为尚书。曾上以布帛代钱交租、食盐专卖、均输等计策，为帝所纳。后因贪污下狱。

④魏明帝时，废钱用谷：事见《晋书·食货志》："献帝初平中，董卓乃更铸小钱，由是货轻而物贵，谷一斛至钱数百万。至魏武为相，于是罢之，还用五铢。是时不铸钱既久，货本不多，又更无增益，故谷贱无已。及黄初二年（221），魏文帝罢五铢钱，使百姓以谷帛为市。至明帝世，钱废谷用既久，人间巧伪渐多，竟湿谷以要利，作薄绢以为市，虽处以严刑而不能禁也。"魏明帝，曹叡，三国时魏皇帝。226—239年在位。

⑤"桓玄辅晋"几句：事见《晋书·食货志》。桓玄（369—404），东晋权臣。一名灵宝，字敬道，谯国龙亢（今安徽怀远西北）人。桓温之子。元兴元年（402）攻入建康，掌握朝政。次年底代晋自立，国号楚。不久北府兵将领刘裕起兵声讨，他退回江陵，兵败被杀。孔琳之（369—423），字彦琳，东晋会稽山阴（今浙江绍兴）人。元兴间，桓玄专政，为西阁祭酒，反对以谷绢为币、复肉刑。入宋为御史中丞，奏劾权臣，无所屈挠。官至祠部尚书。病死。货，货币。嗣功，接续某种功能。曩，以往，以前。

⑥"梁初"几句：事见《隋书·食货志》。京师，此指南朝梁之都城

建康，今江苏南京。三吴，说法不一，《水经注》以吴郡、吴兴、会
稽三郡为三吴，相当今江苏太湖以东、以南和浙江绍兴、宁波一
带；《通典》《元和郡县志》《太平寰宇记》以吴郡、吴兴、丹阳三郡
为三吴，相当今江苏秦淮河流域和太湖以东、以南及浙江钱塘江
以北地区；《十道四蕃志》及《资治通鉴》东晋咸和三年（328）胡
注皆以吴郡、吴兴、义兴三郡为三吴，相当今太湖周围和浙江钱塘
江以北地区。

⑦"陈用钱兼以锡、铁、粟、帛"几句：事见《隋书·食货志》："陈初，
承梁丧乱之后，铁钱不行。始梁末又有两柱钱及鹅眼钱，于时人
杂用，其价同，但两柱重而鹅眼轻。私家多镕钱，又间以锡铁，兼
以粟帛为货。……其岭南诸州，多以盐米布交易，俱不用钱云。"

⑧"北齐冀州之北"几句：事见《隋书·食货志》："齐神武霸政之
初，承魏犹用永安五铢。迁邺已后，百姓私铸，体制渐别，遂各以
为名。有雍州青赤，梁州生厚、紧钱、吉钱，河阳生涩、天柱、赤牵
之称。冀州之北，钱皆不行，交贸者皆以绢布。"

⑨后周河西诸郡或用西域金银钱，而官不禁：事见《隋书·食货
志》："后周之初，尚用魏钱。及武帝保定元年七月，及更铸布泉之
钱，以一当五，与五铢并行。时梁、益之境，又杂用古钱交易。河
西诸郡，或用西域金银之钱，而官不禁。"后周，此指北周（557—
581）。北朝之一。557年宇文泰之子宇文觉代西魏所建，都长安
（今陕西西安）。577年灭北齐，统一北方。581年为隋所代。共
历五帝，二十五年。河西，指今甘肃、青海两省黄河以西，即河西
走廊与湟水流域。北朝又指今山西吕梁山以西的黄河东西两岸。
西域，汉以来对玉门关、阳关以西地区的总称。此处或当指亚洲
中、西部，欧洲东部一带。

【译文】

夏商周三代以后，消费的是粟帛，而用钱币来衡量它们的价值，因此

钱币与粟帛相互衡量彼此的价值。汉章帝时，谷物和布帛的价格偏贵，张林说："这是因为钱币太多的原因，应该号令天下都用布帛来缴租税，市场进行买卖也使用布帛，并且把钱币封存起来，不让流通，那么物品的价格就便宜了。"魏明帝的时候，废止钱币，改用谷物作为货币。东晋桓玄辅佐晋帝时，也曾想废除钱币。孔琳之说："过去的君主制造出没有实用的货币，以促使交换有实用的财物，这就是钱币之所以接替龟贝而成为货币的原因。谷物和布帛本来是用来充饥和制作衣服的，现在却把它们分离出来作为货币，结果在商人小贩手中损坏，消耗与浪费在割裂、截断之中。这个弊端，早就已经存在了。"这样看来古时候的君主，虽然允许钱币与谷物、布帛共同作为货币，但从来也不想使钱币的地位过于重要。南朝的梁代初期，只有京师及三吴、荆、郢、江、湘、梁、益州使用钱币，其他州郡都同时杂用谷物、布帛作为货币，交州、广州两地则全部以金银作为货币。陈朝使用钱币时还兼杂使用锡、铁、粟、帛作为货币，岭南地区多用盐、米、布来作为货币，交易时不使用钱币。北齐时，冀州以北的交易买卖都不使用钱币，而用丝绢、布帛。后周时的河西各郡县，有的使用西域金银钱进行交易，官府也并不禁止。

唐时民间用布帛处多，用钱处少。大历以前^①，岭南用钱之外，杂以金银、丹砂、象齿。贞元二十年，命市井交易，以绫罗、绢布、杂货与钱兼用^②。宪宗诏天下：有银之山必有铜，唯银无益于人，五岭以北，采银一两者流它州，官吏论罪^③。元和六年，贸易钱十缗以上参布帛^④。大和三年，饰佛像许以金银，唯不得用铜。四年，交易百缗以上者，粟帛居半^⑤。按唐以前，自交、广外^⑥，上而赋税，下而市易，一切无事于金银^⑦，其可考彰彰若是。

【注释】

①大历：唐代宗年号（766—779）。

②"贞元二十年"几句：事见《新唐书·食货志四》。贞元二十年，804年。贞元，唐德宗年号（785—805）。

③"宪宗诏天下"几句：事见《新唐书·食货志四》。五岭，大庾岭、越城岭、骑田岭、萌渚岭、都庞岭的总称，位于今江西、湖南、广东、广西四省之间，是长江与珠江流域的分水岭。流，流刑。把罪人放逐到远方。

④元和六年，贸易钱十缗以上参布帛：事见《新唐书·食货志四》。元和六年，811年。元和，唐宪宗年号（806—820）。缗，穿钱的绳子，也指成串的钱。一千文为一缗。

⑤"大和三年"几句：事见《新唐书·食货志四》："大和三年，诏佛像以铅、锡、土、木为之，饰带以金银、鍮石、乌油、蓝铁，唯鉴、磬、钉、镮、钮得用铜，余皆禁之，盗铸者死。是时峻铅锡钱之禁，告千钱者赏以五千。四年，……凡交易百缗以上者，匹帛米粟居半。"大和三年，829年。大和，唐文宗年号（827—835）。

⑥交：交州，治今越南河北省仙游东，后移至今越南河内市西北。广：广州，治今广东广州（短期治今广东韶关）。

⑦无事于金银：不使用金银。

【译文】

唐朝民间交易时用布帛作为货币的地方很多，而用钱币的地方相对较少。唐代宗大历以前，岭南地方除使用钱币作为货币之外，还同时使用金银、丹砂、象牙作为货币。唐德宗贞元二十年，朝廷下令民间进行商品交易时，以绫罗、丝绢、布匹、杂货与钱币作为货币一起使用。唐宪宗时朝廷又诏令天下，凡出产白银的矿山必定蕴藏有黄铜，而只有白银对人毫无益处，五岭以北的地方，私自开采白银一两的人都要流放他州，当地官吏也要因此治罪。唐宪宗元和六年，规定商品交易额达十缗以上的要掺杂使用布帛作为货币。唐文宗太和三年，朝廷允许用金银来装饰佛像，但是不允许使用铜。太和四年，规定凡商品交易额达百缗以上的，就要掺杂一半的粟帛作为货币。考察唐以前的各朝，除交州、广州两地外，无论是向政府缴纳赋税，还是民间的市场交易，一切都不使用金银作为货币，这些都是明显有据可考的。

宋元丰十二年，蔡京当国，凡以金银丝帛等贸易，勿受夹锡钱者，以法惩治①。盖其时有以金银为用者矣。然重和之令，命官之家，留见钱二万贯，民庶半之；余限二年听易金银之类②。则是市易之在下者，未始不以钱为重也。绍兴以来③，岁额金一百二十八两，银无额，七分入内库④，三分归有司⑤。则是赋税之在上者，亦未始以金银为正供⑥，为有司之经费也。及元起北方，钱法不行，于是以金银为母，钞为子⑦，子母相权而行⑧，而金银遂为流通之货矣。

【注释】

①"宋元丰十二年"几句：事见《宋史·食货志下二》："初，蔡京主行夹锡钱，诏铸于陕西，亦命转运副使许天启推行。其法以夹锡钱一折铜钱二。每缗用铜八斤，黑锡半之，白锡又半之。"元丰十二年，此处有误。元丰为宋神宗年号（1078—1085），只有八年，无十二年。据《宋史·食货志》载，蔡京铸造夹锡钱事在宋徽宗崇宁二年（1103），译文据实译。夹锡钱，宋代时蔡京所铸的一种铜锡合金的货币。

②"然重和之令"几句：事见《宋史·食货志下二》："（绍兴）二十九年，令命官之家留见钱二万贯，民庶半之，余限二年听转易金银，算请茶、盐、香、矾钞引之类，越数寄隐，许人告。"则此限钱的诏

令发布于南宋高宗绍兴二十九年（1159），而重和为宋徽宗的年号（1118—1119），误，译文据实译。见钱，即现钱。

③绍兴：宋高宗年号（1131—1162）。

④内库：指皇宫内的府库。

⑤有司：指提点坑冶铸钱司，为宋代在产铜各路设置的掌管铸钱的机构。

⑥正供：常供，法定的赋税。

⑦以金银为母，钞为子：母，发行纸币的本金。钞，即纸币。子，以金银为本金而发行的纸币。古称钱币轻而币值低者为子，重而币值高者为母。在元代中统二年（1261），政府发行"中统元宝交钞"，其以银为本，金银为主要的流通手段，纸币则次之。

⑧相权：相互平衡，互为标准。

【译文】

宋崇宁二年，蔡京把持国政，规定凡是用金银丝帛等作为货币进行贸易，交易中不使用夹锡钱的，都要以法惩治。大概当时就已经有人用金银作为货币来使用了。然而，南宋绍兴年间，规定官宦之家可以保留二万贯钱币，普通百姓可以留有一万贯钱币，余下的钱币限令在两年之内兑换成金银等物品。这说明，百姓在进行商品交易的时候，还是以钱币作为主要货币的。宋高宗绍兴年间以来，规定每年征收的赋税中有黄金一百二十八两，对于白银没有数额规定。上缴的赋税有十分之七归于内库，十分之三归提点坑冶铸钱司所有。这说明即使是上缴的赋税，也没有以金银作为税收的主要来源，而是作为提点坑冶铸钱司的经费。等到元朝兴起于北方，钱币则不再流通了，于是以金银为本金，纸币为次要流通手段，金银和纸币相互权衡，同时流通，于是金银就成为可以流通的货币了。

明初亦尝禁金银交易，而许以金银易钞于官，则是罔民而收其利也①，其谁信之？故至今日而赋税市易，银乃单行，以为天下之大害。盖银与钞为表里，银之力绌②，钞以舒之③，故元之税粮，折钞而不折银。今钞既不行，钱仅为小市之用④，不入贡赋⑤，使百务并于一途，则银力竭。元又立提举司⑥，置淘金户⑦，开设金银场，各路听民煽炼⑧，则金银之出于民间者尚多。今矿所封闭，间一开采，又使宫奴专之⑨，以入大内，与民间无与，则银力竭。二百余年，天下金银，纲运至于燕京⑩，如水赴壑。承平之时，犹有商贾官吏返其十分之二三，多故以来⑪，在燕京者既尽泄之边外，而富商、大贾、达官、猾吏，自北而南，又能以其资力尽敛天下之金银而去。此其理尚有往而复返者乎！

【注释】

①罔民：欺骗、坑害百姓。

②绌（chù）：不足，减损。

③舒：缓解。

④小市：此处指进行较小型商品交易的市场，或小集市。

⑤贡赋：此指赋税。

⑥提举司：元代提举司是具体负责某项具体事务的基层管理机构，设达鲁花赤、提举为长官。提举司名目繁多，管理货币金银事务的有交钞提举司（后改宝钞提举司）、宝泉提举司、银场提举司、冶银提举司等。

⑦淘金户：宋元时期有世代从事淘采黄金的人户，按期向国家缴纳一定数额的黄金，可免杂泛差役。

⑧煽炼：冶炼。

⑨宫奴：宦官。

⑩ 纲运：成批运送大宗货物，每批以若干车或船为一组，一组称一
　　纲。此法开始于唐代，其后多有沿袭。
⑪ 多故：多战乱。此指明末在辽东与后金的战争，以及与农民起义
　　军的战争。

【译文】

　　明朝初年，朝廷也曾经禁止以金银作为货币来进行交易，但是允许百姓用金银和官府兑换纸币，这实际上就是欺骗坑害百姓而从中牟利，谁会相信呢？所以到了今日，征缴赋税、市井交易，都是单一使用白银作为货币，实在是天下之大害。由于白银与纸币应互为表里，白银出现短缺，发行纸币来缓解状况，所以元朝的税赋和田赋，都是要求折算成纸币而不折算为白银。如今纸币已经不流通，钱币仅在小型集市商品交易中使用，不能用于缴纳贡税，使得各种事务全部都由白银结算，于是白银出现严重短缺。元朝又设立提举司，设置淘金户，开设金银冶炼场，各路都允许百姓冶炼金银，于是金银出自民间的还比较多。现在，矿所封闭，偶尔有所开采，朝廷又让宦官主管，开采出的金银也全都流入大内宫库，不再民间流通，于是白银出现严重短缺。二百多年以来，天下的金银都被成批地搬运到了北京，就像水流入沟壑一般。天下太平之时，尚且还有商贾官吏将储藏金银的十分之二三投入市场，自从战事多发以来，在北京的金银全都流至边外作为军费，而那些富商大贾、达官显贵、狡猾的胥吏们也从北方迁至南方，并凭借其各种手段、势力将天下的金银都聚敛而去。如此，这些金银还有返回的可能吗？

　　夫银力已竭，而赋税如故也，市易如故也。皇皇求银①，将于何所？故田土之价，不当异时之十一，岂其壤瘠与？曰：否。不能为赋税也②。百货之价，亦不当异时之十一，岂其物阜与③？曰：否。市易无资也④。当今之世，宛转汤火之民⑤，即时和年丰无益也，即劝农沛泽无益也⑥，吾以为非废

金银不可。废金银，其利有七：粟帛之属，小民力能自致，则家易足，一也；铸钱以通有无，铸者不息，货无匮竭⑦，二也；不藏金银，无甚贫甚富之家，三也；轻赍不便⑧，民难去其乡，四也；官吏赃私难覆⑨，五也；盗贼肱箧⑩，负重易迹⑪，六也；钱钞路通，七也。然须重为之禁，盗矿者死刑，金银市易者以盗铸钱论而后可。

【注释】

①皇皇：惶恐的样子。皇，通"惶"。

②不能为赋税：不能缴纳土地所征收的赋税，只得低价出卖土地。

③阜：丰厚，富有。

④资：资本，货币。

⑤宛转：谓使身体或物翻来覆去，不断转动。此指挣扎。汤火：滚水与烈火。比喻极端危险或悲惨的处境。

⑥沛泽：盛大的恩泽。此指免除赋税。

⑦货无匮竭：货币不会匮乏。货，此指货币。

⑧轻赍（jī）不便：此指铜钱沉重，出行携带不便。轻赍，指缴纳赋税，以金银折抵粮食。因为金银较粮食便于运输，所以称"轻赍"。

⑨难覆：难以覆盖、掩藏。

⑩肱（qū）箧：撬开箱子。泛指盗窃。肱，从旁撬开。箧，小箱子。

⑪迹：痕迹。此指追踪。

【译文】

　　虽然白银已经严重枯竭了，但是赋税仍要求征收白银，市场交易也仍然要用白银。大家都惶恐地到处搜求白银，而去哪里寻求白银呢？因此，土地的价格不到以前的十分之一，难道是因为土地贫瘠吗？我说：不是，是因为不能承担赋税，只能被贱卖。各种物品的价格也不到以前的十分之一，难道是因为物品丰富了吗？我说：不是。是因为市场交易中没有足够的货币了。现在这个时候，对于这些挣扎在水深火热之中的百姓而言，即使是四时和顺、五谷丰登也毫无益处；即便是朝廷鼓励农桑、蠲免赋税也毫无益处。我认为，要改变这种状况，必须禁止以金银作为货币。废止以金银作为货币有七项好处：以粟米布帛之类的东西作为货币，普通百姓都可以通过自己的劳动获取，那么他们的家庭就很容易富足，这是其一；铸造铜钱用来互通有无，铸造铜钱不停止，而货币也不会匮竭，这是其二；不贮藏金银，就不会出现特别贫困或特别富有的人家，这是其三；铜钱不便于携带，百姓难以离开其故里，这是其四；官吏贪污受贿所得难以掩盖，这是其五；盗贼打开箱子，偷盗铜钱，但沉重使得其不容易搬走，很容易找到痕迹将其抓获，这是其六；钱币和纸币各处都可以通行，这是其七。但是必须实行严格的禁令，私自采矿者处以死刑，对于用金银在市场上交易的就以私自铸造钱币罪进行处罚，这样才可以。

财计二

【题解】

在《财计二》中，黄宗羲接续《财计一》所论，提出废金银而用铜钱，使用铜钱和纸钞相辅相成的货币体系。黄宗羲首先指出"钱币所以为利也，唯无一时之利，而后有久远之利"，这与金银不同。对于明代"欲行钱法而不能行"的原因，他认为有六个原因，弊害比之前还多了两个。对于如何解决这些弊害，黄宗羲认为应"使货物之衡尽归于钱"，政府鼓励开采铜矿，禁铜为器，规定铜钱制作标准，以铜钱纳税。对明代发行纸币而没有成功之事，黄宗羲认为是政府未讲求流通原理和使用方法，也未建立让百姓信服的信用制度，最主要的一点是政府发行纸币是为了敛财，"以一金易一纸"实在是害民。由此，他提到了宋代的称提钞法和元代的平准钞法，认为可以借鉴使用，从而提倡钱钞兼行的货币流通制度，即废金银而用铜钱，兼用纸币，随地变易，如此官府和商贾、百姓就不得不使用了。

黄宗羲对货币问题的高度关注，是他切实关心民生的表现。在这部分，他对废银使钱的实行进行了深入分析，认为要实行废银使钱并兼行纸钞，一是政府要树立信用，不可以此为敛财手段；二是要官有本钱，民才信；三是按期收缴旧钞焚毁。从这些论述可以看出，黄宗羲所论虽有一定的历史局限性，但也表明他看到了当时社会经济发展的客观情势及现实要求，其希望统一货币制度的理想是符合当时社会经济和人民意愿的,是利民、富民的主张。对于黄宗羲废金银而用钱钞之法,朱一新评曰:"惟通商专用金银,故中国不可用钞。中国之钞,非外国所通行,彼以货来易银而去,我自用钞,而彼则广收中国之金银,一旦有事,银根既竭,用钞者纷纷罢市,外夷乃得操吾中国之利权,而事益不可为矣。大抵重农者,必贵粟帛;重商者,必贵钱币。钱币之事,由繁而日趋于简。今时银贵,他日又当金贵,主国计者,设法以使银之流通则可。欲废银而别筹重滞之物以易之,物且益滞,银且益昂,无裨于贫民,而富民亦将变为贫民,是自困之道也。"(《无邪堂答问》)朱一新的这段言论是反对黄宗羲废银用钞的,是从国际贸易的角度来考虑的,比之黄宗羲的观点眼界更开阔,应该说指出了黄宗羲废银用钞之说的缺陷。

　　钱币所以为利也,唯无一时之利,而后有久远之利。以三四钱之费得十钱之息①,以尺寸之楮当金银之用②,此一时之利也。使封域之内③,常有千万财用流转无穷,此久远之利也。后之治天下者,常顾此而失彼,所以阻坏其始议也。

【注释】

①息:利息,利润。

②楮:一种乔木,树皮可以用来做纸,在古代也是纸的代称,因此而引申为纸币。戴埴《鼠璞》:"今日病在楮多,不在钱少。"

③封域:疆域,界域。

【译文】

　　使用铜钱是有好处的,只要是不图一时的小利,以后自然会获得长远的利益。花费三四个钱的成本而得到十个钱的利润,或以尺寸大小的纸币当作金银之用,这都是一时的小利。如果能使疆域之内常有数以千万计的钱财流通无穷,这才是长远的利益。后世治理天下的君主们常常顾此失彼，追求短期利益而忽视了长远利益，所以阻碍破坏了实行货币制度最初的意愿。

　　有明欲行钱法而不能行者：一曰惜铜爱工，钱既恶薄①，私铸繁兴；二曰折二折三②，当五当十，制度不常；三曰铜禁不严，分造器皿；四曰年号异文③。此四害者，昔之所同。五曰行用金银④，货不归一。六曰赏赉、赋税⑤，上行于下，下不行于上。昔之害钱者四，今之害钱者六。

【注释】

①恶薄：钱币质量恶劣且薄。

②折二折三：指人为规定钱币一个当二、当三文使用，当五当十意思同此。《明史·食货志五》："天启元年（1621）铸泰昌钱，兵部尚书王象乾请铸当十、当百、当千三等大钱，用龙文，略仿白金三品之制，于是两京皆铸大钱。"

③年号异文：指各朝所铸造的钱币都有本朝年号。明代各朝都曾铸造年号钱，以嘉靖、万历朝最多。

④行用：使用。

⑤赏赉（lài）：赏赐。赉，赏赐，赠送。

【译文】

　　明朝想以铜钱作为流通的货币而未能实行的原因，第一个是吝惜铜料、偷工减料，铸造的铜钱又薄又差，私下盗铸铜钱的事情非常繁盛；第二个是铸造的铜钱中有一当二、当三、当五、当十等，没有一个标准的钱制；第三个是官府没有实行严格的铜禁，有的铜用来制造器皿；第四个是铜钱上的年号文字不统一。这四个阻碍铜钱通行的弊端，与明代以前的相同。第五个原因是使用金银，货币不能统一；第六个原因是朝廷的赏赐和赋税方面，朝廷可以将铜钱用于下，但百姓缴纳的赋税，却不能使用铜钱。所以，以前阻碍铜钱流通的原因有四个，现在危害铜钱流通的原因却有六个。

　　故今日之钱，不过资小小贸易，公私之利源皆无赖焉，是行钱与不行等也。诚废金银，使货物之衡尽归于钱。京省各设专官鼓铸①，有铜之山，官为开采，民间之器皿、寺观之像设②，悉行烧毁入局③。千钱以重六斤四两为率④，每钱重一钱；制作精工，样式画一，亦不必冠以年号。除田土赋粟帛外，凡盐酒征榷⑤，一切以钱为税。如此而患不行，吾不信也。

【注释】

①鼓铸：鼓风扇火，冶炼金属，铸造钱币。

②像设：神佛供像。

③局：掌管铸钱的官署。指明代在京师设的宝源局，以及各省设的宝泉局。

④斤：重量单位，旧制以十六两为一斤。

⑤盐酒征榷：政府征收盐和酒的专卖税。征，税收。榷，专卖。

【译文】

　　所以现在的铜钱只不过用在小额的买卖交易上，无论公家还是私人的获利之源都与铜钱没有关系，铜钱的使用与否没有什么区别。真要废除金银，就要使衡量货物价值的标准只用铜钱。在京城及各省设立专门的官府机构来鼓励铸造铜钱；凡有铜的矿山，只由官府进行开采，民间用铜铸造的器皿、寺庙道观的铜佛像，都全部烧毁，铜料由官署回收。每一千个铜钱的重量以六斤四两为标准，每一个铜钱的重量为一钱；所有铜钱都要制造精致，样式统一，也不用在钱币上铸造年号。除了田赋征收粟帛外，凡是盐酒所征的专卖税都一律使用铜钱。如果采取了以上措施还不能使铜钱顺畅流通，那我是不会相信的。

　　有明欲行钞法而不能行者。崇祯间①，桐城诸生蒋臣②，言钞法可行，岁造三千万贯③，一贯直一金，岁可得金三千万两。户工侍郎王鳌永主其说④，且言初年造三千万贯，可得五千万金，所入既多，将金与土同价⑤。上特设内宝钞局，昼夜督造，募商发卖，无肯应者。大学士蒋德璟言⑥，以一金易一纸，愚者不为。上以高皇帝之行钞难之⑦。德璟曰："高皇帝似亦神道设教⑧，然赏赐折俸而已⑨，固不曾用之兵饷也⑩。"

【注释】

①崇祯间：以下事在崇祯十七年（1644）。见《明史·蒋德璟传》《三垣笔记》等。

②诸生：明清时期称已经入学的生员，即秀才。生，原作"臣"，据《黄宗羲全集》本改。蒋臣（1597—1652）：本名姬胤，字子卿；更名后，晚号谁庵，江南桐城（今属安徽）人。崇祯九年（1636），以拔贡生应廷试，得知县，辞不就。蒋臣早岁见知于太仓二张，注名复社。其后北上，先后为大学士范景文、户部尚书倪元璐所荐，官户部主事。甲申变后，依史可法，留参军务，所陈皆不能用，遂辞归。入清为僧而终，释名道用。

③贯：穿成串的钱，一千钱为一贯。

④户工侍郎：似当为户部侍郎。王鳌永（？—1645）：字葡皋，号洞溯，山东临淄（今属山东）人。天启进士。崇祯时，授户部右侍郎，复出任通州巡抚。李自成起义军入京被俘，输银后释放。清

顺治元年（1644）降清，在德州击败李自成余部，寻赴济南派员分途招抚。后被李自成部将赵应元俘杀。

⑤将金与土同价：白银与土一样的价格，形容政府可获取白银极多。《三垣笔记》记载，王鳌永赞同蒋臣的方法，且言："初年造三千万贯，可代加派二千余万，此后岁造五千万贯，可得五千万金。所入既多，将金与土同价。"

⑥蒋德璟（？—1646）：字申葆，一字若柳，福建晋江人（今属福建）。天启进士。崇祯时由侍读历少詹事，擢礼部右侍郎。崇祯十五年（1642），晋礼部尚书兼东阁大学士，廷推入阁辅政。次年，进呈《御览边图册》等。十七年（1644），疏论行钞法及增派练饷之害，获谴致仕。南明时，唐王召为阁臣，未几即辞归，卒。

⑦高皇帝之行钞：《明史·食货志六》："洪武时，官俸全给米，间以钱钞兼给，钱一千，钞一贯，抵米一石。"高皇帝，此指明太祖朱元璋。

⑧神道设教：利用神鬼之道进行教化。此处是指明太祖发行纸币只是类似假借神鬼之道的手段来统治百姓。神道，神秘莫测的自然之理，也指天道。设教，设施教化。《周易·观卦》："圣人以神道设教，而天下服矣。"孔颖达疏："圣人法则天之神道，本身自行善，垂化于人，不假言语教戒，不须威刑恐逼，在下自然观化服从。"

⑨折俸：将纸钞折算为俸禄发给官吏。

⑩固不曾用之兵饷也：蒋德璟反对印钞事见《三垣笔记》："上曰：'洪武时如何行得？'德璟曰：'高皇帝似亦以神道设教，当时只赏赐及折俸月钞，其余兵饷亦未用也。'"

【译文】

明朝想要实行纸币制度却也未能实行。崇祯十七年，桐城生员蒋臣建议实行纸币，每年印制纸币三千万贯，一贯价值白银一两，这样每年可得到白银三千万两。户部侍郎王鳌永支持蒋臣的说法，并且说第一年印制纸币三千万贯,可以得到白银五千万两,政府的所得多了,那么白银就会与土价格相同了。皇上特地批准设立了内宝钞局,不分昼夜地监督制造纸币,招募商人发卖纸钞,却没有人响应。大学士蒋德璟说,用一两银子换来一张纸,蠢人也不会做这样的事情。皇上用明太祖实行纸币的事例来质问蒋德璟。蒋德璟说:"高皇帝大概用的是顺应天道、教化万民的管理百姓的方式发行纸币,但钞法只是用于赏赐、俸禄而已,本来就不曾用在兵饷上。"

按钞起于唐之飞钱^①,犹今民间之会票也^②;至宋而始官制行之^③。然宋之所以得行者,每造一界^④,备本钱三十六万缗,而又佐之以盐、酒等项。盖民间欲得钞,则以钱入库;欲得钱,则以钞入库;欲得盐酒,则以钞入诸务^⑤。故钞之在手,与见钱无异。其必限之以界者,一则官之本钱,当使与所造之钞相准^⑥,非界则增造无艺^⑦;一则每界造钞若干,下界收钞若干,诈伪易辨,非界则收造无数。宋之称提钞法如此^⑧。即元之所以得行者,随路设立官库^⑨,贸易金银,平准钞法^⑩。

【注释】

①飞钱:唐代出现的一种汇兑票据。唐代中期,商业和货币经济发展繁荣,于是出现了这种汇兑业务。这也是我国最早的汇兑业。《新唐书·食货志四》:"宪宗以钱少,复禁用铜器。时商贾至京师,委钱诸道进奏院及诸军、诸使富家,以轻装趋四方,合券乃取之,号'飞钱'。"

②会票:明清对汇票的称谓,产生于明末。这是指由钱庄发行的一种可以到异地支付、取款的票据。

③官制行之：官方制造发行。指两宋时期发行的纸币交子、会子。

④界：即届。宋代发行纸币以三年为一个期限。

⑤务：宋代管理贸易及税收的机关。

⑥相准：相当。准，符合，等齐，相当。

⑦无艺：没有限制。艺，准则，限度。

⑧称提钞法：始见于宋代。两宋时期发行纸币，为防止纸币贬值采
　取在纸币价跌时以钱币、金银来回收的措施。

⑨官库：此指交钞库、平准库。交钞库，即行用交钞库，又简称行用
　库、钞库，元钞币兑换机关。中统元年（1260），置于燕京，后诸路
　及部分府、州亦置。由宝钞总库关领新钞、钞本，在行用交钞库发
　行、兑换。平准库，官署名。掌管货币兑换、禁民间私相交换金
　银。至元元年（1264），元廷禁民间私相买卖金银，于各路置平准
　库。后许民自行交易，遂撤平准库，只存平准行用库。

⑩平准钞法：元代所行的平准钞法，参看《元史·食货志一》：“（至
　元二十四年）依中统之初，随路设立官库，贸易金银，平准钞法。
　每花银一两，入库其价至元钞二贯，出库二贯五分；赤金一两，入
　库二十贯，出库二十贯五百文。伪造钞者处死，首告者赏钞五锭，
　仍以犯人家产给之。其法为最善。”平准，古代政府平抑物价的
　措施。汉武帝时设立平准官。《史记·平准书》：“大农之诸官，尽
　笼天下之货物，贵即卖之，贱则买之。如此，富商大贾无所牟大
　利，则反本，而万物不得腾踊，故抑天下物，名曰平准。”此指维持
　纸币与金银兑换价格稳定。

【译文】

经考察，纸币发源于唐代的飞钱，相当于现在民间的会票，到宋代
的时候才改由官府印制发行。然而宋朝之所以能够发行纸币，是因为每
发行一界纸币，就准备三十六万缗铜钱的本钱，并且还辅助盐、酒等专卖
所得。大概民间想要得到纸币，就把铜钱存入官库；如果想要铜钱，就需

将纸币存入官库；如果想要盐、酒，就要把纸币存入各个相关的贸易机关和场所。这样一来，在手里的纸币就和铜钱一样了。之所以要以界为限制，一方面是官府的本钱要与所造纸币的价值相当，如果不以界实行限制的话，那么纸币的制造就没有了限制；另一方面，每界制造纸币若干，下界发行时就可收回纸币若干，这样就很容易辨识纸币的真伪，否则纸币的发行和收回的纸币就没有定数了。这就是宋代的称提钞法。即使元代能够发行纸币，也是因为在各路设立了交钞库、平准库，负责金银与纸钞的互相兑换，以维持纸币的币值稳定。

　　有明宝钞库①，不过倒收旧钞②，凡称提之法俱置不讲，何怪乎其终不行也！毅宗言利之臣，不详其行坏之始末，徒见尺楮张纸居然可当金银，但讲造之之法，不讲行之之法。官无本钱③，民何以信！故其时言可行者，犹见弹而求炙也④。然诚使停积钱缗⑤，五年为界，敛旧钞而焚之；官民使用，在关即以之抵商税⑥，在场即以之易盐引⑦，亦何患其不行？且诚废金银，则谷帛钱缗，不便行远，而囊括尺寸之钞⑧，随地可以变易，在仕宦商贾又不得不行。德璟不言钞与钱货不可相离，而言神道设教，非兵饷之用；彼行之于宋、元者，何不深考乎！

【注释】

①宝钞库：明代初期，设于户部，是主管纸钞发行、回收的机构。《明史·食货志五》："（洪武）十六年（1383），置户部宝钞广源库、广惠库；入则广源掌之，出则广惠掌之。"

②倒（dào）收：回收。

③本钱：指发行纸币的准备金。

④见弹而求炙：见到弹弓便想着马上得到烤熟的肉。此处形容急于
　　求利。语出《庄子·齐物论》："见卵而求时夜，见弹而求鸮炙。"

⑤停积：停留蓄积。

⑥关：要塞，此指钞关，明代用于征收商业税的关卡。明代宣德四年
　　（1429）因为商人等拒绝使用贬值的宝钞，因此官府在运河沿线
　　的徐州、临清等地设立钞关，以征税。

⑦场：生产食盐的盐场。盐引：政府发放的支领及运销食盐的凭证。
　　引，商人运销货物的凭证。元代有茶引、竹引、锅引，明清有盐引。
　　每引有一定的重量，历代不同。

⑧囊括：装在口袋里。括，包含。

【译文】

　　明朝的宝钞库，只不过是照例收回旧纸币，凡是称提法这些手段全
都搁置不用，难怪最终纸币制度不能实行。崇祯朝那些讲经济收益的朝
臣，不详细了解纸币制度没有实行和败坏的缘由始末，只看到尺寸大小
的纸张竟然可以当金银使用，只考虑制造纸币的方法，却不考虑如何去
使用纸币。官府如果没有印制纸币的准备金，老百姓又怎么会相信纸币
呢！所以当时主张纸币制度可以施行的人，就好比见到弹弓便想着马上
得到烤熟的肉，是急功近利的人。然而如果确实停止积聚铜钱，每五年
就把旧钞回收焚毁；政府和百姓都使用纸币，在钞关内可以用它来缴纳
商税，在贸易市场内则可用来购买盐引，那又何必担心纸币制度不能实
行呢？况且，如果真的废除金银，那么谷物、布帛及铜钱都不便于远程携
带，而装在随身口袋里的尺寸大小的纸币，可以在任何地方进行交易买
卖，那些仕宦商贾就不得不使用纸币了。蒋德璟不讲纸币与钱币、实物
不可分离的关系，而讲天道之理、教化万民的虚妄手段，讲纸币没有用在
发放兵饷上，他为什么不去考察纸币之法为何能在宋代和元代实行呢？

财计三

【题解】

在《财计三》中，黄宗羲主要从社会习俗层面探讨财计问题。

黄宗羲认为要想富民，不能仅依靠朝廷减轻赋税、徭役，如果"民间之习俗未去，蛊惑不除，奢侈不革，则民仍不可使富也"。随后，他分别就习俗、蛊惑、奢侈进行了分析，认为需对民间婚丧习俗、巫佛的蛊惑及倡优、酒宴、机坊等造成的奢侈之风进行改革，如此才能杜绝浪费。由此，黄宗羲指出治理天下的根本就是要坚决杜绝导致巨大物质浪费和资源消耗的、对百姓一无是处的东西。

对于如何治理，黄宗羲认为政府的明令禁止并非治本之策，要"治之以本"需从学校教育入手，"学校之教明而后可也"。同时，他还重视工商业的作用，指出工商业也是社会经济之"本"，"工固圣王之所欲来，商又使其愿出于途者，盖皆本也"。这一观点与传统的"重农抑商"的观念相比是一大进步，体现了黄宗羲卓越的经济见解。

在本篇中，黄宗羲主要从社会习俗方面讨论了富民问题，同时将国富与民富联系起来，将重商与重农并提，其经济思想有着先进的一面。但他想用一切禁绝的方法改变风俗，又过于依赖学校的教化作用，就显得有些迂阔了，所以对于他的这种改制之策，萧公权就指出："梨洲财计之论，不切实际，似可不述。"（《中国政治思想史·黄宗羲》）

治天下者既轻其赋敛矣，而民间之习俗未去，蛊惑不除，奢侈不革，则民仍不可使富也。何谓习俗？吉凶之礼既亡①，则以其相沿者为礼。婚之筐筐也②，装资也③，宴会也；丧之含殓也④，设祭也，佛事也，宴会也，刍灵也⑤；富者以之相高⑥，贫者以之相勉矣。何谓蛊惑？佛也，巫也⑦。佛一也，而有佛之宫室，佛之衣食，佛之役使，凡佛之资生器用无不备⑧，佛遂中分其民之作业矣⑨。巫一耳，而资于楮钱香烛以为巫⑩，资于烹宰以为巫，资于歌吹婆娑以为巫⑪，凡斋醮祈赛之用无不备⑫，巫遂中分其民之资产矣。何谓奢侈？其甚者，倡优也⑬，酒肆也，机坊也⑭。倡优之费，一夕而中人之产；酒肆之费，一顿而终年之食；机坊之费，一衣而十夫之暖。

【注释】

①吉凶之礼：泛指婚丧等各类礼仪，这里指儒家理想中的西周礼制。

②筐筐：盛物的竹器，方的是筐，圆的是筐。此指婚俗中男方给女方的聘礼。

③装资：嫁妆。

④含殓：古时丧礼，人死时将珠宝和玉器等放于死者口中，然后入殓，所以也称含殓。此泛指随葬品。

⑤刍灵：古代为送葬而用茅草扎成的人马等物。此泛指送葬的物品。《礼记·檀弓下》："涂车刍灵，自古有之，明器之道也。"郑玄注："刍灵，束茅为人马，谓之灵者，神之类。"孙希旦集解："涂车刍灵，皆送葬之物也。"

⑥相高：互相攀比。

⑦巫：巫术，巫师。此指道教的各类方术。

⑧资生：赖以生长，赖以为生。

⑨作业：劳作。

⑩楮钱：祭祀时用于焚烧的纸钱。

⑪歌吹婆娑：唱歌、吹奏乐器和跳舞。此指方术仪式上的各种音乐和舞蹈。

⑫斋醮：道教各类法事、科仪的统称，供斋祭祀神灵，借以祈福。祈赛：谢神佑助的祭典。

⑬倡优：古代以乐舞嬉戏为业的艺人。此指看戏听曲等。

⑭机坊：从事丝棉织品的作坊。此指机坊织造的华丽服装。

【译文】

　　治理天下的君主已经减轻了赋税，但是如果民间的习俗没有改变，蛊惑人心的东西没有去除，奢侈之风没有革除，那么百姓仍不会变得富裕。什么是习俗呢？周礼已经消亡，那么民间就以沿袭下来的习惯为礼。结婚所讲究的聘礼、嫁妆、宴会；办丧事所用的随葬品、举行的祭祀、佛事、宴会、送葬用的茅草人马，富裕的人以此互相攀比，贫穷的人也因此竭力而置办。什么是蛊惑呢？佛教和巫术。就佛教供佛而言，有专门供佛的寺院，供佛所需的衣食，以及使用的杂役，凡是佛所用的器物无所不有，佛于是在无形中消耗了百姓的劳作成果。就巫术而言，要专门花钱去买纸钱、香烛，花钱去烹牛宰羊，还要花钱去准备歌舞吹唱之类的事情，凡是用于斋醮各类仪式所需的没有不准备的，巫术于是在无形中消耗了百姓的资产。什么是奢侈呢？最为奢侈的就是倡优、酒馆饭店、机坊。看戏听曲的花费，一个晚上就相当于一户中等人家全部的资产；酒馆饭店的花费，一顿饭就相当于一般人一年的饮食费用；锦衣华服的花费，一件衣服就相当于十个人穿暖御寒的费用。

　　故治之以本，使小民吉凶一循于礼，投巫驱佛①，吾所谓学校之教明而后可也。治之以末，倡优有禁，酒有禁，除布帛外皆有禁。今夫通都之市肆②，十室而九，有为佛而货者,有为巫而货者,有为优倡而货者,有为奇技淫巧而货者③,皆不切于民用,一概痛绝之④,亦庶乎救弊之一端也。此古圣王崇本抑末之道。世儒不察,以工商为末,妄议抑之。夫工固圣王之所欲来,商又使其愿出于途者,盖皆本也⑤。

【注释】

①投:抛弃,放逐。

②通都:四通八达的都市。市肆:城市中的店铺。

③奇技淫巧:过于奇巧而无益的技艺与制品。《尚书·泰誓下》:"作奇技淫巧,以悦妇人。"孔颖达疏:"奇技谓奇异技能,淫巧谓过度工巧。二者大同,但技据人身,巧指器物为异耳。"

④痛绝:彻底戒绝。

⑤"夫工固圣王之所欲来(lài)"几句:按,黄宗羲此处所论与司马迁之讲农工商虞皆当重视一脉相承。《史记·货殖列传》曰:"农而食之,虞而出之,工而成之,商而通之。"又曰:"《周书》曰:'农不出则乏其食,工不出则乏其事,商不出则三宝绝,虞不出则财匮少。'"来,劝勉,鼓励。

【译文】

所以要从根本上治理,使百姓的婚丧都遵循礼制,驱逐巫佛之类,这就是我所说的学校教化使得百姓明白事理之后才可以。治标之法,就是禁止倡优、禁止酒肆,除布帛之外,禁止奢侈的衣服。现在,大都城中的店铺,十有八九都在卖巫佛所用的物品、倡优所需的物品,以及那些奇巧而无益的物品,这些都对老百姓没有实际用处,应当一概彻底禁止,这也算是救治时弊的一个方面。这就是古代圣主明君崇本抑末的本意。当世的儒生不能体察这个道理,把手工业和商业当作末业,乱说应抑制它们。其实手工业本来就是圣主明君所鼓励的,也希望商人能够来往路上进行贩卖贸易,因为这都是本业。

胥吏

【题解】

本篇主要论述胥吏的管理。胥，指在官府中服役之人；吏，指官府中负责具体公务之人。二者职役性质差别较大，自雇役制实行后，胥吏之害渐显。

明代中后期，政治混乱黑暗，其因除宦官之祸外，还有胥吏之害。"古之胥吏者一，今之胥吏者二。"在以前，胥吏只是官府中管理文书之人，而到北宋王安石变法时，将原来的差役制改为了雇役制，"奔走服役者亦化而为胥吏"。在明代，沿袭前代通过科举选拔出来的官员，入仕之后到地方任职后，往往招胥吏为自己服务。这些胥吏虽然不是官，但作为官的辅助之人，常年在政府机构活动，并在其中发挥了不容忽视的作用。胥吏制度古已有之，但在秦汉时期，他们与官的区别较小，而随着国家人才选拔制度的日趋完善，官与吏的区别越来越明显。唐、宋、元、明之时，胥吏的地位几经浮动，但除元代地位曾一度较高外，一般都较为低下。到明代，胥吏的地位极低，但因其地位低贱而无望升迁，因此多极力弄权谋私，由此造成了严重的"吏弊"，是为明亡的原因之一。

黄宗羲指出了需要根除胥吏之弊害，首先，"欲除奔走服役吏胥之害，则复差役"。他认为宋代将差役制改为雇役制，使得这种差役发展成了一种于民有害的职业。接着他指出胥吏敢于为害的原因有三，即"其一，恃官司之力，乡民不敢致难。""其二，一为官府之人，一为田野之人，既非同类，自不相顾。""其三，久在官府，则根株窟穴牢不可破。"而实行差役制则可避免为害百姓。其次，鉴于吏的特殊身份，所以官离不开他们的辅佐，黄宗羲因此提出"欲除簿书期会吏胥之害，则用士人"，即建议用士人为吏。对于"六部院寺之吏，请以进士之观政者为之，次及任子，次及国学之应仕者。……郡县之吏，各设六曹，请以弟子员之当廪食者充之。……行省之法，一如郡县。"同时还提出淘汰法，以此作为选吏的方案。在这里，黄宗羲还通过深刻陈述吏胥为害天下的四大方面（设科条以谋私、多致士人羞与为伍而老死丘壑、吏部无法了解胥吏品行、胥吏之职渐成世袭制），指出"诚使吏胥皆用士人，则一切反是，而害可除"。

　　由上可见，黄宗羲鉴于胥吏危害天下之大，而建议用复差役法、选用士人作胥吏两种途径来解决。其中选用士人之议，是他承接《取士》《学校》篇所论的进一步延伸，是欲通过此种方法解决胥吏问题，在官与吏之间建立一种新型联系。

　　古之胥吏者一[①]，今之胥吏者二。古者府史胥徒[②]，所以守簿书，定期会者也[③]。其奔走服役，则以乡户充之[④]。自王安石改差役为雇役，而奔走服役者亦化而为胥吏矣[⑤]。故欲除奔走服役吏胥之害，则复差役；欲除簿书期会吏胥之害，则用士人。

【注释】

①胥吏：指官府中负责文书等工作的官吏。胥，政府机构中负责各类劳役事务的人员。吏，原指为君主管理臣民、处理政务之人。汉以后，吏渐成为官府中无官位的小吏和差役类。后来人们将二者并称，指官府中各类的办事人员。

②府史：为古代掌管财货或文书的官。《周礼·天官·序官》："府

六人，史十有二人。"郑玄注："府，治藏；史，掌书者。凡府、史皆
其官长所自辟除。"贾公彦疏："府，治府藏。史，主造文书也。"
胥徒：为民服徭役者，后来泛指官府中供役使的衙役之类。《周
礼·天官家宰》"胥十有二人，徒百有二十人。"郑玄注："此民给
徭役者，若今卫士矣。"贾公彦疏："胥有才智，为什长。徒给使
役，故一胥十徒也。"

③期会：谓在规定的期限内实施政令。多指有关朝廷或官府的财物
出入。

④以乡户充之：以有固定产业的民户充当。《宋史·食货志上五》：
"役人必用乡户，为其有常产则自重。"

⑤自王安石改差役为雇役，而奔走服役者亦化而为胥吏矣：北宋在
宋神宗时期，国家积贫积弱的形势越来越严重，为挽救宋朝政治
危机，王安石主导了一场社会改革运动，称为熙宁变法。这场变
法中，有一项改革即免役法，规定原来应当按户轮流服役者，若不
愿服役可以出钱，由官府雇人服役。《宋史·食货志上五》："天下
土俗不同，役重轻不一，民贫富不等，从所便为法。凡当役人户，
以等第出钱，名免役钱。其坊郭等第户及未成丁、单丁、女户、寺
观、品官之家，旧无色役而出钱者，名助役钱。凡敛钱，先视州若
县应用雇直多少，随户等均取；雇直既已用足，又率其数增取二
分，以备水旱欠阁，虽增毋得过二分，谓之免役宽剩钱。"免役法
对百姓来说，从劳役中解脱出来，可以进行劳动生产，而对政府来
说，也增加了收入，但其一害处就是受雇服役的人长期受雇比较
稳定，渐由固定差役变为一种职业，成了官府的胥吏，成为一种干
涉政策执行的力量。

【译文】

在古代，胥吏只有一种，而现在的胥吏却有两种。古时候的府史胥
徒，主要职责是掌管簿册文书，按时处理具体事务。而听差跑腿的事情

就由乡户承担。自王安石变法，实行差役法将差役改为雇役以后，那些听差跑腿的人也转化成为胥吏了。所以要革除听差跑腿这些胥吏所带来的害处，就要恢复差役；要革除管理文书、按时处理具体事务的这些胥吏所带来的害处，就应当任用士人。

何谓复差役？宋时差役，有衙前、散从、承符、弓手、手力、耆长、户长、壮丁色目①。衙前以主官物，今库子、解户之类②。户长以督赋税，今坊里长③。耆长、弓手、壮丁以逐捕盗贼，今弓兵、捕盗之类。承符、手力、散从以供驱使，今皂隶、快手、承差之类④。凡今库子、解户、坊里长皆为差役，弓兵、捕盗、皂隶、快手、承差则雇役也⑤。

【注释】

① 宋时差役，有衙前、散从、承符、弓手、手力、耆长、户长、壮丁色目：宋代的差役种类比较多，各有负责事项。《宋史·食货志上五》："宋因前代之制，以衙前主官物，以里正、户长、乡书手课督赋税，以耆长、弓手、壮丁逐捕盗贼，以承符、人力、手力、散从官给使令；县曹司至押、录，州曹司至孔目官，下至杂职、虞候、拣、掏等人，各以乡户等第定差。"衙前，宋代的差役中，衙前是负担最重的差役。主要负责掌管官物的保管运输，担负赔偿失误及短缺损失，因此多有服役之人因赔至破产。《宋史·食货志上五》："乡役之中，衙前为重。民间规避重役，土地不敢多耕，而避户等；骨肉不敢义聚，而惮人丁。故近年上户浸少，中下户浸多，役使频仍，生资不给，则转为工商，不得已而为盗贼。"按，宋初差役法渐确立，但其后弊病日益暴露，乡户多不愿应衙前役，所以到神宗时将差役法改为雇役法。色目，种类名目。

②库子：指负责看守仓库的差役。解户：指负责押送钱粮的差役。

③坊里长：指坊长和里长，古时在基层社会管理中，按一百一十户为里，十户为甲，设甲长管理，在城市则称坊长，或厢长。

④快手：指缉捕盗贼的差役。

⑤雇役：指按规定轮流应服役的，不愿服役可以出钱，即缴纳代役钱，由官府雇人服役。

【译文】

什么是恢复差役呢？宋代的差役，有衙前、散从、承符、弓手、手力、耆长、户长、壮丁等各种名目。其中，衙前专门主管官府的财物，相当于现在的库子、解户之类。户长主要负责催征赋税，相当于现在的坊长、里长。耆长、弓手、壮丁专门负责缉捕盗贼，相当于现在的弓兵、捕盗之类。承符、手力、散从是听差遣办事的，相当于现在的皂隶、快手、承差之类。凡是现在的库子、解户、坊里长都属于差役，而弓兵、捕盗、皂隶、快手、承差都属于雇役。

　　余意坊里长值年之后①，次年仍出一人以供杂役。盖吏胥之敢于为害者，其故有三：其一，恃官司之力②，乡民不敢致难；差役者，则知我之今岁致难于彼者，不能保彼之来岁不致难于我也。其二，一为官府之人，一为田野之人，既非同类，自不相顾；差役者，则侪辈尔汝③，无所畏忌。其三，久在官府，则根株窟穴牢不可破④；差役者，伎俩生疏⑤，不敢弄法。是故坊里长同勾当于官府⑥，而乡民之于坊里长不以为甚害者，则差与雇之分也。

【注释】

①值年：轮到服役的那年。按规定，坊里以十户为单位，每户轮流服

役，十年轮一次。

②官司之力：官府的势力。官司，官府。

③侪辈：同辈，朋辈。侪，辈，类。尔汝：彼此亲昵的称呼，表示不拘
　形迹。

④根株：植物的根和主干部分。比喻事物的根基，基础。窟穴：盘
　踞，盘踞之地。

⑤伎俩：手段，花招。

⑥勾（gòu）当：办理，处理。

【译文】

　　我认为坊长和里长在轮值后，第二年仍要选出一人专门服杂役。大
概胥吏之所以敢于做坏事，有三个原因：第一，胥吏仰仗官府的势力，乡
民不敢对他发难；而服差役的人知道，我今年为难别人，难保别人明年不
会为难我。第二，胥吏是官府的人，另一方是普通百姓，二者不是同一类
人，自然也不会互相顾惜；而差役与乡民却是关系平等的同一类人，互相
之间就没有可以怕的了。第三，胥吏长久地在官府为职，他们根基深厚、
关系网盘根错节，不容易打破；而差役则是临时充任，手段生疏，不敢玩
弄法律营私舞弊。因此尽管坊长、里长也和胥吏一样在官府供职，但乡
民却并不认为坊长、里长有什么危害，这就是差役与雇役的区别。

　　治天下者亦视其势，势可以为恶，虽禁之而有所不止；
势不可以为恶，其止之有不待禁也。差役者，固势之不可以
为恶者也。议者曰：自安石变法，终宋之世欲复之而不能，
岂非以人不安于差役与？曰：差役之害，唯有衙前，故安石
以雇募救之。今库子、解户且不能不仍于差役，而其无害者
顾反不可复乎？宋人欲复差役，以募钱为害。吾谓募钱之
害小，而胥吏之害大也。

【译文】

治理天下的人应当善于观察形势,有的形势可以让人做恶,即使屡次禁止也禁不了;有的形势不能让人做恶,即使不严禁也会止住。实行差役制就是使人们不能有做恶的形势。有人说:自王安石变法以后,整个宋代都想恢复差役制度却没能实现,难道不是人们不认可差役制吗?我认为,差役制的弊端只有衙前,所以王安石采用募役法进行补救。如今的库子、解户尚且不能不沿袭差役,那些无害的差役反而还不能恢复吗?宋代人想恢复差役,认为募钱法对百姓有害。我认为募钱法的害处还小,而胥吏的害处更大。

何谓用士人?六部院寺之吏①,请以进士之观政者为之②,次及任子,次及国学之应仕者。满调则出官州县③,或历部院属官,不能者落职。郡县之吏,各设六曹,请以弟子员之当廪食者充之。满调则升之国学,或即补六部院寺之吏,不能者终身不听出仕。郡之经历、照磨、知事④,县之丞、簿、典史⑤,悉行汰去。行省之法⑥,一如郡县。

【注释】

①寺:衙署,官署。

②以进士之观政者为之:让在中央各官署观察政事的新进士担任。《明史·选举志二》:"使进士观政于诸司,其在翰林、承敕监等衙门者,曰庶吉士。进士之为庶吉士,亦自此始也。其在六部、都察院、通政司、大理寺等衙门者仍称进士,观政进士之名亦自此始也。"

③满调:任满。

④经历:地方衙门中所设属官,掌出纳文书的属吏。照磨:各衙门掌卷宗、钱粮审计事务的属吏。知事:经历的副职。

⑤典史：知县的属官，掌缉捕、监狱之事。如无县丞、主簿，则典史兼
　　领其职。

⑥行省：元代除京师附近地区直隶于中央最高行政机关中书省外，
　　又创设十一行中书省，作为普遍分设全国各地区的中央政务机
　　构，简称十一行省。行省遂成为地方最高行政区划的名称。明清
　　以后行省（或简称省）之名已在习惯上代表大行政区，沿用至今。

【译文】

　　什么是任用士人呢？六部各衙门的吏职应当由观察政事的进士担
任，其次由任子担任，再次是由国学里应该授官的人员担任；任期满了就
出任州县官，或迁转担任各部的院属官，没有能力的人就免职。郡县中
设的吏、户、礼、兵、刑、工六房，其吏职由学校中应该给予廪食的生员担
任。任期满了之后就升入国学，或补六部衙门的属吏职，没有能力的人
终生不许出仕。郡府的经历、照磨、知事，县府的丞、簿、典史等官全部淘
汰。各行省的办法也参照郡县办理。

　　盖吏胥之害天下，不可枚举，而大要有四：其一，今之吏
胥，以徒隶为之①，所谓皇皇求利者②，而当可以为利之处，
则亦何所不至，创为文网以济其私③。凡今所设施之科条，
皆出于吏，是以天下有吏之法，无朝廷之法。其二，天下之
吏，既为无赖子所据，而佐贰又为吏之出身④，士人目为异
途，羞与为伍⑤。承平之世，士人众多，出仕之途既狭，遂使
有才者老死丘壑，非如孔孟之时，委吏、乘田、抱关、击柝之
皆士人也⑥。其三，各衙门之佐贰，不自其长辟召，一一铨之
吏部，即其名姓且不能遍，况其人之贤不肖乎？故铨部化为
签部⑦，贻笑千古。其四，京师权要之吏，顶首皆数千金⑧，
父传之子，兄传之弟，其一人丽于法后而继一人焉⑨，则其子

若弟也，不然，则其传衣钵者也⑩。是以今天下无封建之国，有封建之吏。诚使吏胥皆用士人，则一切反是，而害可除矣。且今各衙门之首领官与郡县之佐贰，在汉则为曹掾之属⑪，其长皆得自辟，即古之吏胥也。其后选除出自吏部，其长复自设曹掾以为吏胥，相沿至今，曹掾之名既去，而吏胥之实亦亡矣。故今之吏胥，乃曹掾之重出者也。吾之法，亦使曹掾得其实，吏胥去其重而已。

【注释】

①徒隶：刑徒或狱吏。此喻指胥吏地位低下，行为不端。按，明代选拔胥吏的主要方式有金充、罚充、告纳三种。金充是由政府出面挑选三十岁以下的识字的农家子弟，以及马户、军户等特殊户籍的子弟充任胥吏。罚充，即各种犯了错误或业绩考核不达标的官员、生员或考生被罚充任胥吏。告纳则是地方上家境较殷实的农民向政府缴纳一笔钱买得一个吏员身份。

②皇皇求利：惶急地追求私利。语出《汉书·董仲舒传》："夫皇皇求财利，常恐乏匮者，庶人之意也。"皇皇，惶恐不安的样子。皇，通"惶"。

③文网：法网。济：成。

④佐贰：辅佐主司的官员。明清时，凡知府、知州、知县的辅佐官，如通判、州同、县丞等，统称佐贰。其品级略低于主管官。

⑤士人目为异途，羞于为伍：明朝自成祖后规定胥吏不能参加科举考试，所以算不上士人，受到读书人的歧视。

⑥委吏、乘田：管理粮仓与畜牧的低等官吏。抱关、击柝：守门打更的小吏。委吏、乘田是孔子曾做过的官，先秦时的侯嬴、秦汉之际名人张耳（入汉后为鲁王）、陈馀都做过看门小吏。《荀子·荣辱》

又说:"禄天下而不自以为多,或监门、御旅、抱关、击柝,而不自以为寡。"说明这些古代的低等小吏都可以由士人担任。

⑦铨部化为签部:明万历二十二年(1594),孙丕杨任吏部尚书,创立了抽签法,以决定官职,想以此避免权贵请谒之弊。时人嘲笑吏部为签部。《国榷》卷七十七:"吏部尚书孙丕扬立掣签法…每阙书一签纳筒中,选人自探得之,一时称公,识者不谓然也。其后猾胥择善阙,上下其手,不复能诘,时号'签部'。"铨部,指吏部,其主要负责官吏的任免、考课、调动等事务。铨,量才授官。签,即抽签。

⑧顶首:顶承胥吏等职位所需的钱。

⑨丽:谓依法、按事实施加刑罚。

⑩传衣钵:泛称师徒传授继承。源于佛教禅宗自初祖至五祖皆以衣钵相传,作为传法的信证。衣钵,佛教僧尼的袈裟与饭盂。引申指师传的思想、学问、技能等。

⑪曹掾:汉代中央和地方政府各曹主官的通称。正,称掾,副则为吏。曹,分部门办事的官署或衙门。

【译文】

胥吏对天下所造成的祸害不可胜数,然而最主要的有四个方面:第一,如今的胥吏由品行不端的下等人担任,就是所谓的急于贪财求利之徒,凡是有利可图的地方,他们无所不至,而且还设计圈套以谋求私利。如今所设的法令条文都出自胥吏之手,所以天下只有胥吏的法,而没有朝廷的法。第二,天下的吏职既然已经由无赖之徒所占据,而辅佐官员的副官又是吏职出身,科举正途出身的士人将他们看作异类,不愿意与他们为伍。天下太平的时候,士人众多,而出仕的途径非常狭窄,致使许多有才的士人最后老死丘壑之间,而不像孔子、孟子所处的那个时代,凡是委吏、乘田、抱关、击柝这样的小官都由士人担任。第三,各衙门的副官,不是官长自行辟召,而是全部由吏部铨选出来的,可是吏部对于他们的名姓都不能全部知道，更何况是考察这些人是否贤良呢？所以吏部变为了签部，留下千古笑柄。第四，那些京师官署中有权力的胥吏职位，顶承一个职位要花费数千两银子，父亲传给儿子，兄长传给弟弟，一人被法令制裁，而后继的一人，则是其子或其弟，不然就是继承其衣钵的弟子。所以，如今虽然没有了世袭的诸侯，却有世袭的胥吏。如果胥吏都由士人担任，那一切都可得以改变，而胥吏的害处也就可以革除了。如今各衙门的首领官与郡县的副官在汉代时都属于曹掾，其长官可以自行征召任命属官，这就是古时候的胥吏。后来，官员的选拔、任用都由吏部负责，而各衙门长官又自己设立曹掾作为胥吏，一直延续至今，而曹掾之名已经消失了，而胥吏的实际身份与职能也消亡了。所以，现在的胥吏就是过去的曹掾的改头换面。我的主张，其实是使曹掾名副其实，而去除胥吏重复的职位而已。

奄宦上

【题解】

《奄宦》上下两篇，主要论述宦官问题。奄，同"阉"。阉宦也称宦者、内官、内臣、宦官、阉人等，明清时期主要称为太监。

在中国古代社会，阉宦由来已久。《诗经·小雅·巷伯》言："寺人孟子，作为此诗。"郑玄注："巷伯，奄官寺人，内小臣也。奄官，上士四人，掌王后之命，于宫中为近，故谓之巷伯。"可见，在周代，宦官就已经出现了，但是当时并非是阉人。春秋战国以后，宦官也随着君主专制的发展而发展。秦和西汉时期，宦官还并非都是阉人，而到了东汉，则全为阉者，并且出现了完整的宦官制度，一直延续下来。宦官，常围绕在统治者身边，与国家政务接触度较高，作为一种特殊的政治势力，加之本身的精神心理有异，对许多朝代的政局产生了重大影响，而产生的祸害程度也不一。纵观历史，宦官之祸最烈的莫过于东汉、唐代、明代。东汉，宦官集团在皇帝与外戚的权力斗争的夹缝中生存并逐步掌握了朝廷实权，为祸天下。面对宦官专权，正直官员及太学生等发起两次反对宦官的斗争，但都以失败告终。宦官集团大肆报复，由此造成了两次党锢之祸。唐代，宦官主要在皇帝与官僚集团的斗争下逐步取得了军政大权。安史之乱后，宦官权力越来越大，甚至控制了皇帝，唐文宗时曾策划诛杀宦官以夺回权力，但酿成惨祸，一大批重要的朝廷官员被宦官诛杀，史称甘露之变。唐朝末年，宦官专权更为严重，加之当时的藩镇割据，唐朝最终失权而亡。明代时，宦官为祸亦极烈。朱元璋鉴于历史上的宦官之祸，对宦官管理较严，并严禁宦官干政，以二十四衙门管理宦官。然而明朝永乐年间，宦官就渐受重用。明中叶以后，太监的权力开始扩大，拥有出使、监军、镇守等权，特务机构东厂和西厂都由宦官执掌。宣宗时，太监开始识字，人数也猛增。英宗时，宦官王振势力庞大，形成了阉党，由此宦官之祸越来越严重。其后宪宗时期的太监汪直、武宗时期的太监刘瑾、熹宗时期的太监魏忠贤等，权倾朝野，专横跋扈，屡兴骇人听闻之狱，加剧了明朝政治腐败，使人民生活在水深火热之中。因此黄宗羲指出，明代的宦官之祸是历史上最为严重的。

在《奄宦上》中，黄宗羲首先论述了明朝宦官在政治、经济等各方面是如何弄权的，指出明朝的宦官为祸甚于唐、宋。明初，是曾对宦官有所防范，但为何后期却造成了如此严重的祸害呢？黄宗羲认为宦官与朝臣原来各司其职，但宦官却以谄媚之术，改变了朝臣的处事之道，使得"一世之人心学术为奴婢之归"，使得明代宦官之祸成为历史上最严重的。

奄宦之祸①，历汉、唐、宋而相寻无已②，然未有若有明之为烈也。汉、唐、宋有干与朝政之奄宦，无奉行奄宦之朝政。今夫宰相六部，朝政所自出也，而本章之批答，先有口传，后有票拟③。天下之财赋，先内库而后太仓④。天下之刑狱，先东厂而后法司⑤。其它无不皆然。则是宰相六部，为奄宦奉行之员而已。

【注释】

①奄宦：指宦官。奄，同"阉"，原专指看守宫门的太监，后用来指太监。

②相寻：相继，接连不断。

③先有口传，后有票拟：明代废除宰相制后，逐渐形成了内阁制。全
国各地的奏章汇总后，由司礼监报给皇帝，交由内阁草拟处理意
见。阁臣将章奏的意见写在一纸上而贴于奏章上，称票拟。随
后，皇帝用红笔作批示，为批红。但明中叶之后，由于皇帝多怠
政，凡每日奏章文书，除皇帝亲批数本外，皆由司礼监掌印、秉笔、
随堂太监分批。初时规定，批红须遵内阁票拟字样，只是字迹有
偶误者，方得改正。后来发展为常常由司礼监秉笔太监代行"批
红"大权，此制成为宦官窃权的工具。内阁权力遂在明代后期渐
趋衰弱。

④内库：即内府，皇宫内的仓库。明代的内府有承运、广积、甲字库
等十库，也称内库。太仓：原指官府设立的储粮仓库。此处指政
府的官库。

⑤东厂：官署名。明成祖在永乐十八年（1420）设立，由亲信宦官任
提督，主要负责稽查，诸事可直接向皇帝报告，为直属皇帝的特务
机构。后来东厂与西厂、锦衣卫合称"厂卫"，但东厂权力较大，
实权在锦衣卫之上。法司：国家的司法审判机构。汉代，以廷尉、
御史中丞、司隶校尉三个主管司法的机构称为三法司，重大案件
要求三司会审。到明清时，以刑部、都察院、大理寺为三法司，遇
有重大案件，由这三司会审。

【译文】

宦官所导致的祸患，自汉、唐、宋历代接连不断，但是从来没有像明
朝这么严重的。汉、唐、宋各代都有干预朝政的宦官，却没有奉行宦官政
策的朝廷。现在，宰相和六部主管朝政，而奏章的批答，却是先有宦官的
口传圣旨，后有宦官借票拟制度而窃权。天下的财物赋税，先充盈内库，
然后再入太仓。天下的案件，也是先由东厂审讯处理，然后再移交司法
部门。其他各类事情都是如此。即使是宰相和六部的官吏，也成了奉宦
官指令而办事的官员。

人主以天下为家,故以府库之有为己有①,环卫之强为己强者②,尚然末王之事③。今也衣服、饮食、马匹、甲仗、礼乐、货贿、造作④,无不取办于禁城数里之内⑤,而外庭所设之衙门⑥,所供之财赋,亦遂视之为非其有,哓哓而争⑦。使人主之天下不过此禁城数里之内者,皆奄宦为之也。

【注释】

①府库:指国库。

②环卫:即禁卫,指保卫官廷的军队。

③末王:指王朝衰末时的君主。

④货贿:指各种珍宝,财富。造作:指制造、制作之物。

⑤禁城:官城。

⑥外庭:即外廷、外朝,相对内廷而言,是指君臣议事或群臣等待上朝的地方。

⑦哓哓(xiāo):争辩、争吵的声音。

【译文】

君主将整个天下视为自己的家,所以把国库的所有东西看作自己的私有,把军队的力量当作是自己的力量,那是衰末之世的君主所干的事情。但是,如今宫内所需的衣服、饮食、马匹、甲仗、礼乐、珍宝及各种制作物品,无一不是在禁城数里范围之内制造的;而外廷所设立的衙门,百姓所缴纳的财物赋税,都被视为非君主所有,宦官为了争抢这些东西而吵嚷。让君主拥有的天下只不过就是禁城数里的范围,这是宦官的所作所为所导致的。

汉、唐、宋之奄宦,乘人主之昏而后可以得志。有明则格局已定①,牵挽相维②,以毅宗之哲王③,始而疑之,终不能舍之，卒之临死而不能与廷臣一见^④，其祸未有若是之烈也！且夫人主之有奄宦，奴婢也，其有廷臣，师友也。所求乎奴婢者使令，所求乎师友者道德。故奴婢以伺喜怒为贤，师友而喜怒其喜怒，则为容悦矣^⑤；师友以规过失为贤，奴婢而过失其过失，则为悖逆矣。

【注释】

①格局：谓结构和格式。此指宦官专权代代相沿，成为干政的稳定力量。

②牵挽相维：此指宦官与朝臣相互牵制的状态。牵挽，牵制。维，连结。

③哲王：贤明的君主。

④临死而不能与廷臣一见：崇祯十八年（1644），李自成攻破北京，崇祯皇帝在煤山自缢而死，其时只有宦官王承恩跟随从死。所以此处说临死之前，崇祯皇帝也没有与大臣见一面。《崇祯实录》："（崇祯皇帝）散遣内员，携王承恩入内苑，登万岁山之寿皇亭。俄而上崩，太监王承恩亦自缢从死焉。……驾崩内庭，中外臣工莫有知者。"

⑤容悦：指曲意逢迎，以取悦于上。语出《孟子·尽心上》："有事君人者，事是君则为容悦者也。"赵岐注："为苟容以悦君者也。"朱熹注："阿殉以为容，逢迎以为悦，此鄙夫之事，妾妇之道也。"

【译文】

汉、唐、宋历代的宦官，都趁着君主昏庸无能的时候才得志掌权，而明朝的宦官与朝臣相制衡的格局已经形成，宦官与朝臣相互牵制，即使是崇祯皇帝那般贤明的君主，开始对宦官也是半信半疑，但最终却也离不开宦官了，最终是临死也没能与朝臣见上一面，宦官之祸是没有比这更惨烈的了。君主需要宦官，是将他们当作奴婢而使用的；而对于廷臣，是将他们当作良师益友的。所以奴婢若逢迎君主的喜怒就是好奴婢，师友如果以君主的喜怒为自己的喜怒，就是曲意取悦君主；师友以规劝君主的过失为贤能，如果奴婢去纠正君主的过失，那就是悖逆了。

　　自夫奄人以为内臣，士大夫以为外臣，奄人既以奴婢之道事其主，其主之妄喜妄怒，外臣从而违之者，奄人曰："夫非尽人之臣与？奈之何其不敬也！"人主亦即以奴婢之道为人臣之道，以其喜怒加之于奄人而受，加之于士大夫而不受，则曰："夫非尽人之臣与？奈之何有敬有不敬也！盖内臣爱我者也，外臣自爱者也。"于是天下之为人臣者，见夫上之所贤所否者在是，亦遂舍其师友之道而相趋于奴颜婢膝之一途。习之既久，小儒不通大义，又从而附会之曰："君父，天也。"故有明奏疏，吾见其是非甚明也，而不敢明言其是非，或举其小过而遗其大恶，或勉以近事而阙于古则①，以为事君之道当然。岂知一世之人心学术为奴婢之归者，皆奄宦为之也。祸不若是其烈与！

【注释】
　　①古则：古代的典章法度。
【译文】
　　自从以宦官为内臣，以士大夫为外臣后，宦官以奴婢的方式伺候君主，君主不恰当的喜怒，如果朝廷外臣的士大夫没有顺从的话，宦官就会说："他们不也都是臣子吗？怎么对君主那么地不敬啊！"君主也把奴婢的行事方式理所当然地认为是朝臣应当采取的行事方式，把自己的喜怒施加于宦官身上时，宦官欣然接受；但是当君主把自己的喜怒施加于士大夫身上时,士大夫却没有接受,于是君主就说:"他们不都是人臣吗?为什么会有敬与不敬的区别呢? 大概内臣是爱我的人,而朝臣是只爱自己。"于是,天下做臣子的见到君主对于贤能与否的标准是如此判断的,也就纷纷舍弃了他们作为君主良师益友的职责,而争先恐后地变成奴颜婢膝一类人了。久而久之,变成了习惯,那些浅陋的儒生不懂得君臣大义,反而附和说:"视君如父,天之道也。"所以明代的奏章、上疏,我看到那些是非是非常清楚的事情,也没有人敢于直言对错,有的是避重就轻,只是指出君主的一些小过失,而回避重大过失;有的只以最近的事情来勉励君主,却不提及古代的法度以古鉴今。他们认为这样就是对待君主的方式。哪里知道一代的人心学术都变成了奴婢之道,这都是宦官造成的。宦官造成的祸患没有比这更惨烈的了!

奄宦下

【题解】

在《奄宦下》中，黄宗羲主要论述了宦官之祸发生的根由，并提出解决措施。他认为，宦官为祸千年之久，其主要归根于"人主之多欲也"。宦官依附君主而生，他们只有依附和借助于君权，才能生存和发展。所以，黄宗羲认为限制君主私欲才能阻止宦官之祸的发生。如何去做？黄宗羲也给出了具体做法，即减少后宫女谒人数，"自三宫以外，一切当罢"，由此守卫、服侍的宦官也就减少了。

萧公权评曰：

> 明代纵奄宦以窃相权，其为祸至于使明君贤臣为之束手，则诚旷古之所未见。考奄宦所以能压制群臣而独弄大柄者，其主要原因，仍在专制。专制君主多志在恣睢。宫奴乘机迎合其所好，而政事风俗遂全体归于败坏。（《中国政治思想史·黄宗羲》）

宦官伴随封建君主专制而生，如果不能废除封建专制制度，宦官之祸就无法根除。黄宗羲从限制君主私欲方面来寻求解决之道，实际上只是治标不治本。

对于有人担心妃嫔减少会导致皇帝子嗣减少而影响皇位的传承，黄宗羲则用天下是天下人的天下，而非一家一姓所有的观点进行了驳斥，再次表现出他坚定而鲜明的民本思想。

奄宦之如毒药猛兽，数千年以来，人尽知之矣。乃卒遭其裂肝碎首者，曷故哉？岂无法以制之与？则由于人主之多欲也。夫人主受命于天，原非得已。故许由、务光之流[①]，实见其以天下为桎梏而掉臂去之[②]。岂料后世之君，视天下为娱乐之具。崇其宫室，不得不以女谒充之[③]；盛其女谒，不得不以奄寺守之[④]。此相因之势也[⑤]，其在后世之君，亦何足责。而郑玄之注《周礼》也，乃谓女御八十一人当九夕，世妇二十七人当三夕，九嫔九人当一夕，三夫人当一夕，后当一夕[⑥]，其视古之贤王与后世无异，则是《周礼》为诲淫之书也[⑦]。孟子言"侍妾数百人，我得志弗为也"[⑧]，是时齐、梁、秦、楚之君，共为奢僭[⑨]，东西二周且无此事。若使为周公遗制，则孟子亦安为固然，"得志弗为"，则是以周公为舛错矣[⑩]。苟如玄之为言，王之妃百二十人，妃之下又有侍从，则奄之守卫服役者势当数千人。后儒以寺人隶于冢宰[⑪]，谓《周官》深得治奄之法。夫刑余之人[⑫]，不顾礼义，凶暴是闻。天下聚凶暴满万，而区区以系属冢宰，纳之钤键[⑬]，有是理乎？且古今不贵其能治，而贵其能不乱。奄人之众多，即未及乱，亦厝火积薪之下也[⑭]。

【注释】

①许由、务光：传说时代的两位高士。尧以天下让给许由，许由不接受。汤将天下让给务光，务光不接受。

②掉臂去之：甩动胳膊走开。表示看不上。

③女谒：宫中受宠的女子。此泛指后宫妃嫔。

④奄寺：即阉宦。指用宦官守卫。寺，言侍。《周礼·天官·序官》：

"寺人,王之正内五人。"郑玄注:"寺之言侍也。"贾公彦疏:"云寺之言侍者,欲取亲近侍御之义,此奄人也。"

⑤相因:相关,相互依托。

⑥"郑玄之注《周礼》也"几句:语出《周礼·天官·九嫔》郑玄注:"凡群妃御见之法,月与后妃其象也。卑者宜先,尊者宜后。女御八十一人当九夕,世妇二十七人当三夕,九嫔九人当一夕,三夫人当一夕,后当一夕,亦十五日而遍云。自望后反之。"

⑦诲淫:引诱别人产生淫欲。

⑧侍妾数百人,我得志弗为也:出自《孟子·尽心下》:"说大人则藐之,勿视其巍巍然。堂高数仞,榱题数尺,我得志弗为也;食前方丈,侍妾数百人,我得志弗为也;般乐饮酒,驱骋田猎,后车千乘,我得志弗为也。在彼者皆我所不为也,在我者皆古之制也,吾何畏彼哉!"

⑨奢僭:奢侈逾礼,不合法度。

⑩舛(chuǎn)错:差错,不正确。舛,错乱,差错。

⑪以寺人隶于冢宰:据《周礼》,寺人隶属于天官,则受冢宰管辖。冢宰,周官名,六卿之首。《周礼》称为天官冢宰。郑玄《目录》:"冢,大也。宰者,官也。天者统理万物,天子立冢宰使掌邦治,亦所以总御众官,使不失职。"

⑫刑余之人:受过刑罚的人。自东汉后,宦官都为阉割而丧失性能力的男性担任,此处即指阉宦。

⑬钤(qián)键:管制,约束。

⑭厝(cuò)火积薪之下:把火放到柴堆下面,比喻潜伏着极大的危险。厝,放置。语出贾谊《新书·数宁》:"夫抱火措之积薪之下而寝其上,火未及燃,因谓之安,偷安者也。"

【译文】

宦官的祸患就如同毒药猛兽,这是数千年以来人人都知道的事实。

但仍有人因宦官而遭受裂肝碎首之刑，这是为什么呢？难道是没有办法可以制约他们吗？根本原因是因为君主本身的欲望。本来君主受命于上天，是情非得已的事。所以像许由、务光等人，实际上是把君临天下看为枷锁，所以弃之不顾。谁又料到后世的君主，居然把天下当作供自己娱乐享受的工具。于是，建造堂皇的宫殿，不可避免地用大量的女宠充实；而安置了大量女宠后，又不得不安排宦官看守着她们。这是相互依托的形势逐步造成的，对于后世的君主，也不能责备。但是郑玄为《周礼》所做的注解中说道，在君主十五个夜晚中，女御八十一人占用九个晚上，世妇二十七人占用三个晚上，九嫔九人占用一个晚上，三夫人占用一个晚上，王后占用一个晚上。这是将古代的贤明君主说得和后世的君主没有什么区别，这样那么《周礼》几乎是诲淫之书了。孟子说："拥有侍妾数百人，即使我得志了也不会这么做。"在那个时代，齐、梁、秦、楚各国的君主都骄奢淫逸、竞相僭越，东周和西周还没有这种事情。如果这是周公遗留下来的制度，那么孟子也会认为那是理所当然了，但是孟子说"我得志了也不会这么做"，那么就是认为周公错了。如果真像郑玄所说的那样，君主的后妃有一百二十人，后妃下面还有侍从，那么负责守卫和为这些女人服务的宦官势必有数千人之多。后世的儒生认为以阉人隶属于冢宰，是《周官》治理阉人的很高明的方法。事实上，遭受阉割的人，根本就不顾礼义廉耻，都是凶暴之徒。全天下成千上万的凶暴之徒而仅由冢宰管理，对他们进行管束，有这种道理吗？况且自古以来，对宦官主要不在于能把他们治理好，而在于使他们不会导致祸害。但是宦官这么多，即便没有马上引起祸乱，也好比将火放在柴堆下面，那也离危险不远了。

　　吾意为人主者，自三宫以外①，一切当罢。如是，则奄之给使令者，不过数十人而足矣。议者窃忧其嗣育之不广也。夫天下何常之有？吾不能治天下，尚欲避之，况于子孙乎！彼鳃鳃然唯恐后之有天下者不出于其子孙②，是乃流俗富翁之见③。故尧、舜有子，尚不传之④；宋徽宗未尝不多子，止以供金人之屠醢耳⑤。

【注释】

①三宫：指太后、皇帝、皇后所居住的宫殿。

②鳃鳃（xǐ）然：恐惧的样子。

③流俗：即世俗。

④尧、舜有子，尚不传之：指尧有子丹朱，舜有子商均，但二人都没有将帝位传给儿子。

⑤宋徽宗未尝不多子，止以供金人之屠醢耳：宋徽宗被俘前生有三十二子，三十四女。三十二位皇子中七人夭折，其余除赵构外，全部随徽宗被金人俘虏。三十四皇女（时称帝姬）中，除恭福帝姬不满周岁，金人不知而幸免，其余要么夭折，要么被俘死于颠沛，或成为金人的战利品。屠醢，杀戮。

【译文】

我认为身为君主，除了太后、皇帝、皇后三宫外，其余的后宫都应当废除。如此，需要为其服役的宦官只不过几十人就足够了。有人担心这样就会导致王室子嗣不多。天下何尝能永久拥有？我没有本事治理天下，尚且想回避，何况我的子孙呢？那些担心得要命、唯恐以后的天下不是自己的子孙的，简直就是世俗中富翁的观念。所以尧、舜虽然有儿子，却没有传君位给他们；宋徽宗的子女很多，只不过是供金人肆意杀戮罢了。

破邪论

前言

　　明末清初的著名思想家、史学家黄宗羲,与清代前期的孙奇逢、李颙被称为"国初三大儒",在中国思想文化史上具有举足轻重之地位。黄宗羲一生比较传奇,"初锢之为党人,继指之为游侠,终厕之于儒林"(黄炳垕《黄宗羲年谱》卷首录梨洲自题),归乡后潜心著述,著作丰富,达数十种,涉及史学、经学、地理、律历、数学、诗文等,卷帙浩繁的有《明儒学案》(六十二卷)、《宋元学案》(一百卷)等,篇幅有限而立论精湛的有《明夷待访录》(二卷)、《思旧录》(二卷)、《留书》(一卷)、《今水经》(一卷)、《孟子师说》(二卷)等。一卷本的《破邪论》是黄宗羲晚年的代表性短篇著作。其《题辞》中言,黄宗羲著此书时已八十余岁,所谓"破邪",就是破除邪恶,包括各种不切合实际的言论、风俗习惯等。唐代释法琳(572—640)曾撰有《破邪论》二卷,广引佛教经论,主要是驳斥当时对佛教传播不利的舆论,以期缓和当时社会对佛教徒的态度,在佛道激烈的矛盾斗争中,护佛教而去除对佛教不利的"邪说"。该书在当时对佛教来说,于护法持教、驳斥诬佛论、摆正社会舆论等方面,发挥了积极的作用。黄宗羲所著的这部书也以《破邪论》为名,其意显而易见,正如他所言:"方饰巾待尽,因念天人之际,先儒有所未尽者,稍拈一二,名曰破邪。"(《破邪论•题辞》)

　　《破邪论》分《从祀》《上帝》《魂魄》《地狱》《分野》《唐书》《赋税》

《科举》《骂先贤》九篇,每一篇都针对不同的内容进行论述。从《破邪论》的《题辞》可见,该书写于《明夷待访录》完成的三十年后,从其篇目来看涉及宗教、地理、经济、文化、历史、经学等诸多方面。《赋税》《科举》两篇文章和《明夷待访录》中《田制》《学校》所论问题关联,可以看作是此两问题的再思考,补《明夷待访录》之余论。《分野》是对堪舆问题的考辨;《唐书》则属于对史书所载的辨谬之作。《上帝》《魂魄》《地狱》三篇,是对借西方天主教、佛教搞宗教迷信的风气的批判。《从祀》与《骂先贤》两篇,则是黄宗羲对当时从祀人选问题和对先贤不敬流弊的评论。九篇文章,内容多样而并没有统一的主题,总体可以视为《明夷待访录》的再论和补充。

黄宗羲在本书《题辞》中说:"论之美者,《酌古》《美芹》,彼皆战争经略之事。"但他此时年事已高,对"战争经略之事"可能感觉力有不逮,遂小论几篇,正如他自己所言:"顾余之所言,退幽不可稽考,一炭之光,不堪为邻女四壁之用,或者怜其老而不忘学也。"考察他的这九篇评论,从内容上来说大致主要论述了以下几个问题。

首先,上帝、魂魄、地狱问题。明末清初时期,随着天主教的传播,不少儒士都与天主教徒甚至耶稣会士有直接接触,黄宗羲也是。但黄宗羲对天主教并不热衷,其著述中对天主教的提及较少,只在《破邪论》中有所论说。在《上帝》篇中,黄宗羲首先提出:"天一而已,四时之寒暑温凉,总一气之升降为之。其主宰是气者,即昊天上帝也。"在这里他认为"气"主宰四时,也就是"昊天上帝"。在他"气一元论"的核心思想下,先批判了《周礼》、纬书的五帝说、郑康成的五天说,认为佛家的诸天说是"大惑"天下之人的言论。而天主教之说,黄宗羲则认为其是"抑佛而崇天",批判天主教"立天主之像记其事",是将人作为鬼神对待,抹杀了真正的"上帝"。所以黄宗羲对其亦持否定态度,斥其为"邪说"。

魂魄论也是中国传统儒家思想中的一个重要课题,但受阴阳五行与长生思想影响后,出现了诸多神秘附会之说。黄宗羲在"气一元论"思想下，从先秦儒学原典入手，指出人是有魂魄的，精气是魄，依据形体而存在，魂则无形可见。由此他批判了儒家的魂魄说、佛教的地狱轮回说，并对儒家的祭祀进行了理性解释，承认了儒家祭祀的世俗意义，维护了儒家传统信仰。对于儒家所不论及的地狱说，黄宗羲指出此是"佛氏之私言，非大道之通论也"，否定了佛教以地狱轮回恐吓世人，以达到约束世人的观点，认为惩治奸恶让乱臣贼子畏惧，有效之法就是将其言行载之于史书。

儒家向来重视现世，对鬼神、地狱等事情并不太关心。但随着佛教在中国的兴起、天主教的东传，儒家原本的世界观受到挑战，许多儒者也渐渐接受了佛教和天主教关于灵魂、地狱的观念。黄宗羲认为"邪说之乱，未有不以渐而至者"，儒家对于世俗社会中存在的上帝、魂魄、地狱的观念，没有"说以正之"，只以"获罪于天"来概之，因而让"邪说"流行。由此他也希望儒家能以其"正说"去除惑乱人心的佛教、天主教之"邪说"，以利社会教化。

其次，在《明夷待访录》的《田制》三篇中黄宗羲对中国古代的土地制度和赋税制度进行了论述，意在利民、便民和解决民困，反对统治阶层对天下财富的聚敛。在《破邪论》的《赋税》篇中，他继续运用托古改制的方法，在关注民生的精神下，指出民最先养于上，其后自养，最后无以为养，百姓生活越来越艰辛，原因就是统治者征收沉重赋税，轻者十取其三，重者十取五六，百姓无以为生，所以才导致各种逃避科赋的现象。为此，黄宗羲建议田制复于三代，采用井田法，按土地所出进行征收，"不以银为事"，从而达到民能自养之目的。黄宗羲在此篇中，依然关注现实社会中的最为重要的民生问题，所提出的改革建议亦如他在《明夷待访录》中《田制》三篇所论。

再次，对于教育问题，黄宗羲曾有较多论述，如《明夷待访录》的《学校》篇，于教育的性质、目的、作用以及改革措施等多有论述。在《破邪论》的《科举》篇中，黄宗羲继续对科举制度的弊病进行了批评，痛斥八股文对士子的不良影响。在此篇中他延续了之前对取士之法的思考，提出了按朱熹的学校贡举法，依时而变通，破除以八股取士的弊病，完善国家选拔人才制度，从而为国家选拔出真正的人才。

最后，关于配享孔庙的人选问题的批判。从来配享孔庙的人选都是依据"以经师入"，"以传道入"，只取道德、学术两端。但在《从祀》篇黄宗羲对这种配享孔庙的人选标准进行了质疑，认为这狭隘的选择标准，使得"学孔子之学，以有其行"，在行为上努力践行孔子之道的人失去了配享孔庙的机会，因此"配享孔庙"这一殊荣并没有发挥出其应有的表彰、引导作用。

此外，在《分野》篇，黄宗羲从天文地理常识出发，对后世堪舆的谬论进行了驳斥，展现了他怀疑、求真的精神。同样，在《唐书》篇，他对史书中所载之言，引证史料予以分辨，但其以野史取证，有失偏颇。《骂先贤》篇，是黄宗羲就社会上对陆象山、王阳明等先贤不敬流弊的批评，指出"今之敢于骂象山、阳明者，以晦翁为之主耳"，而这些人只是"豪奴""猘犬"之辈，若其主人知也必挞之，从而告诫士子敬重先贤，切勿守门户之见，妄自尊大。

《破邪论》九篇，虽然内容杂陈，但可以说是延续了黄宗羲在《明夷待访录》中的论述宗旨，意在从"天人之际"入手，在"复三代之治"精神下，阐发先儒们所阐发未尽的，用以祛除社会上的"邪"。黄宗羲不信社会上的各种迷信，将世俗社会中流行的各种愚昧、妄说、谬论通称为"邪说"，并予以揭露鞭挞，集中展现了黄宗羲重视社会教化、注重经世致用的实学思想。

《破邪论》因只有一卷，单独发行的本子并不多，后世因其篇幅较小也多收录在汇编和黄宗羲文集中。此次注译《破邪论》，以乾隆年间郑氏二老阁初刻的《南雷文约》本为底本，对校道光十三年（1833）沈氏世楷堂刻杨复古编《昭代业书己集》本，同时参校《梨洲遗著汇刊》本，并参考现行刊本。在整理注译时，每篇前以"题解"方式进行评论，篇中内容参校各本订正,注释解说、译文则以白话直译为主,力求简洁明了地表达文意,方便阅读者参考。《破邪论》篇幅虽小,但立论精湛,因注译者水平有限,在注释和译文时难免因理解有误而出现错漏,有不妥之处,敬请方家批评指正。

王　珏　褚宏霞

2020 年 9 月

题辞

【题解】

　　"老而不忘学"，可以说是黄宗羲的真实写照。在这篇《题辞》中，按黄宗羲所述，创作《破邪论》是在《明夷待访录》之后的三十余年，则此书完成时他应该已经是八十三岁左右了。对于创作的目的，自言是"因念天人之际，先儒有所未尽者"，意谓欲以己意加以补充。从全书九篇来看，《破邪论》没有《明夷待访录》那样的系统的构架与论述，黄宗羲只是就自己有心得、认为较为重要的问题进行论述，确实只是"稍拈一二"，但其中不乏精彩之处。另外，因为全书篇幅不大，所以他自谦为"一炭之光，不堪为邻女四壁之用"，但其中那些切实的见解与论断，却开阔了后人的思路。

　　余尝为《待访录》，思复三代之治。昆山顾宁人见之[①]，不以为迂。今计作此时，已三十余年矣。秦晓山十二运之言[②]，无乃欺人。方饰巾待尽[③]，因念天人之际，先儒有所未尽者，稍拈一二，名曰"破邪"。夫论之美者，《酌古》《美芹》[④]，彼皆战争经略之事。顾余之所言，遐幽不可稽考[⑤]，一炭之光，不堪为邻女四壁之用[⑥]，或者怜其老而不忘学也。

【注释】

①昆山顾宁人：顾炎武（1613—1682），初名绛，字宁人，学者称亭林先生，昆山（今属江苏）人。明末清初思想家。明诸生。少年时参加"复社"反宦官权贵斗争。清兵南下，参加抗清起义。失败后，遍游华北，尤致力边防和西北地理的研究，不忘兴复。晚年居华阴，卒于曲沃。顾炎武于国家典制、郡邑掌故、天文仪象、河漕、兵农以及经史百家、音韵训诂之学，都有研究，著有《日知录》《天下郡国利病书》《音学五书》《亭林诗文集》等。

②秦晓山十二运之言：《明夷待访录》中有"观胡翰所谓十二运者，起周敬王甲子以至于今，皆在一乱之运"云云，则黄宗羲"十二运"之说乃得之胡翰；而胡翰《衡运论》文中强调"十二运之说，闻之广陵秦晓山"，则始创其说者为秦晓山。秦晓山，元代人，号晓山老人，著有《太乙统宗宝鉴》二十卷。

③饰巾：指不冠带，隐居赋闲。

④《酌古》：南宋陈亮所著的《酌古论》。其书对历史上的一些人物，如汉光武帝、刘备、曹操等，以及一些事件进行了分类、评价，通过归纳与这些人物相关的军事活动，总结出一些古为今用的教训，以古鉴今。《美芹》：即南宋辛弃疾所著的《美芹十论》。该书共分十论，即审势、察情、观衅、自治、守淮、屯田、致勇、防微、久任、详战，是辛弃疾呈给皇帝的关于抗金、收复失地等的建议。该书为军事论著，研究价值较高。美芹，典出《列子·杨朱》，本谓农夫以水芹为美味，欲献于他人，后喻以微物献给别人。

⑤遐幽：境界精深微妙。

⑥一炭之光，不堪为邻女四壁之用：意谓自己浅薄的意见不足以给人借鉴。典出《史记·甘茂樗里子列传》，甘茂希望得到苏代的帮助，使他可以回秦国，于是打比方说："臣闻贫人女与富人女会绩，贫人女曰：'我无以买烛，而子之烛光幸有余，子可分我余光，

无损子明而得一斯便焉。'"

【译文】

我曾经写了《明夷待访录》，想要恢复三代时期的治理盛世。昆山顾炎武见了，并不认为我迂腐。现在算起来，写作那部书至今已经三十多年了。秦晓山所说的十二运，恐怕是骗人。我现在隐居在家等待死亡之至，因为考虑自然和人的关系，以前的儒者还没有彻底说清楚，因此稍微摘出一二，命名为"破邪"。论述中可称美妙的，要推《酌古论》和《美芹十论》，那都是讲述战争与治国理政的事情。反观我所说的，精深微妙不可查考，一粒炭的光辉，不能用来为邻女照亮屋子，希望有人可怜我老了还不忘记学习吧！

从祀

【题解】

该篇主要讨论配享孔庙的人选问题。黄宗羲指出配享孔庙的都是"以经师入者","以传道入者",只有道德与学术两个标准。但是有些人"至公血诚,任天下之重,矻然砥柱于疾风狂涛之中,世界以之为轻重有无",因为并不是这两个标准可以衡量的,所以未被纳入配享孔庙的人选当中。黄宗羲举例了汉代的诸葛亮,唐代的陆贽,宋代的韩琦、范仲淹、李纲、文天祥,明代的方孝孺七个人,指出他们是"学孔子之学,以有其行",是"醇乎其醇"的孔子之道践行者,并不是"授受出于孔子之外而自立一门户",但世人却并没有认可其行而信服其学。因为世俗的认识偏差,此七人也失去了配享孔庙的资格。所以黄宗羲感慨配享孔庙选择标准的狭隘,从而发出了"使弥纶天地之道,不归于孔子,其害可胜既乎"的质问。

从来议从祀者①,自七十二贤之外②,有以经师入者,则左丘明以下二十人是也③;有以传道入者,则周、程、张、朱以下是也④,是固然矣。

【注释】

①从祀:配享,陪祭。

②七十二贤：指孔子门下弟子中，通晓六艺的七十二位贤人。《史记·孔子世家》记载："孔子以诗、书、礼、乐教，弟子盖三千焉，身通六艺者七十有二人。"

③左丘明以下二十人：公元647年，唐太宗诏以左丘明等二十一人配享孔子庙。《旧唐书·太宗纪》："二月壬申，诏以左丘明、卜子夏、公羊高、穀梁赤、伏胜、高堂生、戴圣、毛苌、孔安国、刘向、郑众、杜子春、马融、卢植、郑康成、服子慎、何休、王肃、王辅嗣、杜元凯、范甯等二十一人，代用其书，垂于国胄，自今有事于太学，并命配享宣尼庙堂。"左丘明，春秋末期小邾国人。目失明，曾为鲁国史官，为我国传统史学创始人之一。《史记·十二诸侯年表序》言孔子作《春秋》："约其辞文，去其烦重，以制义法，王道备，人事浃。……鲁君子左丘明惧弟子人人异端，各安其意，失其真，故因孔子史记具论其语，成《左氏春秋》。"《论语·公冶长》记孔子语曰："巧言，令色，足恭，左丘明耻之，丘亦耻之。"至其姓名，后之学者，或以为姓左，或以为复姓左丘。

④周、程、张、朱：即周敦颐、程颢、程颐、张载、朱熹。他们都是宋代理学家。

【译文】

从来讨论配享孔庙的，除孔子的七十二贤徒之外，有的因为精通儒家经典而列入，在左丘明以下的二十人就是；有的是因为传道授业而列入，周敦颐、程颢、程颐、张载、朱熹以下的就是，这本来就是这样的。

余以为孔子之道，非一家之学也，非一世之学也，天地赖以常运而不息，人纪赖以接续而不坠①。世治，则巷吏门儿莫不知仁义之为美，无一物之不得其生、不遂其性；世乱，则学士大夫风节凛然，必不肯以刀锯鼎镬损立身之清格②，盖非刊注四书、衍辑语录③，及建立书院，聚集生徒之足以了事也。上下千古，如汉之诸葛亮，唐之陆贽，宋之韩琦、范仲淹、李纲、文天祥，明之方孝孺，此七公者，至公血诚④，任天下之重，砳然砥柱于疾风狂涛之中⑤，世界以之为轻重有无，此能行孔子之道者也。孔子曰："始吾于人也，听其言而信其行⑥。"彼周、程、张、朱，不当事任⑦，其行未大光，然由其言，而其行可信也。七公有其行矣，反不可信其人乎？七公不过学孔子之学，以有其行，岂别有所授受出于孔子之外而自立一门户乎？抑孔子之学，斗钉拘谨⑧，止于自为，不与治乱相关，凡古今震动之豪杰，一概沟而出之欤⑨？是故七公之不与从祀，甚可怪也。

【注释】

①人纪：人之纲纪，指立身处世的道德规范。

②鼎镬：这是两种古代的烹饪器具。古代曾有用鼎镬来烹人的酷刑，所以也代称酷刑。清格：高洁的品格。

③衍辑：犹广辑。广泛搜罗、编辑。语录：宋儒讲学，门徒记录当时言辞，亦称语录。

④血诚：犹赤诚。谓极其真诚的心意。

⑤砳（qià）然：岩石坚实的样子。引申为坚实、坚定的样子。砥柱：山名。又称厎柱山、三门山。原在三门峡，当黄河中流。以山在激流中矗立如柱，故名。今因整治河道，山已炸毁。

⑥始吾于人也，听其言而信其行：语出《论语·公冶长》。意谓开始我对于一个人，听到他说的话就相信他的行为。

⑦不当事任：没有承担职务。

⑧斗钉：亦作"豆钉"。一种供陈设的食品，用五色食品在盘盒中堆

积而成。比喻杂乱,杂凑堆砌。又比喻堆砌、罗列文辞。拘谨:拘
束畏缩。

⑨沟而出之:隔离排斥出去。沟,隔断。

【译文】

我认为孔子之道,并不是一家之学,也不是一世之学,天地依赖它时
常运转而不停息,人世的道德规范依赖它而得以连续不间断。社会得到
治理,小吏和看门的小儿都知道仁义是美好的事情,没有一种事物不能
得以生长、不能顺从本性;社会混乱,读书人和官员风骨节操依然凛然可
敬,一定不愿意因为害怕死于刀锯鼎镬而损害立身的高洁情操,并不是
做做刊刻注解四书、搜罗编辑语录,以及建立书院、聚集学生这些事情就
算完事了。上下几千年间,如汉代的诸葛亮,唐代的陆贽,宋代的韩琦、
范仲淹、李纲、文天祥,明代的方孝孺,这七个人,最为大公无私、赤胆忠
心,担负了天下的重担,在疾风狂涛中如砥柱山一般坚定不移地屹立着,
他们的言行作为关系着世上一切人与事的轻重生死,是能切实实行孔子
之道的人。孔子说:"开始我对于一个人,是听他怎么说而相信他怎么
做。"那周敦颐、程颢、程颐、张载、朱熹几人没有承担重要职务,他们的
行事没能显著地表现出来,但是由他们所说的,而知道他们的所为是可
以相信的。上述七个人是有所作为的,反而不相信他们本人吗?这七个
人不过是学习了孔子的学问,所以有了这样的作为,难道他们是另外学
了孔子之外的东西而另立一派吗?或者是孔子的学问,只是罗列堆砌、
拘束畏缩,仅能用于自我修养,不和社会治乱相关,凡是古今功业巨大的
豪杰,一概要隔离排斥出去吗?因此这是七个人不能配享孔庙的原因,
实在很是奇怪。

　　或曰:从祀者辨之于心性之微,不在事为之迹。余应之
曰:数公坚强一学①,百折不回,浩然之气,塞乎天地,其私
欲净尽矣。若必欲闭眉合眼,矇懂精神②,澄心于无何有之

乡③，此则释氏之学，从祀者从求之《传灯》之中矣④。

【注释】

①坚强：强固有力，不可动摇或摧毁。一学：此指孔子之学。

②曚憧（zhuàng）：迷糊愚昧。曚，昏乱蒙昧。憧，愚昧无知。

③澄心：静心。无何有之乡：指空无所有的地方。语出《庄子·逍遥游》："今子有大树，患其无用，何不树之于无何有之乡，广莫之野。"多用以指空洞而虚幻的境界或梦境。

④《传灯》：又称《传灯录》，记载禅宗历代传法机缘之著作。传灯，意谓以法传人，如灯火相传，延续不熄。灯录之作，萌芽于南北朝时代，而正式之灯录出现于禅宗成立以后，经历代辗转相续，至宋代达于极盛，此后，元、明、清各代继承传统，灯录之作，续而不尽。而禅宗语要，具在诸灯录中。

【译文】

有人说：分辨一个人能否配享在于微妙的心性，不在于有踪迹可寻的事情。我回答说：这几个人坚守孔子之学，意志坚强，不管怎么挫折都不退缩，正大刚直的精神，充溢在天地之间，他们的私欲完全净化了。如果一定要垂下眉毛合上眼睛，使精神无知无识，在空洞虚幻的境界里使自己心思清静，这是佛教之学，那么配享的人应该从佛家的《传灯录》里去找到。

昔朱子、陈同甫义利王霸之辨①，不能归一②。朱子既不能绌同甫，同甫亦终不能胜朱子。同甫所以不能胜朱子者，必欲以天理全然付于汉唐之君③，不以汉唐之臣实之也。汉唐之君不能如三代，汉唐之臣，未尝无三代之人物。以天理把捉天地④，故能使三光五岳之气⑤，不为庞裂⑥，犹如盲者行路,有明者相之⑦,则盲亦为明。朱子谓汉唐专以人欲行其间,有与天理暗合者。谓盲者为暗合则可,谓明者为暗合则不可。汉唐以下之人臣,明者无代无之,此七公者,则醇乎其醇者也。百炼之金,芒寒色正,而可谓之暗合乎?盖由后来儒者,视孔子门墙窄狭,行焉比迹⑧,诵必共响,名节重于国事,莫肯硬着脊梁,肩此大担,徒以亢阳胜气⑨,龃龉于事变之来⑩,只讨便宜做去。此是许由、务光相传遁世之学⑪,孔子之所谓逸民者,而吉凶同患之学亡矣。故视此七公者,皆等之为外道。嗟乎!七公之从祀为小,使弥纶天地之道⑫,不归于孔子,其害可胜既乎?

【注释】

①朱子、陈同甫义利王霸之辨:《宋元学案·龙川学案》言:"朱子以事功卑龙川,龙川正不讳言事功,所以终不能服龙川之心。"二人因持有不同的价值观,在道德与事功即内圣与外王问题上有着严重的思想分歧。淳熙九年(1182),二人见面进行学术论战后,又通过书信进行争辩,遂引起了关于义利王霸等一系列学术问题的论战。中国古代治国理论存在两种路径,以仁义治天下为王道,以武力结诸侯为霸道。宋代理学家赞"王道"而贬"霸道"。这场争论的直接诱因,是朱熹指责陈亮主张"义利双行,王霸并用"(《与陈同甫》)。陈亮回信辩白,甚至将"义利双行,王霸并用"的标签原物奉还给了朱熹。陈亮拒绝利和霸的否定性涵义,强调义利王霸是一个头颅做成的,本来就没有什么根本的冲突。利用这种对传统概念的重新界定,来为其事功主张寻找合法性依据。陈同甫,即南宋思想家陈亮。陈亮(1143—1194),原名陈汝能,字同甫,号龙川,学者称为龙川先生。婺州永康(今属浙江)

人。南宋思想家、文学家。陈亮才气超迈，喜谈兵事。反对和议，力主抗金。曾上《中兴五论》。遭人嫉恨，曾三次下狱。绍熙四年（1193），被宋光宗亲擢为状元，授签书建康府判官公事，未及就任而逝。宋理宗时，追谥"文毅"。

②归一：统一，一致。此指意见达成一致。

③天理：在哲学领域指自然法则。宋明理学中，"存天理灭人欲"，"天理"是与"人欲"相对的概念，即仁义礼智信等纲常伦理。

④把捉：把握，掌握。

⑤三光五岳：三光指日、月、星。《白虎通义·封公侯》："天道莫不成于三，天有三光，日、月、星；地有三形，高、下、平；人有三尊，君、父、师。"五岳，即我国五大名山的总称。

⑥庞裂：散乱分裂。庞，用同"庬"，多而杂。

⑦相：辅助。导引盲者的人也称为"相"。

⑧比迹：齐步。谓彼此相当。

⑨亢阳胜气：极其骄傲强盛的气势。亢阳，盛极之阳气。《周易·乾卦》"上九，亢龙有悔"，孔颖达疏："上九，亢阳之至，大而极盛。"

⑩龃龉：不相投合，抵触。事变之来：此指事情变故刚发生时。

⑪遁世：指逃离世俗。

⑫弥纶：统摄，覆盖。

【译文】

过去朱熹、陈亮关于义与利、王道与霸道的辩论，没有能达成一致意见。朱熹不能打败陈亮，陈亮也最终没有能战胜朱熹。陈亮之所以不能使朱熹折服，是因为他一定要将顺应天理的使命全部归于汉唐时的君主，而没有看到是由汉唐时的臣子实际承担。汉唐时期的君主不如三代，汉唐时期的臣子，未必没有比得上三代人物的。用天理来把握天地，所以能使得日、月、星和五岳之气不会散乱破裂，就像盲人走路，有能看见的人辅助，那盲人也就看得见了。朱熹说汉唐时期主要以人的私欲行事，其中也有与天理隐性相符合的。说盲人与隐性相符合是可以的，但说是看得见的人与隐性暗合则不可以。汉唐以后的人臣，没有哪一代没有明臣，这七个人，是其中最纯粹的。如同经过千锤百炼的金子，光芒清冷、颜色纯正，可以说是隐性暗合吗？大概因为后来的儒生，将孔子的学问看得太窄太小了，做事一定要方式相同，诵读一定要声响一致，将名节看得比国家大事还要重要，不肯硬挺着脊梁，挑起重担，只是用极其骄傲强盛的气势，在事情变故刚发生时互相抵触争论，只寻求好做的、有利的去做。这是由许由、务光流传下来的逃避世事的学问，是孔子所说的隐居避世之人，而与民同甘共苦共患难的学问则消亡了。所以考察这七个人，都被视为不合于孔子学问的正道。唉，这七个人配享孔庙的事情还是小事，假如统摄天地的大道，不独统于孔子一门，其所造成的害处还能穷尽吗？

上帝

【题解】

明末清初,随着大批耶稣会士来华,天主教也随之流入,这些耶稣会士在向中国传授西方科技知识的同时,也在向中国人尤其是儒家士大夫们介绍天主教,希望他们弃儒道而皈依天主教。黄宗羲虽然也与天主教徒和耶稣会士有所交往,但他本人对于天主教的态度并不热衷,在他诸多的著作中也很少提及。此篇,黄宗羲主要对佛教、天主教用"上帝"蛊惑民众的"邪说"进行了批判。

"上帝",是中国古代民众对"天"的尊称,黄宗羲首先从中国传统的"上帝"说出发,指出佛教创诸天之说惑乱大众,而天主教是"抑佛而崇天是已,乃立天主之像记其事,实则以人鬼当之,并上帝而抹杀之矣"。所以他在"气一元论"下,将"天"和"上帝"归于自然,批判了世人对宗教的迷信。对于佛教、天主教蛊惑人心的邪说,黄宗羲认为儒家没有发挥其应有的积极作用,即"儒者亦无说以正之,皆所谓'获罪于天'者也",所以才让这些邪说"恶得以理之一虚言之"。从中可见,黄宗羲批判佛教、天主教之说,其实质是希望儒家能担负起社会教化、去除各种邪说的社会责任。

特别需要说明的是,文中关于天主教、佛教的议论,纯系黄宗羲个人见解。因时代局限、思维偏向、所学有涯诸方面的影响,部分言说有失允当，但为了呈现《破邪论》全貌，仍整文移录，旨在如实反映黄宗羲的认识水平。

　　邪说之乱，未有不以渐而至者。夫莫尊于天，故有天下者得而祭之，诸侯以下皆不敢也。《诗》曰："畏天之威，于时保之①。"又曰："上帝临汝，无贰尔心②。"其凛凛于天如此③。天一而已，四时之寒暑温凉，总一气之升降为之。其主宰是气者，即昊天上帝也④。《周礼》因祀之异时，遂称为五帝⑤，已失之矣；而纬书创为五帝名号⑥，苍帝曰灵威仰，赤帝曰赤熛怒，黄帝曰含枢纽，白帝曰白招矩，黑帝曰汁光纪。郑康成援之以入注疏⑦，直若有五天矣。释氏益肆其无忌惮，缘"天上地下，唯我独尊"之言，因创为诸天之说⑧，佛坐其中，使诸天侍立于侧，以至尊者处之于至卑，效奔走之役。顾天下之人，习于见闻，入彼塔庙，恬不知怪⑨，岂非大惑哉？为天主之教者，抑佛而崇天是已，乃立天主之像记其事，实则以人鬼当之，并上帝而抹杀之矣⑩。此等邪说，虽止于君子，然其所由来者，未尝非儒者开其端也。

【注释】

①畏天之威，于时保之：语出《诗经·周颂·我将》。意谓敬畏上天的威灵，这样就会保卫我。于时，于是，这样。

②上帝临汝，无贰尔心：语出《诗经·大雅·大明》。意谓上帝将要监视你们，你们不要有贰心。临，监视，监临。

③凛凛：严肃的样子。

④昊天上帝：神名。亦称天帝、上帝、皇天、维皇上帝、皇天上帝等，

简称昊天。为传说中的天神。殷商时，即有祭祀此神之制。为主宰自然界的带有至高神之意味的天，被认为是华夏历代正统祭祀的最高神。昊天，苍天。

⑤《周礼》因祀之异时，遂称为五帝：《周礼·天官·大宰》"祀五帝"，郑玄注："祀五帝，谓四郊及明堂。"贾公彦疏云："依《月令》四时迎气，及季夏六月迎土气于南郊，其余四帝各于其郊，并夏正祭所感帝于南郊，故云祀五帝于四郊也。"又，五帝，古代所谓五方天帝。一说指五行之帝，一说即太皞、炎帝、黄帝、少皞、颛顼五天帝。

⑥纬书：汉代依托儒家经义宣扬符箓瑞应占验之书。相对于经书，故称。纬书内容附会人事吉凶，预言治乱兴废，颇多怪诞之谈；但对古代天文、历法、地理等知识以及神话传说之类，均有所记录和保存。纬书兴于西汉末年，盛行于东汉，南朝宋时开始禁止，及隋禁之愈切。炀帝即位，搜天下书籍与谶纬相涉者皆焚之，其书遂散亡。

⑦郑康成援之以入注疏：指郑玄在注释《周礼》时用了纬书中的说法。《周礼·春官·小宗伯》："兆五帝于四郊。"郑玄注："五帝，苍曰灵威仰，太昊食焉；赤曰赤熛怒，炎帝食焉；黄曰含枢纽，黄帝食焉；白曰白招拒，少昊食焉；黑曰汁光纪，颛顼食焉。"郑康成，即郑玄（127—200），字康成，东汉北海郡高密县（今属山东）人，著名的儒家学者、经学大师。其治学以古文经学为主，同时兼采今文经学，对儒家经典进行了注解，为汉代经学的集大成者。因党锢之祸而遭禁锢，潜心注疏，著《毛诗笺》、注"三礼"，另注《周易》《尚书》《论语》等，著述达百万余字。官渡之战期间，袁绍逼玄随军，玄途中病卒于元城（今河北大名境）。唐代贞观年间，配享孔庙。

⑧诸天之说：指佛教的二十四诸天，佛教的护法诸神。诸天，是诸位天尊的简称，其二十四诸天各司不同事务，以护持佛法为职。按，

佛教诸天的"天"与中国天帝的"天"不同，黄宗羲概念混淆，将
二者混为一谈了。

⑨恬不知怪：习以为常，不觉得奇怪。恬，习惯，满不在乎。

⑩"乃立天主之像记其事"几句：天主教中"天主"的概念相当深
奥，黄宗羲似乎认为耶稣即天主，故而以为耶稣像即为天主像，这
也是不正确的。人鬼，死者的灵魂。此指耶稣。

【译文】

邪说所造成的混乱，没有不是渐渐发展而来的。最尊贵的莫过于
天，所以得到天下的人才能祭天，自诸侯以下都不敢祭祀。《诗经》说：
敬畏上天的威严，这样就会保佑我。又说：上帝监视你们，你们要忠心耿
耿不能有二心。威严的天就是这样的。天只有一个，四季的寒冷、炎热、
温暖、凉爽，都是气的上升和下降而导致的。主宰这个气的，就是昊天上
帝。《周礼》因四季不同的时间祭祀，所以就称为五帝，已经是不对的了；
而纬书则创造出五帝的名号，苍帝叫灵威仰，赤帝叫赤熛怒，黄帝叫含枢
纽，白帝叫白招矩，黑帝叫汁光纪，郑玄在给经书做注疏时引用了这个说
法，好像真有五个天帝一样。佛教更肆无忌惮，在"天上地下，只有我最
尊贵"的言论下，开创了各种天的说法，佛坐在中间，各个天就在旁边侍
候，让最尊贵的处在最卑微的地位，以跑腿服役的方式效劳。反观天下
的人们，所见所听习以为常，进入佛教塔院寺庙，一点都不认为怪异，难
道不是极大的迷惑吗？天主教是压制佛而尊崇天帝的，于是树立天主的
塑像并记录其事迹，实际上是用人鬼充当，连上帝一起给抹杀了。这些
邪说，虽然君子不信，但是他们的由来，却未尝不是从儒者先开始的。

　　今夫儒者之言天，以为理而已矣①。《易》言"天生人
物"②，《诗》言"天降丧乱"③，盖冥冥之中，实有以主之者。
不然，四时将颠倒错乱，人民禽兽草木，亦浑淆而不可分擘
矣④。

【注释】

①今夫儒者之言天，以为理而已矣：这是理学的观点，认为天是世界精神的本源，这个本源就是"理"。理学家主张"存天理灭人欲"，"天理"是与"人欲"相对的概念，即仁义礼智信等纲常伦理。

②天生人物：《周易·系辞下》："天地之大德曰生。"《周易》以阴、阳为基础，认为阴阳结合则化生养育万物。

③天降丧乱：语出《诗经·大雅·桑柔》。

④浑淆：混淆，混杂。分擘（bò）：分离，分开。

【译文】

现在的儒者说天，以为就是理而已。《周易》说："上天养育了人和万物。"《诗经》说："上天降下了死亡和混乱。"大概在冥冥之中，确实是有什么主导着。如果不是这样，四季将颠倒错乱，百姓和各种动物植物也会混乱而不好分辨了。

古者设为郊祀之礼①，岂真徒为故事而来格来享②，听其不可知乎？是必有真实不虚者存乎其间，恶得以理之一字虚言之也？佛氏之言，则以天实有神，是囿于形气之物③，而我以真空驾于其上，则不得不为我之役使矣。故其敬畏之心荡然。儒者亦无说以正之，皆所谓"获罪于天"者也。

【注释】

①郊祀之礼：在中国古代，于一年中某些特别重要的日子，君主带领臣子依据礼法到南郊祭天，到北郊祭地。这是古代君主祭祀的重要组成部分。西汉武帝时，确立了郊祀的礼仪，其后多延续和演变。

②故事：先例，旧日的典章制度。来格来享：语出《诗经·商颂·烈祖》："来假来享，降福无疆。"意谓神明降临享用祭品，降下无边

　　福佑。此指祭祀天帝神明。来格，来临，到来。格，至。来享，谓
　　鬼神前来接受祭祀，歆享供品。

③囿：局限，拘泥。

④我：此指佛。真空：佛教语。一般谓超出一切色相意识界限的境界。

【译文】

　　古代设置了郊祀的礼仪，难道真的只是遵从旧有的典章来祭祀天地神明，任由不可知的力量摆布吗？这里必定有真实的、不虚假的主宰在其间存在，怎么能用"理"这一个字空泛地表达呢？佛教的理论，认为天是实在的神，是局限在实体和气质中的物体，但我佛用超出一切色相意识界限的境界凌驾于上，所以诸天就不得不为我佛服役和驱使了。所以他们的敬畏心也就一点也没有了。儒者也没有说法去更正，这都是所谓"被天降罪"的行为。

魂魄

【题解】

本篇主要讨论了魂魄之说。在中国传统思想中,鬼神魂魄之说是一重要内容,自周代开始,人们就已经开始将鬼神自然化了,认为魂魄是阴阳二气的聚散消长变化。从汉代到明代,儒家学者多以阴阳和气的变化来解释鬼神魂魄,如朱熹认为"鬼神只是气"(《朱子语类·鬼神》)。在中国古代的鬼神之说中,魂魄是依附在人的形体上存在的,魂是阳气,主要影响人的精神思维活动,而魄是阴气,主要影响人的形体感官活动。后来传统的魂魄说因阴阳五行和长生思想影响,出现了很多神秘附会之说。对于这些荒诞神秘的说法,儒家学者多有批判。黄宗羲的《魂魄》篇即是对魂魄附会之说的批判。他主要依据先秦儒家典籍《礼记》《周易》的记载,以儒家的传统气化宇宙论,得出魂是阳盛,魄是阴盛,魄是依附在由气形成的具体形质上,然后才生成了主宰精神的魂。人因魂魄结合而生,但人死后魂魄就分离了,由此批判了佛家的六道轮回说。但对是否所有人的魂魄都会消散的问题,他指出圣贤的精神是长留天地间而不散的,有聚散是对普通人而言的。由此他肯定了儒家所提倡的祭祀礼仪,指出人虽然魂散了,但他的子孙是其"未尽之气",祖先之魂实际上是存在于"子孙思慕之中",虔诚的祭祀可迎其"一线之气"。由此可见,黄宗羲在吸收先秦以来的传统儒家思想基础上批判了佛教有关的轮回之说,而肯定了社会上儒家所提倡的祖先祭祀的世俗意义。

　　或问:医家言心藏神,脾藏意,府藏魂,肺藏魄,肾藏精与志①,信乎? 曰:非也,此以五行相配,多为名目,其实人身止有魂魄二者而已。《礼记》曰:"魂也者,阳之盛也;魄也者,阴之盛也②。"延陵季子之葬,曰"骨肉复归于土,命也,若魂气无不之也"③,不言魄者,已葬,故不及魄。《易》曰"精气为物,游魂为变"④,所谓精气即魄也。神与意与志皆魂之所为也。魂魄如何分别? 曰:昭昭灵灵者是魂⑤,运动作为者是魄。魄依形而立,魂无形可见。故虎死眼光入地,掘之有物如石,谓之"虎威";自缢之人,其下亦有如石者,犹星陨为石,皆魄也。凡战场之磷火、阴雨之哭声,一切为疠者⑥,皆魄之为也,魂无与焉。譬之于烛,其炷是形⑦,其焰是魄,其光明是魂。子产曰:"人生始化曰魄,既生魄,阳曰魂⑧。"是人之生,先有魄而后有魂也。及其死也,有魂先去而魄尚存者,今巫祝家死后避衰之说是也⑨。有魄已落而魂尚未去者,如楚穆王弑成王,谥之曰"灵",不瞑,曰"成",乃瞑⑩;中行献子死而视不可含是也⑪。

【注释】

①"医家言心藏神"几句:出自《黄帝内经·素问·宣明五气》:"五藏所藏:心藏神,肺藏魄,肝藏魂,脾藏意,肾藏志。是谓五藏所藏。"

②"魂也者"几句:按今本《礼记》中无此数句。与之相近的,《礼记·祭统》:"凡祭有四时:春祭曰礿,夏祭曰禘,秋祭曰尝,冬祭曰

烝。礿、禘，阳义也。尝、烝，阴义也。禘者，阳之盛也。尝者，阴之盛也。"

③"延陵季子之葬"几句：事见《礼记·檀弓》。延陵季子之子死，他为其举行葬礼："其坎深不至于泉，其敛以时服。既葬而封，广轮掩坎，其高可隐也。既封，左袒，右还其封且号者三，曰：'骨肉归复于土，命也。若魂气则无不之也，无不之也。'"孔子对他的行为称赞有加。延陵季子，春秋时的吴公子季札，是著名的贤人。季札为吴王寿梦幼子，其兄为诸樊、馀祭、夷昧。初封延陵（今江苏常州），称延陵季子。后加封州来（今安徽凤台），称延州来季子。寿梦欲立之，他辞让，诸樊欲让之，又辞谢。于是诸樊等三位兄长约定兄弟相传，最后要将王位传给季札。但当夷昧死准备让他继位时，他逃避不就，于是夷昧之子僚即位。后公子光派人刺杀僚而代立，即阖闾。他表示服从。吴王馀祭四年（前544），曾奉命使鲁，观周礼，尽知其意，深受鲁人敬重。又游齐、郑、晋等国，与晏婴、子产等著名政治家交游，议论盛衰大势，颇中时要。

④精气为物，游魂为变：语出《周易·系辞上》："精气为物，游魂为变，是故知鬼神之情状。"大意即考察精气凝聚成为物形，气魂游散造成变化，就能知晓鬼神的情实状态。精气，阴阳精灵凝聚之气，古人认为其是构成人生命和精神的因素。游魂，游荡的精魂，即消散的精气。

⑤昭昭灵灵：光明神奇。

⑥疠：疫病。

⑦炷：灯炷，灯芯。

⑧"人生始化曰魄"几句：语出《左传·昭公七年》。杜预注："魄，形也。""阳，神气也。"孔颖达疏曰："人之生也，始变化为形，形之灵者名之曰魄也。既生魄矣，魄内自有阳气，气之神者名之曰魂也。魂魄，神灵之名。本从形气而有，形气既殊，魂魄亦异。附形

之灵为魄,附气之神为魂也。"化,化生为人。

⑨避衰:避灾祸。《资治通鉴·魏明帝太和六年》"或言欲以避衰",胡三省注曰:"避衰,谓五行之气,有王(按,即旺)有衰,徙舍以避之也。今人谓之避灾。"

⑩"楚穆王弑成王"几句:事见《左传·文公元年》。《谥法》,"不勤成名曰灵""乱而不损为灵","灵"是不好的谥号;"安民立政曰成","成"是个好谥号,故成王被谥为"灵"时不瞑目。

⑪中行献子死而视不可含(hàn):事见《左传·襄公十九年》。前555年,晋平公联合鲁、宋、卫、郑、曹、莒、邾、滕、薛、杞几国军队共同伐齐。中行献子率军与众军围临淄,使得齐师不敢轻易出动。但次年班师时,他梦见被他弑杀的晋厉公向他索命,于是头生恶疮而死。其死时不闭眼,无法把琀放入口中。栾盈等起誓要将伐齐的事业进行到底,他才闭眼纳琀。含,同"琀",指把琀(珠、玉、米、贝等)放入死者口中。中行献子(? —前554),姬姓,中行氏,名偃,字伯游,因中行氏出自荀氏,所以多称荀偃。正卿荀林父之孙。晋厉公时任上军佐,参加晋、楚鄢陵之战。不久与栾书弑厉公、立悼公。晋悼公元年(前572),迁中军佐,多次率军攻郑、伐楚,助悼公复霸。晋平公即位,他率军败楚于湛阪(今河南平顶山)。晋平公三年(前555),又从公率诸侯军大败齐军,东侵及潍、沂。次年病卒。谥献子。

【译文】

　　有人问:医家所说的心藏着神气,脾藏着意念,府藏着魂,肺藏着魄,肾藏着精气与志气,可以信吗?我说:不是,这是五行配五脏,设立多种名目,其实人的身体只有魂魄这两种。《礼记》说:"魂,是亢盛的阳;魄,是旺盛的阴。"春秋时的吴公子季札为儿子举行葬礼,说"骨头与血肉重新归于土地,就是命,像魂和气与此无关",不说魄,意思是既然已经埋葬了,所以也就不说魄了。《周易》说"精气凝聚成为物形,气魂游散造成变化",所说的精气就是魄。精神和意念、志气都是魂造就的。魂魄怎么区别呢? 回答说:光明神奇的是魂,运化行动的是魄。魄依靠形体才能成立,魂没有形体也可以呈现。所以说老虎死后眼光入地,挖掘后得到的像石头一样的物体,叫"虎威";上吊自杀的人,下面也有像石头一样的东西,和陨星变成的石头一样,都是魄。凡是战场上的磷火,阴雨天的哭声,一切产生瘟疫的,都是魄所造成的,和魂没有关系。就好像是蜡烛,它的烛芯是形体,它的火焰是魄,发出的明光是魂。子产说:"人最开始化生为人,就产生了魄,魄内的阳气就是魂。"所以说人出生时,先有魄,然后才有魂。到死的时候,有魂没有了而魄还存在的,就是今天巫祝家所说的死后要避灾。有魄已经没有了而魂还没有消失的,如楚穆王杀成王,死后初定的谥号是"灵",他不闭眼,改成"成",才闭眼;荀偃死后不闭眼纳玲也是这样。

然则释氏投胎托生之说有之乎? 曰:有之而不尽然也。史传如羊叔子识环之事甚多[1],故不可谓之无。或者禀得气厚,或者培养功深,或专心致志,透过生死;凶暴之徒,性与人殊,投入异类,亦或有之。此在亿兆分之中,有此一分,其余皆随气而散,散有迟速,总之不能留也。释氏执其一端以概万理,以为无始以来[2],此魂常聚,轮回六道[3],展转无已[4]。若是则盛衰、消息、聚散、有无、成亏之理[5],一切可以抹却矣。试观天下之人,尸居余气[6],精神曚憧,即其生时,魂已欲散,焉能死后而复聚乎? 且六合之内[7],种类不同,似人非人,地气隔绝[8],禽虫之中,牛象虮虱[9],大小悬殊,有魄无魂,何所凭以为轮回乎?

【注释】

①羊叔子识环:事见《晋书·羊祜列传》:"祜年五岁,时令乳母取所弄金环。乳母曰:'汝先无此物。'祜即诣邻人李氏东垣桑树中探得之。主人惊曰:'此吾亡儿所失物也,云何持去!'乳母具言之,李氏悲惋。时人异之,谓李氏子则祜之前身也。"羊叔子,羊祜(221—278),字叔子,泰山南城(今山东平邑)人。博学能属文,善谈论。魏正元二年(255),拜中书侍郎,俄迁给事中、黄门郎。徙秘书监。封钜平子。魏末任相国从事中郎,参与司马昭的机密。武帝受禅,以佐命之勋,进号中军将军,加散骑常侍,进本爵为钜平侯,置郎中令,总枢机之重。泰始五年(269),为都督荆州诸军事。镇守襄阳十年,开屯田,储军粮,作一举灭吴的准备。平日则与吴将陆抗互通使节,各保分界。怀柔吴军民,被称为羊公。又为征南大将军,屡请出兵灭吴。因病回洛阳,病中献取吴之计,临终举杜预自代。追赠侍中、太傅。谥号"成"。

②无始:指太古。

③轮回六道:佛教认为众生各依善恶业因,在天道、人道、阿修罗道、地狱道、饿鬼道、畜生道等六道中生死交替,有如车轮般旋转不停,故称。

④展转:重复貌。形容次数多。

⑤消息:消长,增减。

⑥尸居余气:形容人即将死亡。亦以谓人暮气沉沉,无所作为。

⑦六合:天地四方,整个宇宙的巨大空间。

⑧地气:土地山川所赋的灵气。

⑨虮虱:指虱及其卵,比喻卑贱或微小。

【译文】

然而佛家所说的投胎托生真有其事吗?我说:有也是不一定真实的。史书记载如羊叔子识环之类的事情非常多,所以不能说是没有。或者得到的气淳厚,或者培养的功业很深,或者心无杂念、一心一意,穿透了生与死;凶狠残暴的人,性格和别人不一样,投入到另一个种类,也可能是有的。在亿万分中,有这么一个,其他的都随着气而消散了,消散的有快有慢,总之是没有留下来。佛教用一个方面去概况全面的法则,认为从太古以来,魂经常聚集,在六道轮回,周转而没有停止。如果是这样,那么盛衰、消长、有无、成亏的道理,一切都可以消除掉了。试看天下的人,暮气沉沉,精神昏聩,即使在活着的时候,魂已经要消散了,怎么死后还能汇聚呢?而且在整个宇宙中,种类不同,像人又不是人,土地山川所赋予的灵气不同,在禽兽和虫之间,牛、大象和虱子,大小相差很大,有魄没有魂,凭什么就说是轮回呢?

　　然则儒者谓圣贤愚凡,无有不散之气,同归于尽者,然乎否耶? 曰:亦非也。吾谓有聚必散者,为愚凡而言也。圣贤之精神,长留天地,宁有散理? 先儒言,"何曾见尧舜做鬼来",决其必散[①]。尧舜之鬼,纲维天地[②],岂待其现形人世,而后谓之鬼乎?"文王陟降,在帝左右"[③],岂无是事,而诗人亿度言之耶[④]? 周公之金縢、傅说之箕尾[⑤],明以告人,凡后世之志士仁人,其过化之地[⑥],必有所存之神,犹能以仁风笃烈[⑦],拔下民之塌茸[⑧],固非依草附木之精魂可以诬也。死而不亡,岂不信乎! 或疑普天之下,无有不祭其祖先者,而谓凡愚之魂尽散,则祭乃虚拘乎[⑨]? 曰:凡愚之魂散矣,而有子孙者,便是他未尽之气。儒者谓子孙尽其诚意,感他魂之来格,亦非也。他何曾有魂在天地间,其魂即在子孙思慕之中。此以后天追合先天,然亦甚难。故必三日斋、七日戒[⑩],阳厌阴厌[⑪],又立尸以生气迎之[⑫]。庶几其一线之气,若非孝子慈孙,则亦同一散尽也。

【注释】

① "先儒言"几句:《朱子语类·鬼神》:"问:'有人死而气不散者,何也?'曰:'他是不伏死。如自刑自害者,皆是未伏死,又更聚得这精神。安于死者便自无,何曾见尧舜做鬼来!'"

② 纲维:维系,护持。

③ 文王陟降,在帝左右:语出《诗经·大雅·文王》:"周虽旧邦,其命维新。有周不显,帝命不时。文王陟降,在帝左右。"意思是文王死后,在天帝的左右。陟降,升降,上下。

④ 亿度:测度,揣测。

⑤ 周公之金縢:据《史记·鲁周公世家》,周公在周武王生病时向祖宗祈祷,甘愿以身代之,后将所祈祷的内容和占卜的结果写成策书,"周公藏其策金縢匮中,诫守者勿敢言",武王之病果然好转。此事遂无人知。武王死后,有人向成王诬陷周公,打开金縢后见到策书,成王方知周公的忠诚。金縢,即收藏书契的柜子。傅说之箕尾:傅说是商代贤相,辅佐商王武丁实现了商代的中兴。传说他死后化为东方苍龙七宿的尾宿中的一颗星,即"傅说"。后来也称大臣之死为"骑箕尾"或"骑箕",有人写文章常以"骑箕尾"的典故隐指人的精神不死,魂魄升天。《庄子·大宗师》:"傅说得之,以相武丁,奄有天下,乘东维,骑箕尾,而比于列星。"成玄英疏:"傅说,星精也。而傅说一星在箕尾上,然箕尾则是二十八宿之数,维持东方,故言'乘东维,骑箕尾'。"

⑥ 过化:谓经过其地而教化其民。亦指做地方官。

⑦ 笃烈:诚厚刚正。

⑧ 塌茸:通常作阘茸,指细毛。引申为庸碌微贱之意。

⑨ 虚拘:虚伪拘泥。

⑩ 三日斋、七日戒:古人在重要的祭祀、大礼等场合时都会斋戒。斋,指沐浴更衣、整洁身心等。戒,指不游乐等。

⑪阳厌阴厌：二者为古代的祭礼。阳厌，庶子未成年而死及无后嗣者，配享于宗子家祖庙，祭之于西北隅透光处，其尊则设于东房，谓之"阳厌"。《礼记·曾子问》："凡殇与无后者，祭于宗子之家，当室之白，尊于东房，是谓阳厌。"孔颖达疏："凡殇，谓非宗子之殇。故云凡殇。无后者谓庶子之身无子孙为后。此二者皆宗子大功内亲，祭于宗子之家祖庙之内，不敢在成人之处，故于当室之明白显露之处，为之设尊于东房以其明是阳，故为阳厌也。"阴厌，嫡长子未成年而死，祭之在宗庙的幽阴之处，称为"阴厌"。《礼记·曾子问》："孔子曰：'有阴厌，有阳厌。'曾子问曰：'殇不祔祭，何谓阴厌、阳厌？'孔子曰：'宗子为殇而死，庶子弗为后也。其吉祭特牲，祭殇不举肺，无肵俎，无玄酒，不告利成，是为阴厌。'"郑玄注："是宗子而殇，祭之于奥之礼。"孔颖达疏："此宗子殇死，祭于祖庙之奥，阴暗之处，是谓阴厌也。"

⑫立尸：古代的一种祭祀。这是以活着的人充当所祭先人形象的仪节。此礼在商代就已经出现。尸，古代祭祀中代死者受祭的人。

【译文】

那么儒者说圣贤和普通人，没有不消散的气，同归于消失，对还是不对呢？我说：也是不对的。我所说的聚集一定消散的，是对普通人而说的。圣贤的精神，长期存留在天地之间，哪里有消散的道理？过去的儒者说，"哪有见过尧舜做鬼的"，那么一定是消散了。尧舜的鬼，维系天地纲常，哪有要等在世人面前现出形体，而后才说是鬼呢？"文王死后，在天帝左右"，难道没有这种事情，是诗人自己猜测而胡说的吗？周公收藏策书的金柜，傅说死后化为箕尾的星辰，这是明确告诉世人，凡是后世的有志气、有仁义的人，他们教化百姓的地方，一定有留存的精神，依然能以诚厚刚正的仁义风气，将民众从庸碌微贱中拔离出来，所以不是依附在草木上的精魂可以欺骗的。他们的魂死后而不消散，难道不可信吗？或者怀疑普天之下，没有不祭祀其祖先的，而说普通人的魂全都消散了，祭祀不是虚伪而拘泥于形式吗？我说：普通人的魂消散了，而他们的子孙就是他们的还没有消散而尽的气。儒者说子孙要尽力表达出诚意，感动他的魂来到，也是不对的。他怎么有魂在天地之间，他的魂就在子孙的思念恋慕之中。这就是以后天追寻先天，然而实在是很难。所以一定要用三日斋、七日戒，以礼祭祀，又要行立尸之礼以迎接生气。那么他们的一点点的气，如果不是孝子慈孙，都一同消散干净了。

地狱

【题解】

在本篇中黄宗羲接续上一篇就佛教的地狱说进行了批判。在篇中，黄宗羲揭露了地狱说的内在矛盾，批驳了佛教轮回说。首先，他从儒家主德的仁政观念出发，对佛教地狱说的各种残酷刑罚进行了批评，惊叹"不意天帝所任治狱之吏，乃如唐之武后也"，以此证明地狱说的不可信。对于佛教所谓借地狱说而希望世人向善以罚恶的做法，他认为是没有效果的，于世无益。对于大奸大恶之人身后如何惩罚，黄宗羲认为"大奸大恶非可以刑惧者"，提出了用史书的褒贬记载将其钉在历史耻辱柱上，即"苟其人之行事，载之于史，传之于后，使千载而下，人人欲加刃其颈，贱之为禽兽，是亦足矣。孟氏所谓'乱臣贼子惧'，不须以地狱蛇足于其后也"。他认为以这种方式就可以达到赏善罚恶的社会效果，无须借用佛教所言的地狱。

地狱之说，儒者所不道。然《广记》《夷坚》诸书^①，载之甚烦，疑若有其事者。盖幽明一理^②，无所统属，则依草附木之魂，将散于天地。冥吏不可无也，然当其任者，亦必好生如皋陶^③，使阳世不得其平者，于此无不平焉。阳世之吏，因乎天下之治乱,乱日常多,治日常少,故不肖之吏常多,亦其势然也。冥吏为上帝所命,吾知其必无不肖者矣。乃吾观为地狱之说者,其置刑有碓、磨、锯、凿、铜柱、铁床、刀山、雪窖、蛇虎、粪秽,惨毒万状,目所不忍见,耳所不忍闻。是必索元礼、来俊臣之徒④,性与人殊者,始能胜其任。吾不意天帝所任治狱之吏,乃如唐之武后也⑤!且阳世之刑,止有笞、杖、徒、流、绞、斩,已不胜其纷纭上下。若地狱言而信,则故鬼新鬼,大乱于冥冥之中矣。阳世之爱恶攻取方谢,而冥地之机械变诈复生⑥,夫子所谓鬲如罣如而愿息者⑦,殆有甚焉。

【注释】

①《广记》:《太平广记》。太平兴国二年(977)三月,李昉、扈蒙、李穆等十二人奉宋太宗的命令集体编纂,次年成书,因编成于太平兴国年间,所以定名为《太平广记》。全书五百卷,目录十卷,共分九十二大类,一百五十余个细目。此书搜罗极为繁富,所引书以野史、小说为主,时间则上起两汉,下迄宋代。其中以神仙、鬼、报应、神、女仙、定数、畜兽、草木、再生、异僧、征应等十一类约占全书的一半。该书绝大部分小说都是唐代的作品,且对于后世文学影响很大,浦江清曾说"《太平广记》的结集,可以作为小说史上的分水岭",宋元话本、杂剧、诸宫调多采用《太平广记》中所录故事。明清小说也多取材于此书。《夷坚》:《夷坚志》。南宋洪迈编纂,宋代文言小说的代表,同时是中国最大的文言志怪小说集。书名出自《列子·汤问》:《山海经》为"大禹行而见之,伯益知而名之,夷坚闻而志之"。大意是指《山海经》中的故事是大禹看到的,伯益取的名,夷坚听说后记载下来了。可见洪迈是以夷坚

自谓,将其书比作《山海经》。全书卷帙浩繁,原分初志、支志、三志、四志,每志按甲、乙、丙、丁顺序编次。著成甲至癸二百卷,支甲至支癸、三甲至三癸各一百卷,四甲、四乙各十卷。今仅存二百零六卷。《夷坚志》是洪迈所经历的宋代社会生活、宗教文化、伦理道德、民情风俗的一面镜子,为后世提供了宋代社会丰富的历史资料。从文学发展史上看,《夷坚志》又是宋代志怪小说发展到顶峰的产物,是自《搜神记》以来中国小说发展史上的又一座高峰,对后世产生了极大的影响。

②幽明:指阴间和阳间。

③皋陶:古代传说中人物。一作"咎陶",又作"咎繇""皋繇",偃姓。上古时期,为东夷部落首领。曾被舜任为执掌刑法的官,民皆服其执法公平。因协理大禹治水有功,禹欲传位于他,未继位而先卒。他认为帝王要"信其道德,谋明辅和",要知人安民,慎修身,思长久之计,敦序九族,用贤明之人为辅佐。以为法令不能变化无常,用官、用刑都要得当。由此建立了中国最早的司法制度体系(五刑、五教),形成"皋陶文化",他也被后世尊为"中国司法始祖"。

④索元礼、来俊臣:二人都是唐代武则天时期的酷吏。索元礼(?—691),胡人。武则天当政后,拟拔除异己,他上书告密,被任命为游击将军,在洛州设置机构,用各种酷刑审理"谋反者",广泛牵涉无辜,多达数千人,在诸酷吏中残暴最甚。之后,来俊臣和周兴等仿效他,制造了极为严重的恐怖气氛。后来武则天为缓和统治集团内部矛盾,杀之以安人心。来俊臣(651—697),雍州万年(今陕西西安)人。武则天时,因告密而获得信任,先后任侍御史、左台御史中丞、司仆少卿,组织无赖专事告密,与其党造《告密罗织经》,又设推事院,任意捏造罪状,大兴刑狱,制造各种残酷刑具,严刑逼供犯人,当时有众多大臣、宗室被其枉杀灭族,

约达数千家。又与侯思止、王弘义等结党，同恶相济，成为当时最大的酷吏头目之一。后因得罪武氏诸王及太平公主，被处死。

⑤唐之武后：即武则天（公元624—705），名武曌，唐朝功臣武士彟次女。祖籍并州文水县（今属山西），生于长安（今陕西西安）。年十四岁入宫为唐太宗才人，被赐号"武媚"。唐高宗时为昭仪，后立为皇后，尊号天后，与高宗并称"二圣"。弘道元年（683）十二月高宗病卒，由太子显（中宗）即位，她临朝称制。次年废中宗为庐陵王，册立睿宗，仍自握大权。载初元年（690）废睿宗，自称圣神皇帝，改国号为周，改元天授，史称武周。在位期间诛锄唐朝宗室王公，任用酷吏，屡兴大狱，贵族、官僚被冤杀者不少。神龙元年（705）张柬之等拥中宗复位，上尊号为则天大圣皇帝。死后去帝号，称则天大圣皇后。

⑥机械：巧诈，机巧。《淮南子•原道训》："故机械之心，藏于胸中，则纯白不粹，神德不全。"高诱注："机械，巧诈也。"

⑦夫子所谓鬲如睪（gāo）如而愿息者：《孔子家语•困誓》，子贡问自己何时才能休息，孔子曰："有焉。自望其广，则睪如也；视其高，则填如也；察其从，则隔如也。此其所以息也矣。"鬲如睪如而愿息者，意谓坟墓高高而分隔开，就是死者休息的地方。睪，通"皋"。

【译文】

地狱的说法，儒者并不议论。但《太平广记》《夷坚志》等书籍，记载得非常多，怀疑真是有那么回事。大概阴间和阳间一样，没有归属的，依附在草和树木上的魂，将消散在天地之间。阴间的官吏不能缺少，但是担任这一官职的，也一定像是皋陶那样的爱护生灵，使得在阳间遭到不公平对待的，在阴间没有不被公平对待的。阳间的官吏，由于受天下的稳定与混乱的影响，混乱的日子常常很多，安稳的日子常常很少，所以不好的官吏就常常很多，也是时势所造成的。阴间的官吏是上帝任命的，我知道他们必定没有不好的。但是我考察地狱的说法，其设置的刑罚有碓、磨、锯、凿、铜柱、铁床、刀山、雪窖、蛇虎、粪秽等等,残忍恶毒万分,不忍心用眼睛去看,不忍心用耳朵去听。这样只能是索元礼、来俊臣那类,性情与一般人差别很大的人,才能担任这样的职位。我不曾想到上帝所任命的治理刑狱的官吏,竟然如唐代的武则天时一样。而且阳世的刑罚,只有笞、杖、徒、流、绞、斩,已经乱纷纷地不胜其烦了。如果地狱的说法是可以相信的,那老鬼和新鬼,地狱中大乱就无所控制了。在阳世的爱恨厌恶攻伐夺取刚结束,在地府阴间又机巧欺诈重新发生,孔子说的那个与阳世分隔的、高高的坟墓,死者休息的地方,比阳间更不适于休息啊。

　　或曰:"地狱之惨形,所以禁阳世之为非者也。上帝设此末命①,使乱臣贼子知得容于阳世者,终不容于阴府,以补名教之所不及②,不亦可乎?"余曰:不然。大奸大恶非可以刑惧者也。地狱之说相传已久,而乱臣贼子未尝不接迹于世,徒使虔婆顶老③,凛其纤介之恶④,而又以奉佛消之,于世又何益乎? 夫人之为恶,阴也,刑狱之事,亦阴也。以阴止阴,则冱结而不可解⑤,唯阳和之气,足以化之。天上地下,无一非生气之充满。使有阴惨之象,滞于一隅,则天地不能合德矣。故知地狱为佛氏之私言,非大道之通论也。然则大奸大恶,将何所惩创乎? 曰:苟其人之行事载之于史,传之于后,使千载而下,人人欲加刃其颈,贱之为禽兽,是亦足矣。孟氏所谓"乱臣贼子惧"⑥,不须以地狱蛇足于其后也。

【注释】

①末命:犹言厄运。

②名教：指以正名定分为主的礼教。

③虔婆：旧称妓女的假母或泛指开设妓院的女人。又称"鸨母"。

　顶老：旧时称开设妓院或在妓院执役的男子。

④凛：畏惧。纤介：细微。

⑤沍（hù）结：凝结。沍，冻结，凝聚。

⑥孟氏所谓"乱臣贼子惧"：《孟子·滕文公下》："世衰道微，邪说暴行有作，臣弑其君者有之，子弑其父者有之。孔子惧，作《春秋》。……孔子成《春秋》而乱臣贼子惧。"

【译文】

有人说：地狱的各种惨酷的情形，是为了阻止阳世为非作恶的人的。上帝设置这样的厄运，是让乱臣贼子知道在阳世可以被允许的，最终不能被阴间地府所宽容，以此弥补儒家名教所约束不到的，不也是可以的吗？我说：不是这样。非常奸恶的人不是能用刑罚让其害怕的。地狱的说法，很早就流传了，但是乱臣贼子还是在世间一个接一个地出现，只是让虔婆顶老这样的人，畏惧他们微小的罪恶，但又可以通过供奉佛来消解，对于社会又有什么好处呢？人的做恶，属于阴性，刑罚监狱一类，也属于阴性。用阴性阻止阴性，则凝结无法化解，只有用祥和的阳气才能化解。天上地下，没有一处不是充满阳气的。假如有阴森的现象，在一个地方滞留，那天地就不能同德。所以可知地狱是佛教一家之言，并不是真理的通论。然而非常奸恶的人，要怎么惩罚呢？我说：如果那个人所做的事，记载在了史籍中，流传于后世，千年以来，人人都想杀了他，将他视为低贱的禽兽，那就足够了。这就是孟子所说的"让乱臣贼子恐惧"，不需要地狱这种在他们死后再来画蛇添足地惩罚。

分野

【题解】

分野，与星次相对应的地域。古时，追求秩序的古人将天空规划得井然有序，将可观察的星区分为寿星、大火、析木、星纪、玄枵、诹訾、降娄、大梁、实沈、鹑首、鹑火、鹑尾等十二星次，与地面上州、国的位置一一相对应。举例言，以鹑首对应秦，鹑火对应周，寿星对应郑，析木对应燕，星纪对应吴、越等。依据这个对应关系，就天文学说，称作"分星"，就地理区域说，称作"分野"。分野学说起始于上古，最初目的就是为了配合占星理论进行天象占测。西汉时期，天文分野从一种实用的"占星学"变成了承载人们世界观的严密体系。在《淮南子·天文训》《史记·天官书》中，二十八宿分别对应于东周十三国及汉武帝十二州地理，《汉书·地理志》中有分野的详细记述。自此以后，历朝历代在十三分野和二十八分野间变动。

古代星象文化基于古人对天的神圣性、威权性的认可，而天的权威又借助"分野"观与人间产生了关系。本篇即是黄宗羲对这一学说的一些不当之处的讨论。

《星经》^①，天之围数五十一万三千六百八十七里有奇^②，天之经数一十六万二千七百八十八里有奇^③。至于二十八宿度数④，每一度计一千四百六里有奇，则凡三百六十五度四分度之一，王合周天之数⑤。若以周天之数，限于十六余万里之内，自昔帝王而下，辟地之最广者，无如秦始皇、汉武帝、唐太宗，其四封之境⑥，亦不过二万余里，此外为里者，犹有十四余万。今论星宿所入度数，止以角、亢、氐为郑分，房、心为宋分，尾、箕为燕分，斗为吴分，女、牛为越分，虚、危为齐分，室、壁为卫分，奎、娄为鲁分，胃、昴、毕为赵分，觜、参为魏分，井、鬼为秦分，柳、星为周分，翼、轸为楚分。以地域二万里计之，不过得星之一十五度耳，而乃以三百六十五度尽入于二万里之内，可乎？

【注释】

①《星经》：古代天文星占著作，大致成书于战国时期，作者为当时的齐国人甘德和魏国人石申。甘德著有《天文星占》八卷，石申著有《天文》八卷，《甘石星经》是两书的合称。该书以星座名为标题，按星官论述，附星座图形，言星象占验，夹有少量天文数据。

②天之围数：古人测算出的天球周长。《周礼·地官·大司徒》载："日至之景，尺有五寸，谓之地中。"按照《周礼》记载推算，夏至时，阳城（今河南登封）的太阳影长一尺五寸处，位于大地的中心。据《周髀算经》载：以八尺之表，则夏至时日影最短，为一尺五寸，冬至日之影最长，为一丈三尺。与阳城在同一纬度的地方，在夏至那天，八尺表的影子都是一尺五寸，谓之"地中"，实际上指的是当时国土南北的中心线。《宋书·天文一》载："郑玄云：'凡日景于地千里而差一寸，景尺有五寸者，南戴日下万五千里也。'以此推之，日当去其下地八万里矣。日邪射阳城，则天径之半也。天体圆如弹丸，地处天之半，而阳城为中，则日春秋冬夏，

昏明昼夜，去阳城皆等，无盈缩矣。故知从日邪射阳城为天径之半也。以勾股法言之，傍万五千里，勾也；立八万里，股也；从日邪射阳城，弦也。以勾股求弦法入之，得八万一千三百九十四里三十步五尺三寸六分，天径之半，而地上去天之数也。倍之，得十六万二千七百八十八里六十一步四尺七寸二分，天径之数也。以周率乘之，径率约之，得五十一万三千六百八十七里六十八步一尺八寸二分，周天之数也。""南戴日下万五千里"，是指从立标杆点往南1.5万里为太阳垂直照射处。依据勾股法，以1.5万里为勾，从太阳下地处到阳城的距离8万里为股，弦就是太阳斜射阳城的距离，也就是天的半径为81394里30步5尺3寸6分，乘以2，天的直径约为162788里。据142:45的新圆周率，天球的周长约513687里。

③天之经数：古人测算出的整个天球直径。

④二十八宿：在古代，古人为观测日、月、星辰的运行而将可见的星划分为二十八个星区。最早出现在商周初期，春秋战国时期已较完备。二十八星宿为东方苍龙七宿：角、亢、氐、房、心、尾、箕，北方玄武七宿：斗、牛、女、虚、危、室、壁，西方白虎七宿：奎、娄、胃、昴、毕、觜、参，南方朱雀七宿：井、鬼、柳、星、张、翼、轸。各星宿包含若干颗恒星。度：中国古代天文知识体系中，"度"的概念来自太阳运行，古人认为太阳绕着地球运动，其运动轨迹为黄道。通过圭表测量一个回归年约等于365.25天。亦即太阳围绕地球旋转一周需要365.25天，整个天空由此分为365.25个单位，这个单位被古人定义为"度"。

⑤周天之数：《素问·六节藏象论》载："周天之分，凡三百六十五度四分度之一。"太阳以恒星尺度运动，实际速度是变化的。但由于测量精度所限，古人曾认为太阳运动是均匀的，在恒星背景中运行一个周长就是一年，每天运行的距离为一度，约1460里，粗

略测量一年为365.25度，约513687里，称之为周天之数。

⑥四封：四面疆界。

【译文】

《星经》记载，天之围数是五十一万三千六百八十七里多，天之经数是一十六万二千七百八十八里多，至于二十八星宿的度数，每一度大概一千四百零六里多，那么总共是三百六十五度四分度之一，正好是周天之数。如果以周天之数，限制在十六万多里以内，自以前的帝王而下，开辟土地最宽广的，没有比得上秦始皇、汉武帝、唐太宗的，他们的四面疆界，东西跨度也不过两万多里，此外还有十四万多里。今天讨论星宿所在的度数，只是以角、亢、氐作为郑国分野，房、心作为宋国分野，尾、箕作为燕国分野，斗作为吴国分野，女、牛作为越国分野，虚、危作为齐国分野，室、壁作为卫国分野，奎、娄作为鲁国分野，胃、昴、毕作为赵国分野，觜、参作为魏国分野，井、鬼作为秦国分野，柳、星作为周国分野，翼、轸作为楚国分野。以地域两万里计算，不超过星宿的十五度，而却以三百六十五度都归入两万里内，这样可以吗？

尾、箕为东方之宿，而乃主北方之燕；危、虚为北方之宿，而乃主东方之齐；奎、娄在西而东主鲁；井、鬼在南而西主秦；毕、昴正西而北主于赵，角、亢正东而中主于郑；以至吴越居东南，乃属北方斗、牛、女之分；宋与卫邻，乃属东方房、心之分；周在河阳①，既以为南方柳、星、张之次，而班固复以子为周②；赵在河北，既以为西方昴、毕之次，而固又以寅为赵③，则东西南北，互易其位，靡有定据。

【注释】

①周在河阳：《春秋·僖公二十八年》载："天子狩于河阳。"周王室

地处黄河以南,河阳在今河南孟州西,地处黄河以北,属于晋国。实际上,这并不是一次狩猎活动,而是晋文公召周天子,以朝周天子名义命诸侯参加的一次会盟活动。山南水北为阳,就像太阳东升西落,自然规律和君臣秩序一样不可变易,黄宗羲言"周在河阳",与孔子强调"天子狩于河阳"并无二致,也就是说不论河南、河北都是周王的土地,意在不愿直接承认周天子被诸侯摆布的窘境,此所谓"春秋笔法"。

②既以为南方柳、星、张之次,而班固复以子为周:古人将二十八星宿根据出现的方位,分为东方苍龙、西方朱雀、北方白虎、南方玄武四象。再按天地感应的观念,将天上分星与地上九州分野联系起来。《汉书·地理志下》载:"周地,柳、七星、张之分野也。今之河南雒阳、谷成、平阴、偃师、巩、缑氏,是其分也。"黄宗羲据此以南方朱雀七宿中的柳、星、张三星宿与周地对应。总体上看来,地上的方位坐标与天上比较,基本上呈反时针逆转。如果以周地为基点,天下之中心向南方偏移。《汉书·天文志六》又载:"子周,丑翟,寅赵,卯郑,辰邯郸,巳卫,午秦,未中山,申齐,酉鲁,戌吴、越,亥燕、代。"十二地支中的"子",五行属阳水,位居北方。十二地支与星宿分野俨然是两个方位系统。下文故有"东西南北,互易其位,靡有定据"的断语。次,处所,所在的位置。

③固:即班固(32—92年),字孟坚,扶风安陵(今陕西咸阳)人,东汉著名史学家、文学家,撰写的《汉书》,是中国历史上一部重要的史书。另外所著《白虎通义》一书,以阴阳、五行为基础解释自然、社会、伦理等各种现象,谶纬神学经学化。

【译文】

尾、箕属东方苍龙七宿,却主导北方的燕国;危、虚属北方玄武七宿,却主导东方的齐国;奎、娄属西方白虎七宿,却主导东方的鲁国;井、鬼属南方朱雀七宿,却主导西方的秦国;毕、昴位于正西方而主导北面的赵国，角、亢位于正东方而主导中间郑国。至于吴越两国位于东南，却属于北方斗、牛、女三宿的分野；宋国与卫国相邻，却属于东方的房、心二宿的分野；周国在河南，属于南方的柳、星、张三宿的分野，但班固又将周国划入北方；赵国在河北，属于西方的昴、毕二宿的分野，但是班固又将赵国划入东北。那么东西南北四个方向，互相变换了位置，没有一定的依据。

又如北斗之度，居乎天中，犹可谓主乎九州；若夫五车九坎①，皆在牵牛之南②，偏居一方，而亦分主列国③，何耶？宋、卫之与燕，逾越甚远，而房、心、尾、箕相连；鲁、卫与赵，疆理不入，而奎、娄、昴、毕实贯。星甚相迩，地绝相远，其故何耶？且于南则分野太疏，于北则分野太密。宋、郑二国同在豫州之东，为里几何，而乃当夫角、亢、氐、房、心之五星；鲁、卫二国，密比于兖、徐之间，所封尚狭，而乃当夫室、壁、奎、娄之四次；周迁洛阳，其地尤偏，而分秦、楚之外，亦独占夫柳、星、张之三次。北之分野，可谓太密矣。斗、牛、女止三宿耳，而南起二广，东抵闽浙，北至江淮，据江南之九路；井、鬼二宿耳，而北起于秦，南及四川，以至于泸南、溪峒、滇、缅诸国④，奄及西南之二方。南之分野，可谓太疏矣。或者求其说而不得，则曰其国始封之日，推岁星所在⑤，如岁星在斗、牛，而吴越始封，则斗、牛属吴越。此又不然。假如齐鲁并封⑥，是当同一岁星，何以齐为虚、危，鲁为奎、娄耶？又谓左氏迁阏伯于商丘，主辰，故辰为商星；迁实沈于大夏，主参，故参为晋星，杜预注："主辰、主参为主祀，主祀即分野也。"⑦依此言，则晋当兼主胃、昴、毕、觜，不特参也⑧；商当主辰，何以房、心在卯也⑨？皆非定说矣。

【注释】

①五车九坎：二者都是星宿名。五车，也称五潢，在西方毕宿之北。《晋书·天文志上》：“五车五星，三柱九星，在毕北。”九坎，星宿名。《晋书·天文志上》：“九坎九星，在牵牛南。”

②牵牛：即二十八宿北方七宿中的牛宿。牛宿中的河鼓星，也称牵牛星。

③分主列国：《晋书·天文志上》：“五车五星，……西北大星曰天库，主太白，主秦。次东北星曰狱，主辰星，主燕、赵。次东星曰天仓，主岁星，主鲁、卫。次东南星曰司空，主填星，主楚。次西南星曰卿星，主荧惑，主魏。”

④泸南：泸水之南。溪峒：南丹州溪峒安抚司，元至元十三年(1276)升南丹州置，属广西两江道宣慰司。治所即今广西南丹。大德元年(1297)并入庆远路。滇：古滇国，辖境约当今云南中部滇池附近一带。缅：缅甸宣慰司，属云南布政司，治所在今缅甸阿瓦。辖境约当今缅甸杰沙以南的伊洛瓦底江中游地区。

⑤岁星：即木星。在古代，人们以木星约十二年运行一周天，运行轨道与黄道相近，遂将周天分为十二分，称十二次。木星每年行经一次，就以其所在星次来纪年，所以称为岁星。

⑥假如齐、鲁并封：姜太公与周公在周武王灭商后同时受封为诸侯，分别建立了齐国和鲁国。假如，例如。

⑦“又谓《左氏》迁阏伯于商丘”几句：语出《左传·昭公元年》：“昔高辛氏有二子，伯曰阏伯，季曰实沈。居于旷林，不相能也。日寻干戈，以相征讨。后帝不臧，迁阏伯於商丘，主辰，商人是因，故辰为商星。迁实沈于大夏，主参，唐人是因，以服事夏商。”杜预注：“商丘宋地，主祀辰星。辰，大火也。”主祀，祭祀仪式上第一个祭祀。

⑧则晋当兼主胃、昴、毕、觜，不特参也：晋地应当兼主胃、昴、毕、觜诸星宿，不单单只有参这一星宿。《汉书·地理志下》：“魏地，觜

觿、参之分野也。""韩地,角、亢、氐之分野也。""赵地,昴、毕之
分野。"(《通典·州郡二》相同)这三家合起来是晋地对应的星
宿,则晋国的分野应包括觜、参、角、亢、氐、昴、毕,黄宗羲所说与
《汉书·地理志》大相径庭,多出胃宿,减去角、亢、氐三宿。其主
要依据是,《晋书·天文志》所载东方苍龙七宿中的角、亢、氐三
星宿对应的州郡位次为"郑,兖州",与晋的地理方位不相合,故
减去。

⑨商当主辰,何以房、心在卯也:商地应当主祀辰,为什么房、心二星
宿却又正好与十二地支的东方卯位相合呢?《汉书·地理志下》:
"宋地,房、心之分野也。"宋地,即原殷商旧地。辰,杜预注,辰为
大火星,大火星属心宿。房、心二宿属东方苍龙七宿;卯,在十二
地支对应的方位中代表东方,与晋地的情况比较,这里出现星宿
方位与地支方位相合的情形。针对星宿方位与分野方位难以一
一对应的关系,黄宗羲发出"皆非定说"的感叹。

【译文】

又比如北斗星,位置在天的中间,说主宰九州还是可以的,像五车九
坎,都在牵牛星的南边,偏在一边,也是分别主宰各国,为什么呢?宋、卫
两国对于燕国,距离很远,而它们分野对应的房、心、尾、箕几个星宿互相
连接;鲁、卫两国与赵国,疆界不相连接,但它们分野对应的奎、娄、昴、
毕几个星宿确实是连贯的。星宿间相近,但是地面上对应的地区却相互
距离很远,这是因为什么呢?况且南方对应的星宿太稀疏了,北方对应
星宿的又太密集了。宋、郑两国都在豫州的东边,距离有多远呢,而对应
角、亢、氐、房、心五个星宿;鲁、卫两国,在兖州、徐州之间紧挨着,封地
那么狭窄,却对应室、壁、奎、娄四个星宿;周朝迁都洛阳,地方更偏了,
在秦、楚两国之外,也独自占据了柳、星、张三个星宿。北方分野所对应
的星宿,可以说太密集了。斗、牛、女只是三个星宿,而南边自两广开始,
东边至福建、浙江,北面至江淮一带,占据了江南九路;井、鬼只有两个

星宿,而北边自秦地开始,到南边的四川,甚至于泸南、溪峒、云南及滇、缅各国,包括了西方和南方。南方分野对应的星宿,可以说是太稀疏了。有人寻找这个说法的根据但没有找到,就说是在这个国家开始建立的时候,推算岁星的位置,如岁星在斗宿、牛宿,而吴、越两国开始建立,那斗宿、牛宿就属于吴国和越国。但是这也不对。例如齐国和鲁国同时建国,它们应当对应同一个岁星,那为什么齐国的分野对应虚宿、危宿,鲁国对应奎宿、娄宿呢?又有人说《左传》中说迁阏伯到商丘,主辰星,所以辰星为商朝对应的星宿;迁实沈到大夏,主参星,故西方参星是晋国对应的星宿。杜预作注说主辰、主参为主祀,主祀对应分野的星宿。按照这个说法,那么晋国应当兼主西方胃、昂、毕、觜几宿,不只有参;商朝应当主辰,那么房、心星宿就正好对应卯的位置,又是为什么呢?这些都是不一定的说法。

唐书

【题解】

本篇黄宗羲主要就《唐书》中的几个记载给出了自己的评定，如对于唐玄宗的死亡传说、唐肃宗如商代武乙般被雷震死问题、唐宪宗为何而死及郭皇后的历史评价等。最后，黄宗羲认为对于《唐书》所载："吴缜之纠缪，但取碎事烦文，稽其错误，此等处无有为之纠者，抑末矣。"不过，在此篇中黄宗羲以一些野史去更正、验证史书所记载之事，所论有失偏颇。

有唐凡二十帝，不得其死者七人①，而玄宗、肃宗之死不著，宪宗虽著，而弑君之故不明。按：晏元献守长安②，村民安氏富财，云素事一玉髑髅③，弟兄析居，欲分为数片。元献取观，自额骨左右皆玉也。元献曰："此岂得于华州蒲陆县泰陵乎④？"民言其祖父实于彼得之。元献因与僚属言："唐小说载玄宗迁西内⑤，李辅国令刺客夜携铁锤⑥，击其脑，作磬声。玄宗谓刺客曰：'我固知命尽汝手，昔叶法善劝我服玉及丹⑦，今我脑骨成玉，丹在其中。'刺客抉脑取丹而去⑧。此真玄宗之髑髅也。"因命瘗之泰陵⑨。

【注释】

① 有唐凡二十帝，不得其死者七人：唐代有正式记载的死于非命的皇帝有七人：一，唐中宗李显，被韦皇后和安乐公主毒死；二，唐宪宗李纯，被宦官谋杀；三，唐穆宗李恒，服金丹而死；四，唐敬宗李湛，被宦官谋杀；五，唐宣宗李忱，服丹药中毒而死；六，唐昭宗李晔，被朱温所杀；七，唐哀帝李柷，被朱温所杀。

② 晏元献：即晏殊（991—1055），字同叔，抚州临川（今属江西）人，北宋著名文学家、政治家。年少聪慧，十四岁以神童入试，赐进士出身，后官至右谏议大夫、集贤殿学士、礼部、刑部、兵部尚书。明道元年（1032），为参知政事（副相）。康定元年（1040），知枢密院事，旋任枢密使。庆历二年（1042），进同中书门下平章事，拜相。至和元年（1055）卒，赠司空兼侍中，谥元献，史称晏元献。晏殊知人好贤，喜奖拔后进，天圣八年（1030），知贡举，擢欧阳修为第一，张先、刁约、石介亦于同科及第，一时名士多出其门。及为相，范仲淹、韩琦、富弼皆用为执政，欧阳修、余靖、蔡襄、孙沔为谏官，均为一时名臣。晏殊作为宋代文学大家，"文章赡丽，应用不穷，尤工诗，闲雅有情思"（《宋史·晏殊传》）；文学主张与北宋古文家一致，推崇韩、柳之文，以为文章当扶道垂教，非独以属词比事为工；最擅词中小令，风格受冯延巳影响，多写士大夫诗酒生活及悠闲情致，与其子晏几道，被称为"大晏"和"小晏"。

③ 事：供奉。髑髅（dú lóu）：头骨。

④ 华州蒲陆县泰陵：泰陵是唐玄宗李隆基的陵墓。在今陕西渭南蒲城东北三十里金粟山上，唐时属于华州。唯华州辖下无蒲陆县，疑为蒲城之误。

⑤ 玄宗迁西内：安史之乱中，唐玄宗逃离长安，待长安收复后他被肃宗迎回，尊为太上皇，居兴庆宫（南内）。乾元三年（760），宦官李辅国以玄宗与外人交通，威胁肃宗皇权为由，将他移入皇宫西

部的甘露殿，即西内。

⑥李辅国（704—762）：唐宦官。本名静忠。天宝中入侍太子李亨（肃宗）。安禄山叛乱，玄宗入蜀，他劝太子至灵武即位，自己乃任太子家令，判元帅府行军司马事，改名辅国。后进封郕国公，操纵朝政，随意决定，专掌禁兵，显赫之极，人呼为"五郎""五父"。又求宰相之职而未果。上元三年（762），肃宗将死时，与宦官程元振等杀张后，拥立太子李豫（代宗），以定策功逼其任已为宰相，且对代宗语曰："大家但内里坐，外事听老奴处置。"代宗不得已，尊其为"尚父"，加司空、中书令，政无巨细，皆委参决。不久罢职，被代宗派人刺死。

⑦叶法善（616—720）：字道元、太素、罗浮真人，唐代括州括苍县（今浙江丽水）人。其家三代为道士，得传阴阳、占繇、符箓、摄养之术。唐高宗显庆间征至京师，固辞爵位，求为道士，留在内道场。其后五十年间，常往来名山。曾数次召入禁中，高宗、武后、中宗皆礼敬之。玄宗先天二年（713），拜鸿胪卿，封越国公，仍为道士，住长安景龙观，尊宠尤甚。开元八年（720）卒，年一百零七岁。玄宗亲为其撰碑铭。唐代有关叶法善神异故事甚多。

⑧抉：挑开，拨开。

⑨因命瘗（yì）之泰陵：瘗，埋葬。按，此说出自宋代王铚的笔记文集《默记·晏元献说玉骷髅》。

【译文】

唐代一共二十个皇帝，死于非命的一共有七人，而唐玄宗、唐肃宗的死没有记载，唐宪宗虽然有记载，但是被杀的原因不清楚。按：晏殊在长安任职时，有村民安富财，说平日供奉一个玉骷髅，兄弟要分家了，也想将其分为数片。晏殊取来观看，见这个玉骷髅，自额骨左右都是玉。晏殊说："这是不是在华州的蒲城县泰陵得到的？"村民说他的祖父确实是在那个地方得到的。晏殊于是对下属的官吏说："唐代的小说中记载，唐玄宗迁到皇宫西部的甘露殿，李辅国命令刺客半夜带着铁锤去刺杀他，刺客敲击玄宗的脑袋，发出玉磬的声音。玄宗对刺客说：'我本来就知道会命丧于你手，以前叶法善劝我服食玉和丹药，现在我的脑骨已经成玉了，内丹也在里面。'刺客于是打开玄宗的脑骨，取出内丹跑了。这真是唐玄宗的头骨啊。"于是他命人将头骨埋葬到泰陵。

　　元献又云："相传肃宗之死如武乙^①，为暴雷所震，可验其不孝之罪也。"《唐书·李辅国传》但言玄宗自徙西内，"怏怏不豫^②，至弃天下^③"，不知史官为之讳乎？抑其事秘无有传闻之者乎？玄宗崩于宝应元年四月甲寅^④，肃宗崩于是月丙寅，相去仅十一日。当玄宗崩时，肃宗已疾革^⑤，其死于疾明矣。武乙之厄讹也。

【注释】

①武乙：子姓，商王庚丁之子，为商代后期的一位重要商王。他生性残暴，贪于享受。《史记·殷本纪》："帝武乙无道，为偶人，谓之天神。与之博，令人为行。天神不胜，乃僇辱之。为革囊，盛血，卬而射之，命曰'射天'。武乙猎于河渭之间，暴雷，武乙震死。"

②怏怏不豫：形容不满意、不高兴的样子。

③弃天下：皇帝死亡的婉词。

④宝应元年：762年。

⑤疾革（jí）：病情危急。革，通"亟"，危急。

【译文】

　　晏殊又说："据传唐肃宗的死法就和商王武乙一样，是被暴雷震死的，可以验证他的不孝之罪。"《新唐书·李辅国传》里只说唐玄宗自从迁到皇宫西部的甘露殿，"忧愁不开心，以致驾崩"。不知道史官是为了避讳呢？或者是因为事情比较隐秘所以民间没有流传呢？唐玄宗死于宝应元年四月甲寅，唐肃宗死于该月的丙寅日，相差只有十一天。当唐玄宗死的时候，唐肃宗已经病得很严重了，他是死于明显的疾病。所谓和武乙的遭遇一样是谣传。

　　《唐书·宦者传》：柳泌以金石进①，宪宗饵之②，躁甚，数暴怒，恚责左右③，踵得罪④，禁中累息⑤。王守澄、陈宏志弑帝于中和殿⑥，缘所饵以暴崩告天下。初未尝及郭后与穆宗也⑦。裴庭裕《东观奏记》云⑧："宪宗宴驾之夕，宣宗虽幼⑨，颇记其事，追恨光陵穆宗陵商臣之酷⑩，即位后，诛锄恶党，无漏网者。时郭太后无恙，以上英察孝果⑪，且怀惭惧，一日与二侍儿升勤政楼，倚衡而望⑫，便欲陨于楼下⑬。左右急持之。即闻于上，上大怒。其夕，后暴崩，上志也⑭。"《唐书》亦载"大中十二年二月，废穆宗忌日，停光陵朝拜及守陵宫人"⑮。由此言之，是郭后、穆宗皆与闻乎故者也，郭后之罪通天矣。顾其列传云⑯："中人有为后谋称制者⑰，后怒曰：'吾效武氏耶？今太子虽幼，尚可选重臣为辅。吾何与外事哉？'文宗问后如何可为盛天子⑱，后曰：'谏臣章疏宜审览，度可用用之，有不可，以询宰相。毋拒直言，勿纳偏言，以忠良为腹心。此盛天子也。'"至于弑逆之事，则为之洗刷曰："宣宗立于后诸子也⑲，而母郑故侍儿，有曩怨，帝奉养礼稍薄，后郁郁不聊，与一二侍人登勤政楼，将自陨，左右共持之。帝闻怒，是夕后暴崩。"读之竟是贤后，是非颠倒若此⑳！

【注释】

① 柳泌(? —820):本名杨仁力,一作杨仁昼。唐朝的方士。少习医术,言多诞妄。元和十三年(818)宰相皇甫镈荐之,召入禁中,自云能致长生药,诏居兴唐观炼药。又言天台山多灵草,愿官天台以求之,十一月诏权知台州刺史。驱吏民采药山谷间,鞭笞苛急,岁余无所得,举家逃入山中。浙东观察使捕送京师,以皇甫镈庇护,复得待诏翰林。他向宪宗进献丹药,宪宗服后,脾气暴躁,左右多得罪,不久被宦官王守澄、陈弘志等所弒。穆宗即位后,将柳泌杖杀。金石:古代丹药。

② 饵:吃。

③ 恚(huì)责:愤怒斥责。恚,愤恨。

④ 踵得罪:一个接一个获罪。踵,脚后跟。比喻后脚接前脚,紧紧跟随。

⑤ 累息:屏气。因恐惧而不敢喘息。

⑥ 王守澄(? —835):唐朝末年活跃于宪、穆、敬、文四朝的宦官。宪宗时监徐州军,后召还京。元和十五年(820),与内常侍陈弘志等杀宪宗,定策立穆宗,知枢密事。后穆宗死,敬宗立。宝历二年(826)敬宗被杀,他与梁守谦等共立文宗,升骠骑大将军。前后专权达十五年之久,卖官鬻爵。文宗后用李训计,夺其实权,后派人将其毒死。陈宏志:两《唐书》均作陈弘志。唐宪宗时宦官。生平事迹不详,

⑦ 郭后(? —851):唐宪宗嫡妻,唐穆宗生母。她是唐朝名将郭子仪的孙女,生母为唐代宗长女升平公主。宪宗元和元年(806)册为贵妃。八年(813),群臣数请立郭氏为皇后,宪宗怕郭氏显贵,日后难以驭制,遂予搁置,终宪宗一世,郭氏只是贵妃。穆宗嗣位,册郭氏为皇太后,穆宗供奉甚重。敬宗立,尊其为太皇太后。其后文宗、武宗、宣宗相继即位,太后历位七朝,五居太后之尊,人君皆行子孙之礼,福寿隆贵,达四十年之久,所谓七朝五尊。宣宗

大中五年（851）去世，谥曰"懿安皇太后"，附葬于景陵。穆宗：唐穆宗李恒（795—824），宪宗第三子。初名宥，封建安郡王，进封遂王。元和七年（812），立为太子，改名恒。宪宗死，被宦官王守澄等拥立为帝，自是宦官专权，威势更盛。喜欢宴游，怠于国事，亲信奸佞，疏远忠臣。卢龙、成德、魏博三镇相继叛乱，他无力平叛，乃承认叛将为节度使，藩镇割据加剧。长庆元年（821），与吐蕃议和，立《长庆会盟碑》。二年（822）十一月，与宦官击鞠禁中，惊恐致病。由此宦官王守澄与宰相李逢吉勾结，权倾朝野。四年（824）正月，因服金丹致死。葬光陵（今陕西蒲城北）。

⑧裴庭裕《东观奏记》：共三卷。《新唐书·艺文志二》"杂史类"著录，原注曰："大顺中，诏修宣、懿、僖实录，以日历注记亡缺，因撮宣宗政事奏记于监修国史杜让能。"可知是书为纂修实录所备，记宣宗朝事，凡八十九条，多记载朝堂政事或宫廷秘闻，有很高的史料价值，但不可尽信。裴庭裕，字膺余，河东闻喜（今属山西）人。昭宗时为翰林学士、左散骑常侍。唐末五代初，贬官湖南而卒。

⑨宣宗：唐宣宗李忱（810—859），宪宗第十三子，唐穆宗异母弟，唐武宗叔父。生母郑氏是郭后侍女。初名怡，封光王。会昌六年（846），唐武宗死，李忱为宦官马元贽等拥立为帝。即位后，勤于政事，在位期间，对内整顿吏治，并限制宗室和宦官；对外击败吐蕃、收复河湟，又安定塞北、平定安南。尤其是收复河湟，"自河、陇陷蕃百余年，至是悉复陇右故地"（《旧唐书·宣宗本纪》）。他在位时，国家相对安定繁荣，历史上把这一时期称之为"大中之治"。大中八年（854），与宰臣令狐绹谋去宦官，事泄，南衙北司关系更加紧张，地方兵变不断发生。晚年好方士神仙之术，祈求长寿。大中十三年（859）八月，因服药致死。葬贞陵。

⑩商臣之酷：指弑父篡位。商臣，即楚穆王（？—前614），楚成王的长子，被立为太子。前626年，商臣得知楚成王想改立子职为太

子,于是发动兵变,逼迫楚成王自缢而死,自立为君。前625—前614年在位。

⑪英察孝果:英勇、察明、孝顺、果决。

⑫衡:古代楼殿边上的栏杆。

⑬陨:坠落。

⑭上志也:皇帝的意思。

⑮"大中十二年二月"几句:此处记载见《新唐书·宣宗本纪》。

⑯顾其列传云:按以下所引传记资料均见于《新唐书·后妃列传下·懿安郭太后》。唯《新唐书》中记问如何为盛天子者为唐武宗,此作唐文宗。

⑰中人:宦官。称制:代行皇帝的职权。此指让郭太后摄政。

⑱文宗:唐文宗李昂（809—840）,827—840年在位。穆宗次子,敬宗弟。

⑲宣宗立于后诸子也:宣宗为宪宗庶子,在嫡子穆宗一系未绝嗣的情况下本无继位权,他是在宦官支持下继位的。

⑳是非颠倒若此:按,黄宗羲此条专从《东观奏记》,然据《资治通鉴·唐纪六十四》在记录郭后之亡后,《考异》引《实录》曰:"五月,戊寅,以太皇太后寝疾,权不听政,宰臣帅百寮问太后起居。己卯,复问起居,下遗令。是日,太后崩。初,上篡位,以宪宗遇弑,颇疑后党中,至是,暴得疾崩,帝之志也。"并加按语曰:"按《实录》所言暴崩事,皆出于《东观奏记》。若实有此事,则既云是夕暴崩,何得前一日先下诏云'以太后寝疾,权不听政'?若无此事,则廷裕岂敢辄诬宣宗?或者郭后实以病终,而宣宗以平日疑忿之心,欲黜其礼……疑以传疑,今参取之。"

【译文】

《唐书·宦者传》记载:柳沁向唐宪宗进献金石丹药,唐宪宗吃了,脾气变得非常暴躁,数次狂怒,愤怒斥责左右宫人,宫人一个接一个地获罪，宫中恐惧紧张得不敢呼吸。宦官王守澄、陈宏志就在中和殿谋杀了宪宗，再以皇帝进食金丹导致暴病驾崩向天下昭告。最初，事情没有涉及郭太后和穆宗。裴庭裕的《东观奏记》里说："宪宗驾崩的时候，宣宗虽然年纪小，但大抵记得那个事情，痛恨穆宗类似商臣那样的残酷行为，登上皇位后，诛杀那伙奸恶之人，没有漏网的。当时郭太后没有生病，因为看到宣宗英勇、察明、孝顺、果决，心怀惭愧恐惧，一天与两个侍女登上勤政楼，靠着栏杆远望，便想跳楼而死。左右侍女赶快拉住了她。皇上知道后，大发雷霆。当天晚上，郭太后突然驾崩，这是皇上的意思。"《唐书》也记载："大中十二年二月，废止穆宗忌日的祭礼，朝廷停止对穆宗葬地光陵的祭拜，解散了守陵的宫人。"从这些记载可以看出，郭太后和穆宗都对谋杀宪宗一案事先知情，郭太后真有滔天大罪啊。反观她的传记说："宦官中有人为郭太后谋划摄政的，郭太后大怒说：'我能效仿武则天吗？现在太子虽然年纪小，还可以选择重要的臣子辅佐他。我怎么能干预朝廷之事呢？'唐文宗问郭太后怎么才能成为具有盛德的天子。郭皇后说：'谏臣的奏章应该仔细阅读，斟酌可以采用的就采用，有不可以的，可以咨询宰相。不要拒绝直言进谏，不要只采纳一方的言论，要以忠臣作为心腹。这就是具有盛德的天子。'"至于杀害皇帝谋逆的事情，也就为其洗刷说："唐宣宗是郭太后的庶子而被拥立为帝，而他的母亲郑氏原来是郭太后的侍女，有些过去的积怨，宣宗对郭太后奉养的礼节稍微不到位，郭太后郁闷不高兴，与一两个侍女登上勤政楼，想要跳楼自杀，左右侍从共同拉住了她。皇帝听说后大怒，当天晚上郭太后就突然死了。"看到这些，郭太后竟然是一位贤后，对错颠倒竟是这个样子！

　　观两君被弑大节目，尚且不能如春秋晋、楚之史，其他又何论哉？吴缜之纠缪[①]，但取碎事烦文，稽其错误，此等处无有为之纠者，抑末矣。

【注释】

①吴缜：字廷珍，四川成都人，北宋史学家，著有《新唐书纠谬》二十
　　卷，指证错误多达四百余条，在中国史学史上很受重视。

【译文】

　　考察两《唐书》对两个君主被杀的大致情节的记载，还不如春秋时
期晋、楚的历史记载，其他还有什么好讨论的呢？吴缜纠正两《唐书》的
错误，只是摘取琐碎的文字，考察其中的错误，对于这样的地方却没有纠
正，不过是细枝末节罢了。

赋税

【题解】

　　黄宗羲在此篇中所论与《明夷待访录》中关于土地制度、赋税制度的论述大致相似，其论从"民养于上"，到"民自为养"，再到"民无以自养"，指出百姓生活越来越困苦。对于民生之艰的原因，黄宗羲认为是赋税沉重，"轻者十取其三，重者十取其五六"，让百姓无法生存，也是导致百姓"隐避催科，诡计百端"现象出现的原因。为了避免这些问题，使民有所养，黄宗羲依然如其在《明夷待访录》中的《田制》诸篇中所言，主张恢复井田制，将土地所产作为赋税征收，并总结这样做的七个好处，即消除诡计、飞洒之弊，固定田的等级、范围，使胥吏不能渔利，十年一编审，只审业主，田号不动，官府征赋按籍而索，方便而权不旁落。同时他希望以后的赋税改革能"征其田土所自出，不以银为事"，从而使得百姓安业富足，社会大治。

　　先王之时，民养于上。其后民自为养。又其后横征暴敛，使民无以自养。《诗》云："普天之下，莫非王土，率土之滨，莫非王臣[①]。"田出于王以授民，故谓之"王土"。后世之田为民所买，是民土而非王土也。民待养于上，故谓之

"王臣"。民不为上所养，则不得系之以王。孟子以二十取一为貉道②，以授田时言之也。若其所自买之田，即如汉之三十而取一③，亦未见其为恩也，而况于后世之赋轻者十取其三，重者十取其五六，民何以为生乎？民既无以为生，则隐避催科④，诡计百端，并亦难乎其为上矣。

【注释】

①"普天之下"几句：出自《诗经·小雅·北山》。其意是说，凡是天下的土地，没有一块不是属于天子管辖的；四海之内生活的人，没有一个不是天子的臣民。

②孟子以二十取一为貉道：《孟子·告子下》："白圭曰：'吾欲二十而取一，何如？'孟子曰：'子之道，貉道也。万室之国一人陶，则可乎？'"赵岐注云："貉在北方，其气寒，不生五谷。黍早熟，故独生之也。无中国之礼，如此之用，故可二十取一而足也。"《后汉书·仲长统传》："二十税一，名之曰貉。"唐代李贤注："此言欲轻税也。"貉道，即貉道，中国古代对北方少数民族的习俗、制度的贬称。

③三十而取一：汉初采取休养生息政策，轻徭薄赋。汉高祖曾实行十五税一之制，即征收收获物的十五分之一作为赋税；汉文帝时，田租减半，甚至免除了田租；汉景帝时则实行三十税一之制，即只征收收获物的三十分之一作为赋税。

④催科：催收租税。租税有科条法规，故称。

【译文】

三代时，百姓是君主供养。后来是百姓自己养育自己。又后来，君主强横地征收捐税，残暴地搜刮民财，使得百姓无法自己养育自己。《诗经》说"全天下的土地都是君主的，在君主所管辖范围的土地上生活的人，都是君主的臣民。"土地是由君主分授给百姓的，所以说是"君主的土地"。后来的土地被百姓购买,是百姓的土地而不是君主的土地了。百姓需要君主来养育,所以说是"君主的臣民"。百姓不需要君主养育,就不会和君主联系起来。孟子以二十取一为野蛮民族的制度,是针对授田而说的。若是百姓自己买的土地,就如汉代的三十而取一,也没有看见是君主的恩泽,更何况后来赋税轻的十取三,重的十取五六,百姓又如何生活呢?百姓既然无法生存,那么就隐藏起来躲避催收赋税,用各种办法逃税,作为管理他们的朝廷也就很为难了。

　　夫古之赋税,以田为母,以人为子①。人有去来,而田无改易。故履亩而税②,追呼不烦。今之赋税,以户为母,以田为子,田既错杂,而户复出入。故按籍而征,稽考甚难。今总不能如古八家同井之法。顾田有号数,一号或千亩,或数百亩,则何不以一号当一井,立为号长,按号而为催科,使号长董其税事?凡有七便:诡奇之术穷③,一也;飞洒之路绝④,二也;厥田上上至于下下,九等不得那移⑤,三也;胥吏无从上下⑥,四也;丈量既定,不可增减,五也;十年编审,止在业主,田号不动,六也;有司按籍而索,完欠井然,权不旁落,七也。较之按户催征,知户而不知田者,相去悬绝矣。虽然,此不过催科便于有司,吾诚不敢以养民者望之后世,但使两税之法复于前代⑦,征其田土所自出,不以银为事,庶几民得以自养耳。

【注释】

①以田为母,以人为子:在古代,人户是变迁、流动的,但是田地是固定不移的,所以称之为"以田为母,以人为子",母依其子,若土地有变迁,则以所有者的人户登记为准。

②履亩而税：丈量土地，按亩征税。

③诡奇：诡异。此指诡寄，即古代地主将自己的田地伪报在他人名下，借以逃避赋役的一种方法。

④飞洒：指明清时期地主勾结官府，将田地赋税化整为零，分洒到其他农户的田地上，以逃避赋税的一种手段。

⑤那（nuó）移：挪移。移动，变更。那，用同"挪"。

⑥上下：此是"上下其手"的简称，指玩弄手法，通同作弊。

⑦两税之法：唐德宗建中元年（780），为革除税收弊病，增加财政收入，取消租庸调及各类杂税，实行新税法。据《旧唐书·食货志上》载两税之法是："户无主客，以见居为簿。人无丁中，以贫富为差。行商者，在郡县税三十之一。居人之税，秋夏两征之。各有不便者，三之。余征赋悉罢，而丁额不废。其田亩之税，率以大历十四年（779）垦数为准。征夏税无过六月，秋税无过十一月。"因分夏秋两季征税，故称两税法。此法是对当时赋役制度的较为全面的改革，且对后世影响深远。这里仅指夏秋两季征税。

【译文】

古时候的赋税，以不动的土地为母，以人为子。人可以来去流动，但土地却无法改变移动。所以测量土地而征收赋税，不必烦劳催逼租税。现在的赋税，以户籍为母，以土地为子，土地已经错乱混杂，而且户籍也有错误。所以按户籍征收赋税，考察起来十分困难。现在总是不如古时候的井田制。考察土地有号数，一号或者千亩，或者数百亩，为什么不以一号作一井，设立号长，按照号去征收赋税，让号长主持征收赋税的事情呢？这样做有七个方便：诡寄的避税方法消失了，这是一；飞洒的避税方法无法实施，这是二；田地从上上到下下，九个等级不能随意变更，这是三；胥吏没法玩弄手法作弊，这是四；土地丈量确定后，不可以增加和减少，这是五；十年一编册和审查，只查田业之主，田的号数不动，这是六；官府按图籍而征赋税，完成或有拖欠清清楚楚，这样权力不会落到别人手里，这是七。相比按户籍征收赋税，知道人户而不知道土地，差别非常大。虽然如此，这种征收赋税的方式不过是方便官府，我也实在不敢期望后世的统治者用这种方法养育百姓，希望以后的夏秋收税时能恢复到以前时代的样子，征收土地所生产的，不再征银为赋税，这样百姓就可以自己养育自己了。

科举

【题解】

此篇所论一如黄宗羲在《明夷待访录》中关于取士、学校所论,在论述科举制度的弊病后,提出了自己的主张,即"取朱子之议行之"。具体做法是在三场考试中,第一场考经义,不必拘泥于八股体制,建议按照朱熹的方法,"通贯经文,条陈众说,而断以己意"。第二场考论、表、判,测试学子们的见识、文采、决断等综合素质。第三场考策论五道,考察学子们通经致用,即解决实际问题的能力。黄宗羲随后又对科举制度中"去取只在经义"的选拔制度进行了批评,并以浙江为例,阐述了他的改革建议,即"救急之术"。由此可见,黄宗羲对科举制度弊病的批判,意在找寻一种完善的国家选拔人才制度,以选拔出真正有才学的人为国所用。

科举之弊,未有甚于今日矣。余见高曾以来[①],为其学者,五经、《通鉴》《左传》《国语》《战国策》《庄子》、八大家,此数书者,未有不读以资举业之用者也。自后则束之高阁,而钻研于"蒙存""浅达"之讲章[②]。又其后则以为泛滥[③],而"说约"出焉。又以"说约"为冗[④],而圭撮于低头四书之上[⑤]。童而习之,至于解褐出仕,未尝更见他书也。此外但取科举中选之文，讽诵摹仿⑥，移前缀后，雷同下笔已耳。

【注释】

①高曾：高祖和曾祖。又泛指远祖。

②"蒙存""浅达"之讲章：题名为"蒙存"或"浅达"的讲义。存，鉴察。讲章，为学习科举文或经筵进讲而编写的四书五经的讲义。

③泛滥：指泛泛，笼统。

④说约：叙述简要，概述。此指题名为"说约"的备考书籍。

⑤圭撮：微量，微小。此或指非常精练的提纲、批注等。此句用为动词，指将精练的提纲、批注开列其上。低头：熟称，多数人对某熟悉事物的称呼。

⑥讽诵：朗读背诵。

【译文】

科举制度的弊端，没有比现在更严重的了。我看见在高祖和曾祖的时候，参加科举的人，五经、《资治通鉴》《左传》《国语》《战国策》《庄子》、唐宋八大家，这么多书，没有不阅读用以辅助科举考试的。此后就将这些书搁置起来，而去研究那些题为"蒙存""浅达"的四书五经的讲义了。又后来觉得这些书讲得太浮泛庞杂了，而出现叙述简要的"说约"。后来又觉得这些"说约"还是繁杂，就在熟悉的四书上面开列极其精简的提要。举子们从儿童时期开始学习，至于脱离平民身份而做官，从没有读过其他书。除此，就是只选取科举考试中被取中的文章，诵读模仿，挪用前面的、引用后面的，都是相似的文笔而已。

　　昔有举子以尧舜问主司者，欧阳公答之云："如此疑难故事，不用也罢。"今之举子，大约此类也。此等人才，岂能效国家一障一亭之用①？徒使天之生民受其笞挞，可哀也夫！顾有心世道者，亦明知此辈之无用，皆因循而莫之救，何也？如以朱子《学校贡举私议》行之②，未始不可。然极重难返之势③，不无惶骇，莫若就今见行事例稍为变通，未尝不可以得真才也。今第一场经义，第二场论、表、判，第三场策五道。经义当依朱子之法，通贯经文，条陈众说，而断以己意，不必如今日分段、破题、对偶敷衍之体④。论以观其识见，表以观其绮靡⑤，判当设为甲乙，以观其剖决。策观其通今致用，所陈利害，其要如何，无取德行言语，剿从套括⑥。嗟乎！举子苟能通此，是亦足矣。无奈主文者相习成风，去取只在经义。经义又以首篇为主，二场三场，未尝过目。逮夫经义已取，始吊后场以充故事⑦。虽累经申敕，裒如充耳⑧，亦以时日迫速，不得不然也。

【注释】

①一障一亭之用：典出《史记·酷吏列传》，儒生狄山引经典及前例反对征讨匈奴，汉武帝"作色曰：'吾使生居一郡，能无使虏入盗乎？'曰：'不能。'曰：'居一县？'对曰：'不能。'复曰：'居一障间？'山自度辩穷且下吏，曰：'能。'于是上遣山乘障。至月余，匈奴斩山头而去。"狄山遂成为愚儒的典型。这里用以指斥那些只会空谈尧舜而无实际理事才能的迂腐儒生。障，古代边境险要处用于戍守的小城。亭，古代边境岗亭。

②朱子《学校贡举私议》：庆元元年（1195），朱熹作《学校贡举私议》，全文五千多字，主要展现朱熹的教育思想，即针对当时科举考试的弊端，主张以"德行道艺"为教学目的，在学校所设的科目

中，重视"德行"科，取消词赋科，再设"诸经、子、史、时务"等科。"艺最下"而不可缺，如此才能培养出有济世务的人才。

③极重难返：即积重难返。长期形成的风俗、习惯、弊端或某种局面难以改变。

④分段、破题、对偶敷衍之体：此指明清科举考试所作的八股文。八股文分为八个部分，写作有固定格式，即由破题、承题、起讲、入题、起股、中股、后股、束股组成。股，即对偶的意思。后四个部分，每一部分有两股排比对偶的文字，共八股，故称八股文。其主要是对经书义理的阐释，不允许自由发挥。

⑤绮靡：华丽。此指文辞华美。因为表章一般用骈体文写，可以反应作者的文采高低。

⑥剿从：抄袭。套括：模式。谓一定的模式、框框。

⑦吊后场：提取后面几场的考卷。吊，调取，提取。

⑧褒如充耳：充耳不闻。

【译文】

以前有考生问主考官关于尧舜的问题，欧阳修回答说："像这样难以判断的老典故，不用也罢。"现在的考生，大概都是这样的人。这种人才，哪能为国家做出一点实际贡献呢？空使天下百姓遭受他们的剥削，真可悲哀啊！考察有心改造社会的人，也明明知道这样的人没有用处，都因循守旧而没法挽救，为什么呢？如果实行朱熹《学校贡举私议》的办法，也不是不可以的。然而长期形成的弊端难以改变，骤然施行没法不引起人们的惶恐惊骇，不如以现在实行的制度稍微进行变通，未尝不可以得到真正的人才。现在科举第一场考经义，第二场考论、表、判，第三场考策论五道。经义都要依据朱熹的方法，贯通经文大义，一条条地陈述各家所说的观点，最后用自己的意思加以论判，没必要像现在的分段、破题、对偶这样固定的文体。论是考察他的见识是否高明，表是考察他文采是否华美，判词应当设甲乙方，考察他的剖析决断能力。策问考察他联系现实、解决实际问题的能力,考察他所陈述的利害关系,主要的观点怎样,不取述说道德功业,以及抄袭的、说套话的。啊! 考生如果能明白这个道理,就足够了。无奈考官们习惯了,舍弃或录取都只看重经义。经义又以第一篇为主要,二场三场的文章,看都不看。等到经义已经取中,才开始提取后面几场的考卷应付公事。虽然经过很多次告诫,但因为时间很紧,不得不这样了。

　　余尝与万季野私议[1]:即浙江而论,举子万人,分房十余人[2],每人所阅不及千卷,日阅二百卷,五日可毕。第一场取一千卷,揭榜其不在千卷内者[3],不得进第二场。第二场千卷,每人阅一百卷,一日可毕。当取五百卷,揭榜其不在五百卷内者,不得进第三场。第三场方依定额揭榜,始谓之中式。如此则主文者不得专以经义为主,而二场三场为有用,举子亦不敢以空疏应世。会试亦然。此亦急救之术,行之数科后,取朱子之议行之,又何患人才之不出乎!

【注释】

①万季野:即万斯同(1638—1702),字季野,号石园,浙江鄞县(今浙江宁波)人,清初著名史学家。他受学黄宗羲,为学主慎独,博通诸史,尤其精通明史,康熙年间以布衣参修《明史》,不署衔,不受俸,在史馆十九年,撰成《明史》列传、史表、《河渠志》等。

②分房十余人:意谓有十几个阅卷官。分房,清代科举考试,南闱和北闱的同考官都分为十八房,分住东西经房,负有分房阅卷之责,故称。

③揭榜:考试之后的出榜,发榜。

【译文】

我曾经与万斯同私底下讨论:就以浙江来说,举子上万人,阅卷官十几人，每个人所审阅的卷子不到一千份，一天审阅二百份卷子，五天就可以完成。第一场取中一千份卷子，发榜后不在一千份卷子里的，不得进入第二场考试。第二场一千份考卷，每人审阅一百份，一天可以看完。应该取中五百份，发榜后不在这五百份卷子里的，不得进入第三场考试。第三场依据一定名额发榜，这才是考中。这样，主要考官们不会专门以经义为主，而且第二场、三场也有用，考生也不敢以空疏的学问应付世事。会试也是如此。这是紧急救治的方法，在实行几科后，采取朱熹的建议推行，又怎么会忧愁人才选拔不出呢？

骂先贤

【题解】

　　本篇是黄宗羲就所读到的一则书生辱骂李贽的记载,发表自己对于当时对先贤妄加菲薄之现象的意见。他认为当世的学子对于朱熹、陆九渊之学,"不过习德性问学之常谈,其识见无以甚异于舟子舆人也",却妄自评论先儒,实在是非常浅薄的。考察黄宗羲所论,应是针对当时士林的疏狂学风而发的感慨,意在告诫学子唯有潜心诵读书卷,踏实为学才是正道。

　　偶阅徐芳所记钱蒙叟言①,吴郡秦生某,同载北舟中②,往往骂李卓吾不實③。蒙叟笑曰:"卓吾非可轻骂之人也。"至京师,生忽大病,见一人前让曰:"我卓老也,子何人斯,而亦骂我?"生大惧。翌日,市楮币羹饭祭而拜之④,以谢愆焉⑤,病始愈。余于是为今之骂象山、阳明者大惧焉⑥。

【注释】

　　①徐芳:字仲光,号拙庵,又号愚山子,江西建昌府南城（今属江西）人。崇祯十二年（1639）举人,明年进士,除泽州知州。入清,与

友人邓廷彬入山偕隐。清代文学家。平生著述甚多,清初县令苗
蕃选刻其中十分之一,名《悬榻编》。钱蒙叟:即钱谦益(1582—
1664),字受之,号牧斋,晚号蒙叟、东涧老人,苏州府常熟县(今
江苏张家港市塘桥镇)人。学者称虞山先生。明万历三十八年
(1610)的探花,东林党领袖之一,官至礼部侍郎,明亡后曾在南
明弘光政权作礼部尚书,后降清,官至礼部右侍郎管秘书院事,充
修《明史》副总裁。六个月即南归,不复出仕,开始进行反清秘
密活动,但一方面又为其子侄辈营谋应清王朝科举,且与清在江
南的疆吏相周旋。他是清初诗坛的著名代表,与吴伟业、龚鼎孳
合称“江左三大家”。钱谦益于文学外,经、史、释、道之学,都曾
深入研究,见于他的专著和文集中。阎若璩说他与海内读书者交
往,博而能精,上下五千年,纵横一万里,仅有三人,即钱谦益、顾
炎武及黄宗羲。

②北舟:北上京师的航船。

③李卓吾:即李贽(1527—1602),初姓林,名载贽,后改姓李,名
贽,字宏甫,号卓吾,别号温陵居士、百泉居士等,福建泉州人。明
代政治家、思想家、文学家。嘉靖三十一年(1552)举人,后任
国子监博士,万历中为姚安知府,后辞官到湖北麻城芝佛院讲
学。风骨孤傲,本宗王学,后以异端自居,不守绳辙。反对以孔
子学说为家法,抨击假道学。聚徒讲学,远近震动。万历三十年
(1602),被诬以“惑乱人心”的罪名,被逮入狱,自刎而死。重要
著作有《藏书》《续藏书》《焚书》《续焚书》《史纲评委》等。真
(zhì):止息。

④楮币:指祭供时焚化的纸钱。

⑤谢愆(qiān):谢罪。愆,罪过,过失。

⑥象山:陆九渊(1139—1193),字子静,宋代抚州金溪(今属江西)
人,世称存斋先生,又因讲学于象山书院,被称为“象山先生”,学

者常称其为"陆象山"。南宋哲学家。宋孝宗乾道八年（1172）进士，曾任靖安、崇安两县主簿。官至知荆门军，少慨然有志雪靖康之耻，访知勇士，与议恢复大略，并奏陈己见，被驳回不用。遂还乡讲学，学者辐凑。提出"心即理"之说，认为"宇宙便是吾心，吾心便是宇宙"，在治学修养方法上强调明本心，便能达到至善境界，颇受禅宗影响。曾在信州鹅湖与朱熹辩论"太极""无极"问题及治学方法，遂分朱陆两派。其学经明代王守仁发展，成为陆王心学。嘉定十年（1217），追谥为"文安"。著有《象山先生全集》。阳明：王守仁（1472—1529），字伯安，别号阳明，浙江绍兴府余姚县（今属浙江）人，曾因筑室于会稽山阳明洞，自号阳明子，遂被称之为阳明先生，亦称王阳明。明代思想家。弘治十二年（1499）进士，授刑部主事，转兵部，因疏劾权奸刘瑾，谪龙场（今贵州修文）驿丞。迁南赣巡抚，平定宸濠之乱。世宗时封新建伯，任两广总督，镇压断藤峡少数民族起义。官至南京兵部尚书。隆庆年间追赠新建侯。谥文成，所以后人又称王文成公。其学即阳明学，以良知良能为主，谓格物致知，当自求诸心，不当求诸事物，成为宋明以来"心学"的集大成者。他的学说在明代及后世影响很大，还被传至中国、日本、朝鲜半岛以及东南亚，其弟子极众，世称姚江学派。著作有《王文成公全书》。

【译文】

我偶然读到徐芳所记载的钱谦益之语，是说吴郡有秦姓书生，与他一同乘坐北上的航船，经常不停地骂李贽。钱谦益笑着说："李贽可不是轻易能骂的人啊。"到了京师，书生忽然生了大病，看见一个人上前责备他说："我是李贽，你是什么人，也能骂我？"书生非常害怕。第二天，买了纸钱和供品祭祀、叩拜李贽谢罪，病才痊愈。于是，我为今天那些骂陆象山、王阳明的人感到很害怕。

卓吾生平喜骂人，且其学术偏僻①，骂之未始不可。而聊尔人尚不可骂②，况象山、阳明之为先贤者乎？吾恐冥冥之中，必有夺其魂魄，而非楮币羹饭之可谢也。

【注释】

①偏僻：不公正，偏颇。此指偏激。

②聊尔人：凑合说得过去的人。聊尔，凑合，姑且，暂且。

【译文】

李贽生平喜欢骂人，而且在学术上较为偏激，骂他也不是不可以。但是像这样还凑合的人尚且不可以骂，更何况是陆象山、王阳明这样的先贤呢？我担心在不知不觉中，他们一定会夺取骂人者的魂魄，已经不是纸钱供品就可以谢罪的了。

吾尝有言，人即顽冥不灵①，必不敢骂关壮缪②，以其能祸之也。壮缪之贤，不过如象山、阳明。而其异者，壮缪之威灵③，以香火像设④；象山、阳明之威灵，以书卷诵读。曾谓书卷诵读，不如香火像设乎？是不知二五之为十也。虽然，今之敢于骂象山、阳明者，以晦翁为之主耳⑤。此如豪奴之慢宾客，猁犬之逐行人⑥，其主未尝知也。假使鹅湖之会⑦，朱、陆方赋诗问答，去短集长，而朱氏之舟子舆人⑧，忽起而哄堂骂詈，以助晦翁，晦翁其喜之乎，不喜之乎？吾知其必挞而逐之也⑨。今人于两先生之学，不过习德性问学之常谈，其识见无以甚异于舟子舆人也。晦翁有灵，必且挞之冥冥之中，象山、阳明独不能如壮缪乎？

【注释】

① 顽冥不灵：愚昧无知而又顽固不化。

② 关壮缪：即关羽，字云长，三国时蜀汉大将，死后追谥壮缪侯。其后逐渐被神化，并被后来的历代王朝屡加封号，明万历年间敕封为"关圣帝君"，顺治时敕封为"忠义神武关圣大帝"，由此有"关帝"之称。

③ 威灵：声势，威势。

④ 像设：指所祭祀的人像或神佛供像。《楚辞·招魂》："天地四方，多贼奸些。像设君室，静闲安些。"朱熹集注："像，盖楚俗，人死则设其形貌于室而祠之也。"蒋骥注："若今人写真之类，固有生而为之者，不必专指死后也。"

⑤ 晦翁：即朱熹（1130—1200），字元晦，一字仲晦，号晦庵，晚称晦翁，又称紫阳先生、考亭先生等。他在学术上承北宋周敦颐与二程学说，创立了程朱理学。

⑥ 猘（zhì）犬：疯狗。猘，狗疯狂。

⑦ 鹅湖之会：南宋淳熙二年（1175），吕祖谦为调和朱熹和陆九渊两派争执，在信州（今江西上饶）鹅湖寺举行了一次著名的哲学辩论会，称之为鹅湖之会。此次辩论会实质上是朱熹的客观唯心主义和陆九渊的主观唯心主义的一场争论。后来，以鹅湖之会来比喻具有开创性的辩论会。

⑧ 舟子：船夫。舆人：车夫。

⑨ 挞：用鞭棍等打。

【译文】

我曾经说，人即使冥顽不灵，也一定不敢骂关公，因为关公可以降祸给他。关公的贤德，也不过就像陆象山和王阳明。但是不同的是，关公的声威，用香火供像祭拜；陆象山和王阳明的威势，用诵读书籍的方式祭奠。我曾经心生疑问，难道诵读书籍还不如供奉香火像设吗？那是不知道二五就是十的道理。虽然，现在敢骂陆象山、王阳明的，是因为朱熹给他们做后盾。这样就好像是放肆的奴仆怠慢宾客，疯狗追逐过路的人，他们的主人不曾知道。假如鹅湖之会，朱熹、陆象山正在赋诗问答，互相取长补短，而朱熹的船夫和车夫，忽然在会上大声谩骂，以帮助朱熹，朱熹会高兴呢，还是不高兴呢？我知道他是一定会鞭打驱逐他们。现在的人对于两位先生的学问，不过是初步学习了德性学问这些一般性的内容，他们的见识和船夫车夫差不多。如果朱熹有灵，也一定会在冥冥之中鞭打他们，陆象山、王阳明还不能像关公那样降祸给他们吗？

梨洲先生神道碑文

康熙三十四年，岁在乙亥，七月初三日，姚江黄公卒。其子百家为之《行略》，以求埏道之文于门生郑高州梁，而不果作，既又属之朱检讨彝尊，亦未就，迄今四十余年无墓碑。然予读《行略》中固嗛嗛多未尽者，盖当时尚不免有所嫌讳也。公之理学文章，圣祖仁皇帝知之，固当炳炳百世，特是公生平事实甚繁，世之称之者，不过曰始为党锢，后为遗逸，而中间陵谷崎岖、起军、乞师、从亡诸大案，有为史氏所不详者。今已再易世，又幸逢圣天子荡然尽除文字之忌，使不亟为表章，且日就湮晦。乃因公孙千人之请，捃摭公遗书，参以《行略》，为文一通，使归勒之丽牲之石，并以为上史局之张本。公之卒也，及门私谥之曰"文孝"。予谓私谥非古，乃温公所不欲加之横渠者，恐非公意，故弗称。而公所历残明之官，则不必隐。近观《明史》，于乙酉后诸臣，未尝不援炎兴之例大书也。

【译文】

康熙三十四年（1695），岁在乙亥，七月初三日，姚江的黄宗羲公去世了。他的儿子黄百家为其父撰写《先遗献文孝公梨洲府君行略》（简称《行略》），开始想求黄公的门生高州知府郑梁作一篇神道碑文，结果没有作成，又请托翰林院检讨朱彝尊，但也没有写就，到现在距离黄公去世已过去四十多年了，还没有碑文。然而我读《行略》，发现其中还有不少因逊让而没有讲明白的地方，应该是当时难免有所忌讳的原因吧！黄公的理学和文章，圣祖康熙皇帝也知道，一定会彪炳史册、流传百世，不过他一生所经历的事情极为复杂，被世人所知道的，只不过是说他开始为党人、后来为遗民而已，而中间那些坎坷的经历，比如清初起军、乞兵日本、跟从鲁王逃亡海上等重大的节点事情，有许多都是作史的人所未必全部了解的。现在距离黄公的年代已经过了四十年，又幸逢圣明的天子完全废除文字上的忌讳，如果再不赶紧表彰黄公的事迹，时间久了就湮没无闻了。我因黄公的孙子黄千人的请求，收集黄公的遗著，再参考《行略》，写好一篇碑文，让他带回去刻在墓碑上，并且作为修撰官史的机构记载黄公事迹的依据。黄公去世后，被门下弟子私下追赠谥号为"文孝"。我认为私谥不为古人所尚，这是北宋时司马光不愿张载门人强加于张载的原因，恐怕也不是黄公本人的意思，因此碑铭不再作此称呼。而黄公曾出任明朝残余政权授予的官职，亦不必隐去。最近浏览《明史》，对于南明弘光元年乙酉（1645）以后的明朝遗臣，也都是效仿陈寿援引"炎兴"年号而不避讳晋武帝司马炎名讳的先例而大书一番的。

公讳宗羲，字太冲，海内称为梨洲先生。浙江绍兴府余姚县黄竹浦人也。忠端公尊素长子。太夫人姚氏。其王父以上世系，详见《忠端公墓铭》中。公垂髫读书，即不琐守章句，年十四，补诸生，随学京邸。忠端公课以举业，公弗甚留意也，每夜分，秉烛观书，不及经艺。忠端公为杨、左同志，逆奄势日张，诸公昕夕过从，屏左右，论时事，或密封急至，独公侍侧，益得尽知朝局清流浊流之分。忠端公死诏狱，门户兢脆，而公奉养王父以孝闻，夜读书毕，呜呜然哭，顾不令太夫人知也。庄烈即位，公年十九，袖长锥，草疏入京颂冤。至则逆奄已磔，有诏死奄难者，赠官三品，予祭葬，祖父如所赠官，荫子。公既谢恩，即疏请诛曹钦程、李实。忠端之削籍，由钦程奉奄旨论劾，李实则成丙寅之祸者也。得旨，刑部作速究问。五月，会讯许显纯、崔应元，公对簿，出所袖锥锥显纯，流血蔽体。显纯自诉为孝定皇后外甥，律有议亲之条。公谓："显纯与奄构难，忠良尽死其手，当与谋逆同科。夫谋逆，则以亲王高煦尚不免诛，况皇后之外亲？"卒论二人斩，妻子流徙。公又殴应元胸，拔其须，归而祭之忠端公神主前。又与吴江周廷祚、光山夏承，共锥牢子叶咨、颜文仲，应时而毙。时钦程已入逆案，六月，李实辨原疏不自己出，忠贤取其印信空本，令李永贞填之，故墨在朱上。又阴致三千金于公，求弗质。公即奏之，谓实当今日犹能贿赂公行，其所辨岂足信？复于对簿时，以锥锥之。然丙寅之祸，确由永贞填写空本，故永贞论死，而实末减。狱竟，偕同难诸子弟，设祭于诏狱中门，哭声如雷，闻于禁中。庄烈知而叹曰："忠臣孤子，甚恻朕怀。"

【译文】

　　黄公的名字是宗羲，字太冲，世人称其为梨洲先生。浙江绍兴府余姚县黄竹浦人。他是忠端公黄尊素的长子。母亲姚氏。祖父以上的世系，具体都记载在忠端公的墓志铭中。黄公小时候读书，就不拘泥于章句，十四岁成为秀才，跟随忠端公在京城的官邸读书。忠端公让他学习举业，黄公对此不是太上心，每天夜半掌烛读书，读的也都不是经书类。忠端公与杨涟、左光斗志同道合，当时魏忠贤的势力日益扩大，他们几人频繁来往，屏退左右，谈论时事，有时送来紧急的密信，只有黄公在旁边侍奉，所以对朝局之中清流、浊流的区别知道得更加清楚。忠端公在诏狱中死去时，家里动荡不安，而黄公侍奉祖父以孝著称。他夜里读完书，就呜呜地哭，这是不想让他母亲听到伤心。崇祯帝即位后，黄公十九岁，袖子里藏着长锥，写好奏疏，到京城诉冤。到了京城，魏忠贤已经被磔尸了。皇帝下诏，被魏忠贤害死者都追赠三品官，由官府祭祀和埋葬，祖父、父亲也一样赐官，子弟承荫。黄公谢恩以后，随即上疏请求诛杀曹钦程和李实。忠端公之所以被革职，是因为曹钦程按照魏忠贤的意思提出弹劾的，而李实则是造成丙寅年（1626）忠端公被杀的罪魁祸首。得到圣旨后，刑部立即查办。五月，会审许显纯、崔应元，黄公与他们对簿公堂，拿出袖中所藏的长锥猛刺许显纯，刺得他浑身是血。许显纯申诉自己是孝定皇后的外甥，律法上有关于皇亲国戚从轻处理的条例。黄公说："许显纯与魏忠贤兴起大狱，忠良之臣都死在他们手中，应当按照谋逆罪判决。而谋逆之罪，即使是身为皇子的亲王朱高煦也不能免于被诛杀，何况是皇后的外亲呢？"最后二人被判处斩，妻儿被流放。黄公又捶打崔应元的胸口，拔下他的胡子，归家献祭在忠端公的灵位前。他又和吴江周延祚、光山夏承一起用锥子刺狱卒叶咨、颜文仲，当时就将二人刺死了。其时曹钦程已经被判入逆案。六月，李实申辩，他所上的奏疏其实不是自己写的，是魏忠贤拿他盖好印信的空本，命令李永贞填上内容，所以墨字在红色印章的上面。李实又私下里送给黄公三千两白银，请求他不要再追究。黄公将此事立刻奏明皇帝，说李实竟然在今天还能公然行贿，他的辩解之词哪里能相信呢？再次对簿公堂时，黄公又锥刺李实。不过丙寅年的事情，确实是由李永贞填写的空本，所以李永贞判了死刑，而李实获得从轻发落。结案后，黄公与同时被害者的子弟们在诏狱的中门设祭，哭声如雷，在皇宫之中都能听见。崇祯帝知道后，叹息道："这些都是忠臣留下的孤儿，朕的心中十分难过！"

　　既归，治忠端公葬事毕，肆力于学。忠端公之被逮也，谓公曰："学者不可不通知史事，可读《献征录》。"公遂自明十三朝《实录》，上溯二十一史，靡不究心，而归宿于诸经。既治经，则旁求之九流百家，于书无所不窥者。愤科举之学锢人生平，思所以变之。既尽发家藏书，读之不足，则抄之同里世学楼钮氏、澹生堂祁氏，南中则千顷斋黄氏，吴中则绛云楼钱氏，穷年搜讨。游屐所至，遍历通衢委巷，搜鬻故书，薄暮，一童肩负而返，乘夜丹铅，次日复出，率以为常。是时，山阴刘忠介公倡道蕺山，忠端公遗命，令公从之游。而越中承海门周氏之绪余，援儒入释，石梁陶氏奭龄为之魁，传其学者沈国模、管宗圣、史孝咸、王朝式辈，鼓动狂澜，翕然从之，姚江之绪，至是大坏。忠介忧之，未有以为计也。公之及门，年尚少，奋然起曰："是何言与！"乃约吴、越中高材生六十余人，共侍讲席，力摧其说，恶言不及于耳。故蕺山弟子，如祁、章诸公，皆以名德重，而四友御侮之助，莫如公者。蕺山之学，专言心性，而漳浦黄忠烈公兼及象数，当是时，拟之程、邵两家。公曰："是开物成务之学也。"乃出其所穷律历诸家相疏证，亦多不谋而合。一时老宿闻公名者，竞延致之，相折衷，经学则何太仆天玉，史学则钱侍郎谦益，莫不倾筐倒庋而返。因建续抄堂于南雷，思承东发之绪。阁学文文肃公尝见公行卷，曰："是当以大著作名世者！"都御史方公孩未亦曰："是真古文种子也！"有弟宗炎

字晦木,宗会字泽望,并负异才,公自教之,不数年,皆大有
声,于是儒林有"东浙三黄"之目。

【译文】

黄公回家料理完忠端公的丧事后,开始全心全意沉浸于学术一途。忠端公被捕的时候,曾对黄公说:"学者不能不通晓历史,可以读《献征录》。"于是黄公从明代十三朝的《实录》开始,上溯到二十一史,没有不用功钻研的,而最后归于六经。读完经典后,黄公又广泛涉猎九流百家,几乎遍览各种书籍。他愤恨科举之学禁锢人的思想,想要改变这种情况。于是把家藏的书都读完了,还嫌不够,又抄录本地世学楼钮氏、澹生堂祁氏、南中千顷斋黄氏、吴中绛云楼钱氏的藏书,一年到头地搜罗书籍。他游历所到的地方,走遍大街小巷地寻访、购买旧书,黄昏时候,就带一名小童背着书籍返回,连夜阅读校订,第二天再出来搜购,这成为经常的事。当时山阴忠介公刘宗周在蕺山宣讲圣学,忠端公生前曾让黄公跟随刘先生学习。然而浙江一带受到海门先生周汝登的影响,将儒家融入佛教,石梁陶奭龄是这一派的领袖,传承他学说的有沈国模、管宗圣、史孝咸、王朝式等人,影响很大,服膺其思想的人很多,于是阳明之学的传统就被严重败坏了。忠介公刘宗周对此十分担忧,但没有应对之法。黄公求学忠介公门下时,年纪还小,激动地说:"他们说的都是些什么话!"于是约集吴、越地区品行兼优的同学六十余人,一起在忠介公门下读书,尽力反驳他们的学说,从此忠介公再听不到异端胡言了。所以刘宗周的弟子如祁彪佳、章正宸等,都以德义著称,而门生之中抵御外面攻击的,以黄公的作用最大。刘宗周的学说,专门谈论心性,而漳浦忠烈公黄道周还研究象数,当时被比拟为二程(程颢和程颐)和邵雍两家。黄公评价其学说:"那是通晓万事之理步入成功之路的学问。"于是以自己所钻研的诸家律历之学与之进行比较印证,也多有不谋而合之处。当时的名师宿儒有知道黄公的,都竞相请他来互相切磋学问,其中研究经学

的有太仆何天玉，研究史学的有侍郎钱谦益，没有不倾尽所学与之交流
而返回的。黄公在南雷修建了续抄堂，意思是继承黄震的传统。内阁大
学士文肃公文震孟曾见到黄公参加科考时所作的文章，说："这位将来会
以大著作闻名于世！"都御史方震孺也说："真是个古文种子。"黄公有两
位弟弟，一弟宗炎，字晦木，一弟宗会，字泽望，都是很有才学之人，黄公
亲自教授他们，没有几年都很有声望，于是学界有了"东浙三黄"之称。

　　方奄党之锢也，东林桴鼓复盛，慈谿冯都御史元飏兄弟，浙东领袖也。月旦之评，待公而定。而逾时中官复用事，于是逆案中人，弹冠共冀然灰，在廷诸臣，或荐霍维华，或荐吕纯如，或请复涿州冠带。阳羡出山，已特起马士英为凤督，以为援阮大铖之渐。即东林中人，如常熟亦以退闲日久，思相附和。独南中太学诸生，居然以东都清议自持，出而厄之。乃以大铖观望南中，作《南都防乱揭》。宜兴陈公子贞慧、宁国沈征君寿民、贵池吴秀才应箕、芜湖沈上舍士柱共议，以东林子弟推无锡顾端文公之孙杲居首，天启被难诸家推公居首，其余以次列名，大铖恨之刺骨。戊寅秋七月事也。荐绅则金坛周仪部镳实主之。说者谓庄烈帝十七年中善政，莫大于坚持逆案之定力，而太学清议亦足以寒奸人之胆，使人主闻之，其防闲愈固，则是揭之功不为不巨。壬午入京，阳羡欲荐公以为中书舍人，力辞不就。一日，游市中，闻铎声，曰："非吉声也。"遽南下，已而，大兵果入口。甲申难作，大铖骤起南中，遂案揭中一百四十人姓氏，欲尽杀之。时公方之南中，上书阙下而祸作。公里中有奄党首纠刘忠介公并及其三大弟子，则祁都御史彪佳、章给事正宸

与公也。祁、章尚列名仕籍，而公以朝不坐燕不与之身，挂于弹事，闻者骇之。继而里中奄党徐大化佴、官光禄丞者复疏纠，遂与杲并逮。太夫人叹曰："章妻滂母，乃萃吾一身耶！"贞慧亦逮至，镶论死，寿民、应箕、士柱亡命，而桐城左氏兄弟入宁南军。晋阳之甲，虽良玉自为避流贼计，然大铖以为揭中人所为也。公等惴惴不保，驾帖尚未出，而大兵至，得免。

【译文】

当时阉党被禁锢，东林党的声势再次兴盛起来，都御史慈谿冯元飏及其弟冯元飙，都是浙东地区的领袖人物。对于人物的评价，以黄公的意见为准。但不久宦官又得势了，于是逆案中的人物都弹冠相庆，希望可以死灰复燃。在朝的许多大臣，有的荐举霍维华，有的荐举吕纯如，有的请求恢复涿州冯铨的官职。阳羡周延儒出仕后，特别起用马士英为凤阳总督，作为提拔阮大铖的铺垫。即使是东林党人，如常熟的钱谦益也因为退职闲居久了，考虑依附这些人。只有南京的太学生们，以东汉太学的清议为榜样，出来制止他们。因为阮大铖来观望南京的形势，由此作了《南都防乱揭》。宜兴的陈贞慧、宁国的沈寿民、贵池的吴应箕、芜湖的沈士柱一起商议，东林子弟之中推举无锡端文公顾宪成的孙子顾杲为首，天启年间遇难的诸家推举黄公为首，其余的则按照次序签名，阮大铖对这些人恨之入骨。这是戊寅年（1638）七月的事情。士绅们则以南京礼部主事金坛人周镳实际为首。议论者说，崇祯帝在位十七年中，最正确的措施在于坚持逆案不能翻，而太学的清议也足以震慑奸臣之胆，皇帝听说这些，对奸党的防备更加牢固，所以说这份揭帖的作用是巨大的。壬午年（1642），黄公入京，阳羡周延儒想推荐他做中书舍人，黄公坚决推辞不任职。一天，黄公在街市中听到铎声，说："这不是吉利的声音。"于是立即南下,不久清兵果然进了山海关。甲申年(1644)京城陷落,阮大铖在南京迅速崛起,于是查办在揭帖中署名的一百四十人,想要将他们全部杀害。当时黄公到南京,刚上书福王,祸事就爆发了。黄公的同乡中有阉党,首先弹劾忠介公刘宗周及其三大弟子,即都御史祁彪佳、给事中章正宸与黄公。祁、章二人已经出仕为官,而黄公作为一介平民,却被弹劾,知道的人都很惊讶。随后,同乡中阉党徐大化的侄子、任职光禄丞的又上疏弹劾,于是黄公与顾杲一起被逮捕。黄公的母亲叹息说:"王章之妻、范滂之母,要集于我一身了吗?"陈贞慧也被抓了,周镳被判处死刑,沈寿民、吴应箕、沈士柱逃亡了,桐城的左氏兄弟加入宁南侯左良玉的军中。左良玉兴兵"清君侧",虽然他的目的是为了躲避流贼,但阮大铖却认为是揭帖中署名的那些人所鼓动的。黄公等人惴惴不安,恐怕不能自保,幸而逮捕他们的公文还没有发出,清兵就到了,得以幸免于难。

南中归命,公踉跄归浙东,则刘公已死节,门弟子多殉之者。而孙公嘉绩、熊公汝霖,以一旅之师,画江而守,公纠合黄竹浦子弟数百人,随诸军于江上,江上人呼之曰"世忠营"。公请援李泌客从之义,以布衣参军,不许,授职方,寻以柯公夏卿与孙公等交举荐,改监察御史,仍兼职方。方、王跋扈,诸乱兵因之。总兵陈梧自嘉兴之乍浦,浮海至余姚,大掠。王职方正中方行县事,集民兵击杀之,乱兵大噪。有欲罢正中以安诸营者,公曰:"借丧乱以济其私,致干众怒,是贼也。正中守土,即当为国保民,何罪之有!"监国是之。寻以公所作《监国鲁元年大统历》,颁之浙东。

【译文】

南京被清兵占据后,黄公狼狈返回浙东,而当时刘宗周先生已经殉国，门中弟子多有跟随刘先生一起殉国的。孙嘉绩、熊汝霖率领一支军队隔江而守，黄公召集黄竹浦的子弟数百人，跟随军队来到长江前线，被当地的人称作"世忠营"。黄公请求按照李泌以君主之客的身份从政的先例，以平民身份参与军事，但不被允许，被任命为兵部职方司主事，不久，因为柯夏卿与孙嘉绩的推荐，黄公改任监察御史，仍然兼职方司的职务。当时统兵的方国安、王之仁十分跋扈，许多乱兵都投靠二人。总兵陈梧从嘉兴的乍浦渡海到余姚，大肆抢掠。代理余姚知县的职方主事王正中，召集民兵将其击杀，乱兵大肆喧哗。有人想要罢免王正中，借此安抚各营官兵，黄公说："乘着国亡战乱的机会来实现个人的私利，以致犯了众怒，这样的人就是贼寇。王正中身负保护地方的职责，就应当为国家服务，保卫民众，哪有什么罪！"监国的鲁王认同黄公所言。不久，鲁王将黄公所作的《监国鲁元年大统历》，颁行于浙东。

马士英在方国安营，欲入朝，朝臣皆言其当杀，熊公汝霖恐其挟国安以为患也，好言曰："此非杀士英时也，宜使其立功自赎耳。"公曰："诸臣力不能杀耳。春秋之孔子，岂能加于陈恒，但不得谓其不当杀也。"熊公谢焉。又遗书王之仁曰："诸公何不沉舟决战，由赭山直趋浙西，而日于江上放船鸣鼓，攻其有备，盖意在自守也。蕞尔三府，以供十万之众，北兵即不发一矢，一年之后，恐不能支，何守之为？"又曰："崇明，江海之门户，曷以兵扰之，亦足分江上之势。"闻者皆是公言而不能用。张国柱之浮海至也，诸营大震，廷议欲封以伯，公言于孙公嘉绩曰："如此则益横矣，何以待后？请署为将军。"从之。公当抢攘之际，持议岳岳，悍帅亦慑于义，不敢有加。

【译文】

马士英在方国安的军营中，想要入朝，朝臣都说应该杀掉他，只有熊汝霖担心马士英挟持方国安作乱，出言安抚大家说："现在不是杀马士英的时候，应让他立功以赎罪。"黄公说："大臣们没有能力杀马士英罢了。春秋时候的孔子，也没有能力将齐国的权臣陈恒怎么样，但是却不能说陈恒不该杀。"熊汝霖因此道歉。黄公又给王之仁写信说："诸公为什么不破釜沉舟，与敌人决一死战，由赭山直奔浙西，却每天在江上游船、擂鼓壮势，攻击敌人已经有准备的地方，大概的意图是防守。小小的苏州、松江、常州三府，要供养十万军队，即使清兵不发一箭，一年之后，恐怕也不能支撑，还守着做什么呢？"又说："崇明，是长江和东海的门户，为何不派兵骚扰，也可以减轻长江防守的压力。"听到黄公所言的人都深以为是，但是却不能实行。张国柱渡海而来，各营的军将都很震动，朝廷商讨打算封他为伯爵，黄公对孙嘉绩说："这样的话会让张国柱更加骄横，又该如何对待以后再来的军将呢？请将其任命为将军。"这个意见被采纳了。黄公在乱军之中，所提建议都十分刚正，骄悍的将领也被其正义所震慑，而不敢加害他。

自公力陈西渡之策，惟熊公尝再以所部西行，功下海盐，军弱不能前进而返。至是孙公嘉绩以所部火攻营卒尽付公，公与王正中合军得三千人。正中者，之仁从子也。其人以忠义自奋，公深结之，使之仁不以私意挠军事，故孙、熊、钱、沈诸督师皆不得支饷，而正中与公二营独不乏食。查职方继佐军乱，披发走公营，巽于床下，公呼其兵，责而定之，因为继佐治舟，使同西行。遂渡海，札潭山，烽火遍浙西。太仆寺卿陈潜夫以军同行，而尚宝司卿朱大定、兵部主事吴乃武等皆来会师，议由海宁以取海盐。因入太湖，招吴中豪杰。百里之内，牛酒日至，军容甚整，直抵乍浦。公约崇德义士孙奭等为内应，会大兵已纂严，不得前，于是复议再举，而江上已溃。公遽归，入四明山，结寨自固，余兵愿从者尚五百余人。公驻军杖锡寺，微服潜出，欲访监国消息，为扈从计。戒部下善与山民相结，部下不能尽遵节制，山民畏祸，潜焚其寨，部将茅翰、汪涵死之，公无所归。于是姚江迹捕之檄累下，公以子弟走入剡中。

【译文】

　　自从黄公极力建议西进之策，只有熊汝霖曾两次命令他的军队西进，攻下了海盐，但因为军力太弱，不能继续前进而返回。于是，孙嘉绩把他统领的火攻营全都交给黄公，黄公又与王正中合兵一处，共有三千人。王正中，是王之仁的侄子。这个人以忠义自勉，黄公与他亲密结交，使得王之仁能不以私人意图干扰军事。所以孙嘉绩、熊汝霖、钱肃乐、沈宸荃各位督师都不能支用粮饷，而只有王正中和黄公两营不缺乏粮饷。职方主事查继佐的军队发生了哗变，他披头散发逃入黄公的军营，藏在床底下，黄公叫来他的兵卒，斥责且平定了兵变，然后给查继佐准备了船，让他和自己一同西进。于是他们渡海，驻扎在潭山，当时浙西已经是烽火遍布。太仆寺卿陈潜夫率领军队同行，尚宝司卿朱大定、兵部主事吴乃武等都来会师，商议经海宁进攻海盐。于是他们到了太湖，招募吴中地区的豪杰之士。百里之内，每天都以牛酒犒军，军容十分整齐，一直进军到达乍浦。黄公约崇德的义士孙奭等作为内应，但这时清兵已经把这一地区戒严，不能前进，于是又商议再次进兵，但长江防线已经崩溃了。黄公迅速退撤，到了四明山，结成山寨以牢固自守，剩下愿意追随的士兵有五百余人。黄公驻军在杖锡寺，换便服悄悄离开，想去寻访鲁王的消息，为的是能够跟随护卫。他戒令部下要与山民好好相处，但是部下不能遵从戒令，山民恐怕招来祸患，偷偷焚烧了营寨，部将茅翰、汪涵也死了，黄公也就没有地方可去了。这时候姚江抓捕他的公文多次下达，于是就带着子弟来到剡县一带。

　　己丑，闻监国在海上，乃与都御史方端士赴之，晋左佥都御史，再晋左副都御史。时方发使拜山寨诸营官爵，公言："诸营之强，莫如王翊；其乃心王室，亦莫如翊；诸营文臣辄自称都御史、侍郎，武臣自称都督，其不自张大，亦莫如翊。宜优其爵，使之总临诸营，以捍海上。"朝臣皆以为然，定西侯张名振弗善也。俄而大兵围健跳，城中危甚，置靴刀以待命，荡湖救至得免。时诸帅之悍，甚于方、王，文臣稍异同其间，立致祸，如熊公汝霖以非命死，刘公中藻以失援死，钱公肃乐以忧死。公既失兵，日与尚书吴公钟峦坐船中，正襟讲学，暇则注《授时》《泰西》《回回》三历而已。

【译文】

　　己丑年（1649），黄公听说鲁王在海上流亡，就与都御史方端士前往，被晋升为左佥都御史，再晋升为左副都御史。当时鲁王正在派人去封赐驻守山寨的各将领的官爵，黄公说："这些将领中实力最强的是王翊；而最尽忠朝廷的也是王翊；各军营中的文臣动辄就自称都御史、侍郎，武将动辄自称都督，没有妄自尊大的也只有王翊。应当封赏他好的爵位，让他总管所有的军队，捍卫海上的安全。"朝臣都同意黄公的建议，定西侯张名振却不认同。不久，清兵围困健跳，城中十分危急，黄公在靴子中藏了匕首，预备在城破时自杀，荡湖伯阮进的救兵到来，才幸免于难。当时军将的彪悍，比方国安、王之仁还要厉害，文臣稍微有不同的意见，就立刻招来灾祸，例如熊汝霖死于非命，刘中藻因为得不到救援而死，钱肃乐忧愤而死。黄公已经失去了军队，每天与尚书吴钟峦坐在船中，严肃地讲习学问，闲暇时注解《授时》《泰西》《回回》三种历法而已。

公之从亡也，太夫人尚居故里，而中朝诏下，以胜国遗臣不顺命者，录其家口以闻。公闻而叹曰："主上以忠臣之后仗我，我所以栖栖不忍去也。今方寸乱矣，吾不能为姜伯约矣。"乃陈情监国，得请，变姓名，间行归家。公之归也，吴公掉三板船送之二十里外，呜咽涛中。是年，监国由健跳至翁洲，复召公副冯公京第乞师日本，抵长埼，不得请，公为赋《式微》之章，以感将士。

【译文】

黄公跟随鲁王流亡的时候，他的母亲还在家乡居住，而清朝颁布诏令，凡是明朝遗民不肯归顺的，就要把他们的家属登记造册上报。黄公听到这个消息，叹息道："主上因为我是忠臣的后代而依仗我，所以我才惶惶不安而不忍离去。现在我的方寸已经大乱，我不能做母亲被俘而投降的姜维。"于是向鲁王陈明情况，得到允许后，黄公便改名换姓，从小路回到家乡。黄公临行时，吴钟峦亲自用舢板送了二十余里，两人在涛声之中痛哭而别。这一年，鲁王从健跳移往翁洲，又召黄公作为冯京第的副使赴日本请求出兵援助，到了长崎却没有搬到救兵，黄公为将士们诵读《式微》，以此感动将士。

公既自桑海中来，杜门匿景，东迁西徙，靡有宁居。而是时大帅治浙东，凡得名籍与海上有连者，即行翦除。公于海上，位在列卿，江湖侠客多来投止，而冯侍郎京第等结寨杜嶅，即公旧部，风波震撼，觭觝日至。当事以冯、王二侍郎与公名并悬象魏，又有上变于大帅者，以公为首，而公犹挟帛书，欲招婺中镇将以南援。时方搜剿沿海诸寨之窃伏，与海上相首尾者，山寨诸公相继死。公弟宗炎，首以冯侍郎交通有状，被缚，刑有日矣，公潜至鄞，以计脱之。辛卯夏秋之交，公遣间使入海告警，令为之备而不克。甲午，定西侯间使至，被执于天台，又连捕公。丙申，慈水寨主沈尔绪祸作，亦以公为首。其得以不死者，皆有天幸，而公不为之慑也。熊公汝霖夫人将逮入燕，公为调护而脱之。

【译文】

　　黄公从日本回来后，闭门不出，频繁搬家迁徙，不得安居。当时清兵大将管理浙东，凡是与流亡海上的南明政权有牵连的，立即铲除。黄公在跟随鲁王流亡海上的时候，职位很高，不少江湖上的侠客都来投奔，而且侍郎冯京第等在杜蟊结立山寨，所统率的都是黄公的旧部，所以形势紧张，每天都传来不利的消息。在清朝因为冯京第、王翊两位侍郎与黄公都是南明政权的有名人物而画像搜捕时，又有人告发将有反清的事变，以黄公为首，而黄公仍然带着书信，想要招徕婺中的将领南下去支援鲁王。当时，清朝正在搜剿沿海各个营寨中潜伏的、与海上的南明政权有关联的人，山寨中的将领相继被杀。黄公的弟弟黄宗炎，首先因为与侍郎冯京第有联系证据属实而被捕，不久就要被杀，黄公偷偷到达鄞县，想方设法解救了弟弟。辛卯年（1651）的夏秋之交，黄公派人秘密入海向鲁王报告军情，要求他们做好应敌的准备，但没有成功。甲午年（1654），定西侯的密使前来，在天台被捕，又连累得黄公被追捕。丙申年（1656），慈水寨主沈尔绪战败而死，追捕的名单也以黄公为首。黄公之所以多次没有死，都是老天保佑，而他却毫无畏惧。熊汝霖的夫人即将被捕解送北京，黄公设法保护而使熊夫人得到释放。

其后，海氛渐灭，公无复望，乃奉太夫人返里门，于是始毕力于著述，而四方请业之士渐至矣。公尝自谓："受业蕺山时，颇喜为气节斩斩一流，又不免牵缠科举之习，所得尚浅。患难之余，始多深造，于是胸中窒碍为之尽释，而追恨为过时之学。"盖公不以少年之功自足也。问学者既多，丁未，复举证人书院之会于越中，以申蕺山之绪。已而东之鄞，西之海宁，皆请主讲，大江南北，从者骈集，守令亦或与会。已而抚军张公以下，皆请公开讲，公不得已应之，而非其志也。公谓："明人讲学，袭语录之糟粕，不以六经为根柢，束书而从事于游谈。故受业者必先穷经，经术所以经世，方不为迂儒之学，故兼令读史。"又谓："读书不多，无以证斯理之变化，多而不求于心，则为俗学。"故凡受公之教者，不堕讲学之流弊。公以濂、洛之统，综会诸家，横渠之礼教，康节之数学，东莱之文献，艮斋、止斋之经制，水心之文章，莫不旁推交通，连珠合璧，自来儒林所未有也。

【译文】

后来，海上的势力渐渐被消灭，黄公也不再抱希望了，于是侍奉太夫人返回家乡，开始把全部的精力用于著述，而从四面八方前来求学的人也逐渐多起来。黄公曾经这样说自己："在蕺山门下学习时，很喜欢做一个极有气节、锋芒毕露的人，又不免牵缠科举习气，所以领悟到的东西还比较肤浅。经过患难磨炼，才有了更深的理解，于是胸中的疑难全都豁然开朗，并且追悔过去学习中犯的错误。"这大概是黄公并不以年轻时候的学业为满足的表现。向他求学的人很多，丁未年（1667）黄公就在越中开设了证人书院，以扩大蕺山先生的学统。之后，东到鄞县，西到海宁，人们都请黄公去主讲，大江南北前来跟随他学习的人云集，有的地方官也参与听讲，后来巡抚张公以下都来请黄公讲学，黄公不得已答应了，但并不是他所愿意的。黄公说："明朝人的讲学，传袭语录中的糟粕，不以六经为根柢，不去读书却专门从事浮夸的清谈。所以学习者必须先钻研六经，学习经术用于经世致用，才不是迂腐的学问，所以要同时研读史书。"又说："读书不多，不能参悟理的变化，但是读书太多，不求于内心，那就是俗学。"所以凡是受到黄公教育的人，都没有沾染上讲学的流弊。黄公以周敦颐和二程的学问为根本，综合会同诸家之学，包括张载的礼教之学，邵雍的术数之学，吕祖谦的文献之学，薛季宣、陈傅良的事功之学，叶适的文章之学，全都融会贯通，珠联璧合，这是儒林之中从来也没有过的。

康熙戊午，诏征博学鸿儒。掌院学士叶公方蔼先以诗寄公，从臾就道。公次其韵，勉其承庄渠魏氏之绝学，而告以不出之意。叶公商于公门人陈庶常锡嘏，曰："是将使先生为叠山、九灵之杀身也！"而叶公已面奏御前，锡嘏闻之大惊，再往辞，叶公乃止。未几，又有诏以叶公与同院学士徐公元文监修《明史》，徐公以为公非能召使就试者，然或可聘之修史，乃与前大理评事兴化李公清同征，诏督抚以礼敦遣。公以母既耄期，己亦老病为辞。叶公知必不可致，因请诏下浙中督抚，抄公所著书关史事者，送入京。徐公延公子百家参史局，又征鄞万处士斯同、万明经言同修，皆公门人也。公以书答徐公，戏之曰："昔闻首阳山二老，托孤于尚父，遂得三年食薇，颜色不坏。今吾遣子从公，可以置我矣。"是时，圣祖仁皇帝纯心正学，表章儒术，不遗余力，大臣亦多躬行君子，庙堂之上，钟吕相宣，顾皆以不能致公为恨。左都御史魏公象枢曰："吾生平愿见而不得者三人，夏峰、梨洲、二曲也。"工部尚书汤公斌曰："黄先生论学，如大禹导水导山，脉络分明，吾党之斗杓也。"刑部侍郎郑公重曰："今南望有姚江，西望有二曲，足以昭道术之盛。"兵部侍郎许公三礼，前知海宁，从受《三易洞玑》，及官京师，尚岁贻书问学。庚午，刑部尚书徐公乾学因侍直，上访及遗献，复以公对，且言："曾经臣弟元文奏荐，老不能来，此外更无其伦。"上曰："可召之京，朕不授以事，如欲归，当遣官送之。"徐公对以笃老，恐无来意，上因叹得人之难如此。呜呼，公为胜国遗臣，盖濒九死之余，乃卒以大儒耆年，受知当宁，又终保完节，不可谓非贞元之运护之矣。

【译文】

康熙戊午年（1678），下诏征召大儒参加博学鸿儒科考试。翰林院掌院学士叶方蔼先寄了一首诗给黄公，怂恿他应征。黄公和了他一首诗，勉励他继承明代魏校的绝学，告诉了他不愿意出山的意思。叶方蔼与黄公的门人翰林院庶吉士陈锡嘏商议，陈锡嘏说："这无异于把先生像谢枋得、戴良那样逼死呀。"可是叶方蔼已经当面奏明皇帝了，陈锡嘏大为震惊，再次向叶方蔼辞谢，叶方蔼这才作罢。不久，又有上谕，命叶方蔼与翰林学士徐元文共同监修《明史》，徐元文觉得黄公不是那种可以召来参加博学鸿儒考试的人，但或许可以聘请他来修撰《明史》，于是同时征召了黄公与前明大理评事李清，诏令督抚按照礼节恭敬地送入京。黄公以母亲老迈，自己也老而有病为理由拒绝了。叶方蔼知道黄公肯定不会前来，于是请求皇帝下诏给浙江督抚，抄录黄公所写书中关于史事的部分，送到北京。徐元文延请黄公的儿子黄百家进入史局，又征召鄞县的处士万斯同、贡生万言共同参与修史，他们都是黄公的弟子。黄公给徐元文写信，开玩笑地说："以前听说首阳山二老伯夷、叔齐，托孤给姜尚，这才得以食薇隐居，尊严因而得以保持，现在我把儿子派去跟随先生，应该可以放过我了吧。"此时，康熙皇帝正在专心于正学，不遗余力地表彰儒学，大臣也多是躬行实践的君子，朝堂之上，正人君子相互辉映，但都以不能请得黄公为遗憾。左都御史魏象枢说："我平生想见而见不到的人共有三位，就是孙奇逢、黄宗羲、李颙。"工部尚书汤斌说："黄先生探讨学问，如同大禹治水，疏导山川，脉络分明，实在是我们学者之中的北斗。"刑部侍郎郑重说："如今南方有黄宗羲，西边有李颙，足以表明道术的盛况。"兵部待郎许三礼，曾做过海宁知县，跟随先生学习过《三易洞玑》，后来在京师为官，还年年都写信向黄公请教学问。庚午年（1690），刑部尚书徐乾学在宫中当值，皇帝问及前朝遗留下的贤人，徐乾学又提到黄公，并且说："臣的弟弟徐元文曾经推荐过，但因为他年老不能前来，除此之外，没有可以跟他相比的了。"康熙帝说："可以把他召到京师，朕不任命他官职，如想回去就派遣官员送回。"徐公以其年纪太大，恐怕不会来回答，皇上因而叹息得人才竟然这么难。唉！黄公身为前朝的遗臣，在濒临九死之余，终于以大儒高年，而上知于皇帝，又能保全气节，不得不说是天地在乱世之后开启盛世的气运所护持的呀。

公于戊辰冬，已自营生圹于忠端墓旁，中置石床，不用棺椁，子弟疑之。公作《葬制或问》一篇，援赵邠卿、陈希夷例，戒身后无得违命。公自以身遭国家之变，期于速朽，而不欲显言其故也。公虽年逾八十，著书不辍。乙亥之秋，寝疾数日而殁。遗命一被一褥，即以所服角巾深衣殓。得年八十有六。遂不棺而葬。妻叶氏，封淑人，广西按察使宪祖女也。三子。长百药，娶李氏，继娶柳氏。次正谊，娶孙氏，

阁部忠襄公嘉绩孙女、户部尚书延龄女，继虞氏。次百家，
聘王氏，侍郎翙女，未笄殉节，娶孙氏。百药、正谊，皆先公
卒。女三。长适朱朴，次适刘忠介公孙茂林，忠端被逮，忠
介送之，豫订为姻者也。次适朱沆。孙男六，千人其季也。
孙女四。

【译文】

　　戊辰年（1688）冬天，黄公在忠端公的墓旁修造了自己的坟墓，中间
放置石床，不使用棺椁。子弟心存疑惑。黄公做了一篇《葬制或问》，引
述赵岐、陈抟的先例，告诫子弟在自己去世以后不得违背。黄公亲身遭
逢国家变故，希望肉体尽快腐朽，只是不愿意明说罢了。黄公虽然到了
八十多岁，仍然不停地著书。乙亥年（1695）秋天，病了数日就去世了。
临终前，遗命用一被、一褥，以身上所穿戴的角巾和深衣殓葬，享年八十
六岁。于是黄公没有用棺椁就入葬了。妻子叶氏，封为淑人，为广西按
察使叶宪祖的女儿。三个儿子，长子黄百药，先娶李氏，继娶柳氏。次子
黄正谊，先娶孙氏，为阁部忠襄公孙嘉绩的孙女、户部尚书孙延龄的女
儿，继娶虞氏。三子黄百家，先与王氏定亲，为侍郎王翙的女儿，还没有
成年就殉节而死了，后娶孙氏。长子、次子都先黄公而死。三个女儿，长
女嫁给朱朴，次女嫁给忠介公刘宗周的孙子刘茂林，忠端公被逮捕的时
候，忠介公去送他，预先订下的婚姻。三女嫁给朱沆。孙子六人，黄千人
是最小的一个。孙女四人。

　　公所著有《明儒学案》六十二卷，有明三百年儒林之薮
也。经术则《易学象数论》六卷，力辨《河》《洛》方位图说
之非，而遍及诸家，以其依附于《易》似是而非者为内编，以
其显背于《易》而拟作者为外编。《授书随笔》一卷，则淮安

阎征君若璩问《尚书》而告之者。《春秋日食历》一卷，辨卫朴所言之谬。《律吕新义》二卷，公少时，尝取余杭竹管肉好停匀者，断之为十二律，与四清声试之，因广其说者也。又以蕺山有《论语》《大学》《中庸》诸解，独少《孟子》，乃疏为《孟子师说》四卷。史学则公尝欲重修《宋史》而未就，仅存《丛目补遗》三卷。辑《明史案》二百四十四卷。有《赣州失事》一卷，《绍武争立纪》一卷，《四明山寨纪》一卷，《海外恸哭纪》一卷，《日本乞师纪》一卷，《舟山兴废》一卷，《沙定洲纪乱》一卷，《赐姓本末》一卷，又有《汰存录》一卷，纠夏考功《幸存录》者也。历学则公少有神悟，及在海岛，古松流水，布算簌簌，尝言："勾股之术，乃周公、商高之遗，而后人失之，使西人得以窃其传。"有《授时历故》一卷，《大统历推法》一卷，《授时历假如》一卷，《西历》《回历假如》各一卷，外尚有《气运算法》《勾股图说》《开方命算》《测圜要义》诸书，共若干卷。其后梅征君文鼎，本《周髀》言历，世惊以为不传之秘，而不知公实开之。文集则《南雷文案》十卷，《外集》一卷，《吾悔集》四卷，《撰杖集》四卷，《蜀山集》四卷，《子刘子行状》二卷，《诗历》四卷，《忠端祠中神弦曲》一卷。后又分为《南雷文定》，凡五集。晚年又定为《南雷文约》，今合之得四十卷。《明夷待访录》二卷，《留书》一卷，则佐王之略，昆山顾先生炎武见而叹曰："三代之治可复也！"《思旧录》二卷，追溯山阳旧侣，而其中多庀史之文。公又选明三百年之文，为《明文案》，其后，广之为《明文海》，共四百八十二卷，自言多与十朝国史多弹驳参正者,而别属李隐君邺嗣为《明诗案》,隐君之书,未成而卒。晚年于《明儒学案》外,又辑《宋儒学案》《元儒学案》,以志七百年来儒苑门户。于《明文案》外,又辑《续宋文鉴》《元文抄》,以补吕、苏二家之阙,尚未成编而卒。又以蔡正甫之书不传,作《今水经》。其余《四明山志》《台宕纪游》《匡庐游录》《姚江逸诗》《姚江文略》《姚江琐事》《补唐诗人传》《病榻随笔》《黄氏宗谱》《黄氏丧制》及《自著年谱》诸书,共若干卷。

【译文】

黄公所著的书,有《明儒学案》六十二卷,汇集了明代三百年中儒家学者的事迹、学说。经学领域,有《易学象数论》六卷,极力驳斥《河图》《洛书》方位图说的错误,又遍驳研究《周易》的诸家,把驳斥那些号称本原于《周易》但却似是而非的编为内编,驳斥那些明显背离《周易》却假托别人的编为外编。《授书随笔》一卷,这是淮安的阎若璩请教《尚书》时黄公的回答。《春秋日食历》一卷,辩驳卫朴所言的错谬。《律吕新义》二卷,黄公年轻时曾经取余杭的竹子之中竹壁好、粗细匀称的,分为十二律和四清声做实验,因而增广了关于音律的学说。又因为刘宗周只有《论语解》《大学解》《中庸解》,唯独少《孟子解》,于是疏解刘宗周关于孟子的解说编成《孟子师说》四卷。在史学领域,黄公曾经想重新修撰《宋史》但是没有完成,只存《丛目补遗》三卷。汇辑《明史案》二百四十四卷。有《赣州失事》一卷,《绍武争立纪》一卷,《四明山寨纪》一卷,《海外恸哭纪》一卷,《日本乞师纪》一卷,《舟山兴废》一卷,《沙定洲纪乱》一卷,《赐姓本末》一卷,又有《汰存录》一卷,为纠正吏部考功司主事夏允彝的《幸存录》。在历学领域,黄公自小就有高超的领悟,后来在海岛上,古松之下,流水之旁,他用筹运算的声音籁籁作响,他曾说:"勾股之术，是周公、商高遗留下来的，而后人失传了，使得西方人窃取而流传。"有《授时历故》一卷，《大统历推法》一卷，《授时历假如》一卷，《西历》《回历假如》各一卷，此外还有《气运算法》《勾股图说》《开方命算》《测圆要义》等书，共若干卷。后来梅文鼎以《周髀算经》为本谈论历法，世人震惊，以为他得到了失传的秘法，其实不知黄公早已经开创了这条途径。黄公的文集有《南雷文案》十卷，《外集》一卷，《吾悔集》四卷，《撰杖集》四卷，《蜀山集》四卷，《子刘子行状》二卷，《诗历》四卷，《忠端祠中神弦曲》一卷。后又分为《南雷文定》，一共五集。晚年又定为《南雷文约》，现在合计共四十卷。《明夷待访录》二卷，《留书》一卷，这是辅佐王者的策略，昆山顾炎武先生读了，叹道："三代的盛世可以恢复了。"《思旧录》二卷，追念已经去世的故友，其中有不少史料的文章。黄公又选编明代三百年的文章，编成《明文案》，后来又增补为《明文海》，共四百八十二卷，自称许多地方可以纠驳、参正十朝的国史，又托隐士李邺嗣编《明诗案》，但书还没有编成，李邺嗣就去世了。晚年，黄公在《明儒学案》外又辑《宋儒学案》《元儒学案》，以记载七百年来的儒林学派。在《明文案》外，又辑《续宋文鉴》、《元文钞》，以补吕祖谦《宋文鉴》、苏天爵《元文类》的不足，还未编成就去世了。又因为蔡正甫的书《补正水经》没有流传下来，作了《今水经》。其他还有《四明山志》《台宕纪游》《匡庐游录》《姚江逸诗》《姚江文略》《姚江琐事》《补唐诗人传》《病榻随笔》《黄氏宗谱》《黄氏丧制》及《自著年谱》等书，共若干卷。

公之论文，以为"唐以前句短，唐以后句长；唐以前字华，唐以后字质；唐以前如高山深谷，唐以后如平原旷野。故自唐以后为一大变，然而文之美恶不与焉，其所变者词而已，其所不可变者，虽千古如一日也"。此足以扫尽近人规模字句之陋。故公之文不名一家。晚年忽爱谢皋羽之文，以其所处之地同也。

【译文】

　　黄公论文章,认为"唐代以前的句子短,唐代以后的句子长;唐代以前用字讲究华丽,唐代以后用字讲究质朴;唐代以前文章如同高山深谷,唐代以后的文章如同平原旷野。所以唐代以后,文章发生了巨大的变化,但是这和文章好坏没有关系,发生变化的仅仅是词章,而不可变的,即使是千古之后也如同一日之内一样"。此议足以扫尽近代人专门取法古人字句的陋习。所以黄公的文章不自立门户。晚年,黄公忽然喜欢上谢翱的文章,这是因为两人处境相同的缘故。

　　公虽不赴征书,而史局大案,必咨于公,《本纪》则削去诚意伯撤座之说,以太祖实奉韩氏者也。《历志》出于吴检讨任臣之手,总裁千里贻书,乞公审正而后定。其论《宋史》别立《道学传》为元儒之陋,《明史》不当仍其例,时朱检讨彝尊方有此议,汤公斌出公书以示众,遂去之。其于讲学诸公,辨康斋无与弟讼田之事,白沙无张盖出都之事,一洗昔人之诬。党祸则谓郑鄤杖母之非真,寇祸则谓洪承畴杀贼之多诞。至于死忠之籍,尤多确核,如奄难则丁乾学以牖死,甲申则陈纯德以俘戮死,南中之难,则张捷、杨维垣以逃窜死,史局依之,资笔削焉。《地志》亦多取公《今水经》为考证。盖自汉、唐以来大儒,惟刘向著述,强半登于班史,如《三统历》入《历志》,《鸿范传》入《五行志》,《七略》入《艺文志》,其所续《史记》,散入诸传,《列女传》虽未录,亦为范史所祖述。而公于二千年后,起而继之。

【译文】

　　黄公虽然没有应征修撰《明史》,但是史局中比较重要的问题,一定会咨询黄公的意见，《本纪》中删掉诚意伯刘基撤座的说法，因为其实是明太祖尊奉韩林儿的。《历志》出于翰林院检讨吴任臣之手，编纂总裁千里之外寄书稿给黄公，请求他审正后才定稿。他认为《宋史》在《儒林传》之外另立《道学传》，这是元代儒者鄙陋的见解，《明史》不应当沿袭，当时翰林院检讨朱彝尊正有这个提议，而汤斌向大家出示黄公的书信，于是就去掉了《道学传》。关于讲学的诸位理学家，黄公辩白吴与弼没有与弟弟争讼田地的事，陈献章没有张盖出都的事，一洗前人所受到的污蔑。党祸则说郑鄤杖打母亲的事情并不真实，寇祸则说洪承畴杀贼的说法多属妄诞。至于死节的忠臣，则更为精准确实，如魏忠贤作乱的时候，丁乾学被下狱而死；甲申年京城陷落，陈纯德被俘而死；南京陷落之时，张捷、杨维垣逃亡而死，史局都依照黄公的意见，编写删改。《地理志》也多采用黄公《今水经》的考证。大概汉、唐以来的大儒，只有刘向的著述大半被收入班固的《汉书》，例如《三统历》被收入《历志》，《鸿范传》被收入《五行志》，《七略》被收入《艺文志》，刘向所续写的《史记》，分散被收入各个列传，《列女传》虽然没有被收入，也被范晔《后汉书》所借鉴。黄公在两千年以后，又获得了与刘向相当的成就。

　　公多碑版之文，其于国难诸公，表章尤力，至遗老之以军持自晦者，久之或嗣法上堂，公曰："是不甘为异姓之臣者，反甘为异姓之子也。"故其所许者，只吾乡周囊云一人。公弟宗会，晚年亦好佛，公为之反复言其不可。盖公于异端之学，虽其有托而逃者，犹不肯少宽焉。初在南京社会，归德侯朝宗每食必以妓侑，公曰："朝宗之尊人尚书尚在狱中，而燕乐至此乎？吾辈不言，是损友也。"或曰："朝宗赋性，不耐寂寞。"公曰："夫人而不耐寂寞，则亦何所不至矣。"时皆叹为名言。及选明文，或谓朝宗不当复豫其中，公曰："姚孝锡尝仕金，遗山终置之南冠之例，不以为金人者，原其心也。夫朝宗亦若是矣。"乃知公之论人严，而未尝不恕也。绍兴知府李铎以乡饮大宾请，公曰："吾辞圣天子之召，以老病也，贪其养而为宾，可哉？"卒辞之。

【译文】

　　黄公写了不少墓志铭，对于死于国难的人，尤其着力表彰，至于遗老之中有遁入佛门隐居的，时间久了有的就真的信了佛法成为佛教徒，黄公说："这等于是不甘心做异姓之人的臣子，反而甘心去做异姓之人的子孙。"所以他所认可的，只有我的同乡周囊云一位。黄公的弟弟黄宗会，晚年也喜欢佛法，黄公反复告诫他不可如此。大概黄公对于从事异端之学的人，即使是有所寄托才逃避于其中的，还是不肯给予一点宽容。早年黄公在南京的会社之中，归德侯朝宗每顿饭一定要有妓女陪酒，黄公说："朝宗的父亲尚书公还在狱中，怎么可以如此安乐呢？我们如果不说，那就成了对他有害的朋友了。"有人说："朝宗的个性如此，耐不住寂寞。"黄公说："做人如果不耐寂寞，又有什么事情干不出来呢！"当时人都以之为名言。后来黄公选编明人的文章，有人说侯朝宗不应当入选其中，黄公说："姚孝锡曾经在金朝为官，但是元好问编定《中州集》，仍然把他算作南宋人，而不认为他是金人，这是推究其心迹来定论的。对于侯朝宗，也应当这样做。"如此，知道黄公对人的评价虽然严格，但是未尝不宽厚。绍兴知府李铎请黄公做举行乡饮酒礼时的大宾，黄公说："我推辞掉了圣天子的征召，是因为老而有病，想要在家养老却去做大宾，这样可以吗？"于是推辞掉了。

　　公晚年益好聚书，所抄自鄞之天一阁范氏、歙之丛桂堂郑氏、禾中倦圃曹氏，最后则吴之传是楼徐氏。然尝戒学者

曰:"当以书明心,无玩物丧志也。"当事之豫于听讲者,则
曰:"诸公爱民尽职,即时习之学也。"身后故庐,一水一火,
遗书荡然,诸孙仅以耕读自给。乾隆丙辰,千人来京师,语
及先泽,为怅然久之。

【译文】

黄公晚年更加喜欢搜集书籍,所抄的书出自鄞县的范氏天一阁、歙
县的郑氏丛桂堂、嘉禾曹氏的倦圃,最后还去了吴县徐氏的传是楼抄书。
但是他曾告诫学者说:"应当用书来表明心志,不要玩物丧志。"如果听讲
的人中有地方官,就说:"各位能够爱护人民,尽忠职守,那就是实践的学
问。"黄公去世以后,故居遭遇了一次水灾、一次火灾,所遗留的书籍荡
然无存,孙子们仅靠耕作和读书自给。乾隆丙辰年(1736),黄千人来到
京师,谈到先人的遗泽,伤心了好长时间。

今大理寺卿休宁汪公漋,郑高州门生也,督学浙中,为
置祀田以守其墓。高州之子性,又立祠于家,春秋仲丁,祭
以少牢,而葺其遗书于祠中,因属予曰:"先人既没,知黄氏
之学者,吾子而已。"予乃为之铭曰:"鲁国而儒者一人,矧
其为甘陵之党籍,厓海之孤臣,寒芒熠熠,南雷之村,更亿万
年,吾铭不泯。"

【译文】

现任的大理寺卿休宁汪漋,是高州知府郑梁的门生,在浙江任提学
使的时候,为黄家置办了祀田以守护黄公的墓地。郑梁的儿子郑性,又
在家中立了祠庙,每年春分、秋分以少牢行祭礼,又搜集黄公的著作存放
在祠中,因此对我说:"先人已经不在了,能知道黄先生学问的,只有您

了。"于是我作了一首铭文说:"鲁国而儒者一人,矧其为甘陵之党籍,厓海之孤臣。寒芒熠熠,南雷之村。更亿万年,吾铭不泯。"

公有《日本乞师纪》,但载冯侍郎奉使始末,而于己无豫。诸家亦未有言公曾东行者。乃《避地赋》则有曰:"历长埼与萨斯玛兮,方粉饰夫隆平。招商人以书舶兮,七昱缘于东京。予既恶其汰侈兮,日者亦言帝杀夫青龙。返旆而西行兮,胡为乎泥中。"则是公尝偕冯以行而后讳之,顾略见其事于赋。予以问公孙千人,亦愕然不知也。事经百年,始考得之。

【译文】

黄公有一本《日本乞师纪》,只是记载侍郎冯京第奉命出使日本的始末,但是没有提到他自己。其他人也都没有提到黄公曾经到过日本。但是他在《避地赋》中说:"历长埼与萨斯玛兮,方粉饰夫隆平。招商人以书舶兮,七昱缘于东京。予既恶其汰侈兮,日者亦言帝杀夫青龙。返旆而西行兮,胡为乎泥中!"如此看,黄公确实曾经和冯京第同行,只是后来隐讳了,事迹只约略见于这首赋中。我问了黄公的孙子黄千人,他也很吃惊,并不知道这件事。事情已经过去了百年,才通过考证得以知道。

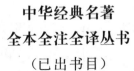

中华经典名著
全本全注全译丛书
（已出书目）